Carmen Harra

Os Onze Princípios Eternos

Totalidade
Carma
Sabedoria
Amor
Harmonia
Abundância
Atração
Evolução
Manifestação
Darma
Possibilidades Infinitas

TRADUÇÃO
Maria Clara Mattos

FONTANAR

EDITORA OBJETIVA LTDA.
Rua Cosme Velho, 103
Rio de Janeiro — RJ — CEP: 22241-090
Tel.: (21) 2199-7824 — Fax: (21) 2199-7825
www.objetiva.com.br

Título original
The Eleven Eternal Principles

Capa e aberturas de capítulo
Ney Valle

Imagem de capa
Stock.Xchng

Revisão
Tiago Cavalcante
Rita Godoy
Héllen Dutra
Ana Kronemberger

Editoração eletrônica
Abreu's System Ltda.

CIP-BRASIL. CATALOGAÇÃO-NA-FONTE
SINDICATO NACIONAL DOS EDITORES DE LIVROS, RJ

H258o

Harra, Carmen
Os onze princípios eternos / Carmen Harra ; tradução Maria Clara Mattos. - Rio de Janeiro : Objetiva, 2010.

237p. ISBN 978-85-390-0100-2
Tradução de : *The eleven eternal principles*

1. Espiritualidade. 2. Autorrealização (Psicologia). 3. Felicidade. 4. Espiritismo. I. Título.

10-2982 CDD: 131
CDU: 133

SUMÁRIO

INTRODUÇÃO

Eu não podia negar os fatos que os médicos expunham para nós. As radiografias do meu marido, e sua tomografia, mostravam que estava com câncer de pulmão avançado (no estágio IV). Um grande tumor em um dos brônquios dificultava a sua respiração, ele estava macilento e quase não se alimentava. Virgil estava pagando o preço de décadas de tabagismo, hábito que começou quando era adolescente e sua mãe morreu repentinamente, ao ser atropelada por um caminhão enquanto atravessava a rua. Os freios falharam, o motorista sentiu-se terrivelmente mal, e não havia a quem culpar por aquele acidente sem sentido. A dor e o choque de Virgil foram tamanhos que ele começou a fumar para sentir-se melhor. Lutou durante décadas contra o cigarro, mas nunca fora capaz de abandoná-lo até agora, quando está fraco demais até para tirar a cabeça do travesseiro e só consegue falar aos sussurros.

Era final de novembro, no Dia de Ação de Graças de 2007, e todos os médicos concordavam que no Natal meu amado marido teria partido. Há 25 anos, ainda jovem, deixei a Romênia e vim morar nos Estados Unidos sem conhecer ninguém. Algumas semanas depois do pouso do meu avião, não somente tinha me apaixonado pelo homem dos meus sonhos, como havia ficado noiva. Nosso casamento me permitiu emigrar de um país dirigido por um ditador cruel, o notório Nicolae Ceausescu, que impedia as pessoas oprimidas por seu sistema de buscar a liberdade, além de paralisar a economia e disseminar a pobreza e o desespero. Virgil fez meu sonho de viver nos Estados Unidos se tornar realidade, e, juntos, tivemos três filhas lindas. Os médicos devem ter imaginado que eu estava em choque ou em profunda negação quando disse a eles, com firmeza: "Não, ele não vai morrer."

Eles não sabiam o que dizer em resposta. Eu não tentei explicar como sabia que meu marido desafiaria todas as probabilidades e deixaria o Hospital St. Luke's-

Roosevelt de Nova York em breve, com um quadro clínico que mostraria a evidência de um milagre indiscutível. Estou acostumada ao fato de as pessoas pensarem que sou maluca porque me comunico regularmente com o âmbito divino, que tem regras próprias. Disse a mulheres de quase 50 anos que haviam desistido de ter filhos: "Você está grávida." Disse a pessoas com muito pouco dinheiro: "Você vai comprar uma casa muito em breve", e até descrevi os quartos e o jardim da casa. Eles riram diante das minhas previsões "deliciosas", porém doidas, depois voltaram a mim e disseram: "Você não vai acreditar, mas..." Eu sempre tenho que rir quando dizem isso. Claro que eu acredito, vejo milagres acontecendo o tempo todo.

E sabia que meu marido e eu estávamos prestes a vivenciar um.

Por motivos cármicos que até hoje não compreendo, não era hora de Virgil morrer. Sabia disso porque sua falecida mãe falara comigo do além, dizendo que ainda não chegara a sua vez. Mesmo assim, eu rezava o dia inteiro, pedindo a Deus que poupasse meu marido, se não para sempre, pelo menos por um tempo. Nunca se sabe quando Deus vai mudar o curso do destino de uma hora para outra. Orava para solidificar a minha fé, e porque precisava sentir a presença de Deus. Rezava pedindo coragem. Nós, humanos, não estamos à frente do que vai acontecer, e às vezes Deus nos dá esse recado de forma dramática. Se Deus tinha outros motivos para nos fazer passar por tanto sofrimento eu não sei, mas era minha obrigação parar de resistir, abandonar minhas crenças de que eu era capaz de curar meu marido e deixar que o Divino assumisse o controle. Os médicos não tirariam um milagre da cartola. Eles eram médicos, não mágicos.

Quando os resultados dos exames de Virgil chegaram, depois do Natal, os médicos ficaram impressionados. A quimioterapia havia funcionado muito além do que poderiam imaginar. O tumor parecia ter desaparecido. Os exames de sangue não mostravam nenhum vestígio do câncer. Meu marido fora trazido do leito de morte de volta à vida. Todas as hipóteses sobre este tipo de câncer particularmente mortal haviam sido contestadas. Todos os médicos ficaram chocados.

Mas eu não. Sabia o que o futuro guardava, porque recebi um presente incrível na minha infância. Quase me afoguei num rio durante um piquenique e viajei rapidamente até a terra além dos sentidos, onde a beleza, a graça e o amor eram tão poderosos que eu não queria sair de lá. Voltei à vida gaguejando e cuspindo água, e olhei dentro dos olhos apavorados do meu pai, que me trouxera de volta. Mas depois daquele dia, a porta para o âmbito glorioso de Deus nunca mais se fechou para mim. Minhas habilidades intuitivas despertaram, e passei a ser capaz de enxergar o futuro e o passado, além de poder me comunicar com aqueles que já tinham morrido. Sabia que me tornaria uma cantora famosa, que viajaria pelo mundo e que chegaria à América de alguma maneira.

Quando cresci e esse meu sonho "maluco" começou a se manifestar, outras pessoas vieram a mim para descobrir o que estava destinado a elas. Reconheceram minha habilidade e queriam saber sobre seu futuro para que pudessem ter a sensação de controle. Desejavam ouvir que encontrariam amor e felicidade, que teriam saúde, e que todos aqueles de quem gostavam estariam bem.

Nem sempre era isso que o futuro lhes guardava, e eu tinha muito cuidado com o que dizia quando sabia que encontrariam desapontamentos e perdas. Sempre expliquei que temos livre-arbítrio e podemos exercer algum controle sobre nosso futuro, mas que, no final, ele é determinado por Deus, possuidor de Seus próprios planos. Às vezes tais planos fazem sentido para nós mais tarde, mas às vezes nunca alcançamos o ponto em que compreendemos por que as coisas aconteceram da maneira que aconteceram.

Quando me mudei para os Estados Unidos, logo criei uma clientela grande, composta de algumas pessoas muito ricas, famosas e influentes. Mas sabia que meu propósito era maior do que dizer a elas o que antevia para seu futuro. Eu conseguia enxergar que se debatiam com questões cármicas psicológicas que lhes faziam sofrer. Voltei aos estudos e concluí um doutorado em psicologia e outro em hipnose. Também estudei as antigas artes divinatórias da numerologia e da astrologia, e combinei-as a técnicas tradicionais de terapia, bem como às minhas habilidades intuitivas para ser capaz de ajudar e guiar meus clientes.

À medida que estudava mais e lia sobre as tradições místicas e as grandes profecias, comecei a entender o motivo do sofrimento. Aprendi sobre as leis divinas, que frequentemente contradizem as leis criadas pelos homens. Compreendi que todas as tradições religiosas têm suas raízes no entendimento que os grandes profetas tinham dos Princípios Eternos. Líderes religiosos que trabalham em níveis inferiores de consciência muitas vezes distorcem essas leis, interpretam-nas incorretamente, devido às suas limitações na compreensão do Divino. Dogmas religiosos frequentemente contradizem as leis divinas. Mas os Princípios Eternos passaram pelo teste do tempo através das civilizações.

Comecei a perceber que, sempre que aplicava as leis divinas na minha própria vida, experimentava bem-estar, tranquilidade, alegria, vitalidade, e até minha saúde física melhorava. Eu sabia que meu propósito na Terra era ajudar as pessoas a compreenderem e trabalharem com os Princípios Eternos para que pudessem se libertar da depressão, do vício, da raiva, do ciúme e do medo. Queria ajudá-las a mudar seu carma e quebrar padrões de pensamento, sentimento e ação que causavam grande dor a elas mesmas e grande sofrimento às pessoas próximas. E aprendi que, por causa da Lei da Totalidade, cada pessoa que aumenta sua consciência e alinha suas ações mais em conformidade com as leis de Deus muda não somente a própria vida como a do outro. Em algum momento, haverá gente suficiente alinhada a uma consciência superior, e o mundo inteiro mudará dramaticamente, o que salvará a humanidade do sofrimento em direção ao qual caminhamos.

A Reviravolta Eminente

Os calendários Maia e Hopi, as previsões de Nostradamus e as profecias inscritas nas paredes da Grande Pirâmide no Egito revelam que estamos perto de um ponto final na história humana, a partir do qual grandes mudanças astrológicas ocorrerão no cosmos. Alguns acreditam que isso significa o destino de grandes perdas para a raça humana, que talvez até gere sua extinção. Eu acredito que estamos à beira de uma virada fundamental na experiência humana, que não precisa necessariamente ser destrutiva. É assustador ver os efeitos do aquecimento global, o aumento do terrorismo em todo o mundo, as crises humanitárias e o colapso dos sistemas econômicos. Há dias em que o mundo inteiro parece estar se desmantelando e enlouquecendo. Mas nós temos a chave para mudar nosso destino. Podemos acordar para os sinais que indicam que temos chance de mudar a maneira como vivemos e evoluímos.

Deus não só deseja que sobrevivamos, Deus deseja que devolvamos à Terra seu estado paradisíaco. Para tanto, é preciso compreender que existimos em duas realidades simultaneamente: o mundo físico dos sentidos e o mundo metafísico do divino.

A Realidade Divina

Nossa mente é uma ferramenta maravilhosa para a compreensão do mundo, mas a usamos de maneira muito limitada. Convencemo-nos de que o mundo dos sentidos, no qual sofremos de dor e doenças, no qual vemos nosso corpo envelhecer, é a única realidade que existe, mas não é. Existe uma realidade mais ampla que opera de acordo com regras bem diferentes; é o âmbito de Deus.

Para nos ajudar a compreender os dois mundos, o visível e o invisível, o feito pelos homens e aquele criado por mãos divinas, Deus nos deu um cérebro com dois lados. O hemisfério esquerdo do nosso cérebro é responsável pela maior parte dos nossos pensamentos e da nossa razão, já o direito é o berço da intuição e a área onde os sonhos são criados. Nosso lado esquerdo compreende o mundo dos sentidos, ao passo que o direito nos permite perceber que existe uma realidade maior do que aquela que enxergamos, ouvimos, cheiramos ou tocamos.

Cada um dos dois mundos, o dos homens e o divino, tem suas próprias regras. Todos nós já acordamos de algum sonho vívido e nos perguntamos como a nossa mente pode ter criado história tão estranha. Os sonhos desafiam as leis da lógica, as leis da nossa realidade comum. Quando sonhamos, somos capazes de voar ou de ser repentinamente transportados do topo de uma montanha às ruas de uma metrópole. Nos nossos sonhos, alguém que morreu há muito tempo pode estar vivo ou podemos nos descobrir crianças novamente. O que quer que aconteça no mundo dos sonhos parece fazer total sentido até acordarmos. O âmbito dos sonhos é uma realidade bastante diferente. Vivemos de acordo com suas regras quando estamos lá, e voltamos às leis do mundo físico de manhã quando abrimos os olhos.

Na nossa vida diária, seguimos muitas regras que fazem todo sentido para nós e parecem nos fornecer ordem e segurança. Quando nos deparamos com as leis da realidade divina, ficamos confusos, porque tais princípios muitas vezes contradizem as leis feitas pelos homens, nossas percepções e receitas para o sucesso e para a felicidade. Como podemos atrair o que desejamos (a promessa do Princípio Eterno da Atração) sem trabalharmos duro para alcançar nosso sonho? Como podemos acreditar que nossa vida é repleta de riquezas (uma verdade, de acordo com o Princípio Eterno da Abundância) se é difícil pagar nossas contas? Como podemos amar nossos inimigos (uma obrigação, de acordo com a Lei do Amor) e, em vez de julgá-los e puni-los, perdoá-los (nosso dever, de acordo com a Lei do Amor e a Lei do Carma)?

Os Princípios Eternos, ou leis divinas, nos confundem, porque não os compreendemos. Nos ensinam as leis deste mundo: não roube, ou será punido, trabalho árduo e perseverança sempre trazem sucesso e felicidade, e por aí afora. Como somos ignorantes das leis divinas, somos cegos ao âmbito de Deus. Sentimo-nos perdidos, alienados e desconectados do Sagrado. Tememos a morte, sofremos e desejamos desesperadamente acreditar que se fizermos tudo da maneira correta, se respeitarmos as leis que criamos, ficaremos bem. Então, aparece uma crise e é como se fosse um terremoto sob nossos pés. Perdemos nossa sensação de segurança.

Para fazermos do mundo um lugar menos assustador e imprevisível, inventamos regras, religiões, dogmas e leis para nos proteger. Essas leis parecem funcionar muito bem na maior parte do tempo, mas criam um mundo bastante inferior ao paraíso no qual poderíamos estar vivendo, se pudéssemos operar alinhados aos sagrados Eternos Princípios. Precisamos parar de pensar que somos capazes de organizar melhor a realidade e de criar mais harmonia e beleza que Deus!

Se conhecêssemos as leis divinas, e se as obedecêssemos, se as usássemos como base para nossas leis dos homens, poderíamos mudar a nossa realidade. Poderíamos exterminar grande parte dos terríveis sofrimentos do mundo, e nos livrar do medo de que nossa curta existência humana seja a única que jamais experimentaremos. Poderíamos ver que somos todos almas eternas tomando a forma humana por um breve período, e que nosso ser espiritual é nosso ser real. Compreenderíamos que o céu, o mundo de Deus, é nosso lar verdadeiro.

Precisamos diminuir o espaço entre o mundo visível e o mundo invisível, para que possamos trazer a luz da divindade para nossa realidade cotidiana. Quando Jesus disse: "O âmbito dos céus está ao seu alcance", ele não quis dizer que morreríamos e subiríamos às nuvens em que os anjos tocam harpa. Ele quis dizer que podemos começar a tirar o véu entre este mundo e o outro, e permitir que o paraíso adentre a nossa vida como os raios de sol que entram pela janela.

Os Onze Princípios Eternos do Âmbito Divino

Apesar de existirem muitas leis divinas, este livro irá focar nos onze princípios mais importantes para a transformação de nossas vidas e melhoria de nosso mundo. Na numerologia, onze é um número mestre. Dez é o número da completude, ao passo que um é o número dos começos; portanto, onze representa o tempo da mudança, o momento em que algo morre e algo novo nasce. É o número do renascimento e da iluminação espiritual, aquele que marca a conexão entre os finais e os começos.

Neste momento da história, os planetas estão entrando na décima primeira casa, e nós estamos iniciando a Era de Aquário, a era das grandes mudanças. Podemos sofrer e continuar nosso caminho em direção ao aquecimento global, a desastres de grande escala, e disseminar a descrença e a inquietude quando passamos por um momento de grande reviravolta — ou podemos usar nosso livre-arbítrio e optar pela transformação. Apesar de os problemas no mundo parecerem esmagadores, cada um de nós que decide trabalhar em alinhamento com o divino tem um papel crucial na busca por uma vida melhor para a humanidade e na criação de um mundo mais amoroso.

As onze leis divinas, ou Princípios Eternos, são:

1. A Lei da Totalidade
2. A Lei do Carma
3. A Lei da Sabedoria
4. A Lei do Amor
5. A Lei da Harmonia
6. A Lei da Abundância

7. A Lei da Atração
8. A Lei da Evolução
9. A Lei da Manifestação
10. A Lei do Darma
11. A Lei das Possibilidades Infinitas

Os Princípios são lindos em sua simplicidade, mas mesmo assim podem nos frustrar, porque temos dificuldades de aplicá-los em nossas vidas. Estamos tão completamente imersos na realidade física que é difícil acreditarmos que não precisamos sofrer, negociar, acumular riqueza e segurança, nem lutar para nos defender, perder, trabalhar arduamente para ganhar o que perdemos e, por fim, deixar tudo o que valorizamos e adquirimos para trás quando morremos.

Muitas pessoas se dizem pragmáticas e se orgulham por compreender como o "mundo real" funciona, enquanto riem dos sonhadores "tolos". Os pragmáticos acreditam que as leis feitas pelos homens trarão a felicidade duradoura, sem se darem conta de que a felicidade não é um estado permanente. Não entendem que também são sonhadores. Ao escolherem ignorar uma realidade muito melhor, que pode ser vivenciada a qualquer momento, e com a qual podemos nos alinhar, esse sonho é de fato um pesadelo.

Como estamos convencidos de que nosso mundo, onde "sobrevive quem melhor se adapta", é a única realidade, tentamos encontrar regras que farão nossa vida fluir com mais suavidade. Se as velhas regras não funcionam, acabamos tendo de descartá-las, remendá-las, reescrevê-las. Alteramos continuamente as regras criadas pelos homens de acordo com as nossas necessidades, ou para que estejam alinhadas às nossas novas percepções. Durante anos, nossas leis em relação aos doentes mentais eram baseadas na ideia de que eles eram perigosos, incuráveis e até mesmo possuídos pelo demônio. Quando alcançamos um entendimento mais profundo a respeito das doenças mentais, mudamos as leis.

Também mudamos as leis para resolvermos problemas. Depois criamos maneiras de reforçá-las e punir os infratores. Chamamos esse sistema de "justiça". Mas a justiça divina e as leis divinas funcionam de forma bastante diferente, como você vai ver.

Todos os Princípios Eternos agem para todo mundo, em todas as partes do mundo. Agem independentemente da cultura ou do momento histórico. Sempre agiram e sempre agirão. Siga-os e experimentará a justiça divina. Ganhará exatamente aquilo de que precisa: tranquilidade, alegria, saúde, abundância e amor. É um direito que você adquire ao nascer e o reivindica vivendo de acordo com os Princípios Eternos.

A Divisão entre os Âmbitos

Se as leis divinas funcionam tão bem, por que paramos de obedecê-las? A resposta está na origem da humanidade.

Quando fomos criados, nossas almas viviam de acordo com as leis do Divino. Ao escolhermos criar a experiência humana — uma escolha que fizemos junto com Deus –, nos separamos do Criador Sagrado. A nova realidade física que experimentamos era tão diferente da nossa experiência como seres não físicos que desenvolvemos uma espécie de amnésia quanto à nossa real natureza. Esquecemos que ajudamos a manifestar o mundo natural, inclusive nosso próprio corpo. Passamos a nos conscientizar da nossa mortalidade. Tínhamos a sensação de que depois da morte uma parte do que éramos sobreviveria, mas a morte se tornou um grande mistério para nós.

Arqueólogos descobriram no Irã os restos mortais de um ancestral do homem moderno chamado Neandertal, o qual nos revelou nossa consciência primitiva da morte e da vida depois dela. O esqueleto de um homem de mais ou menos 40 anos, cujo braço havia sido amputado e cujos buracos dos olhos indicavam que era cego, foi encontrado enterrado sob a cobertura de vários tipos de flores. Essa gente primitiva pode ter sido diferente de nós em diversos aspectos, mas deve ter observado que as flores parecem morrer no inverno e voltar à vida na primavera. Ao reter esse membro do clã incapaz de caçar ou colher frutas silvestres, o homem de Neandertal agiu movido pela compaixão e pelo amor. Em vez de abandoná-lo, abraçou a realidade acima da sobrevivência dos mais fortes ou adaptáveis.

Quando encaramos a morte, sentimos que o mundo físico é somente mais um âmbito da existência. Infelizmente, durante a maior parte do tempo esquecemos essa verdade e funcionamos com base na crença de que temos de lutar uns com os outros e tentar criar segurança suficiente para afastar nosso medo da morte. Esquecemos que a morte física destrói somente o corpo, não a alma, esta eterna e parte constante do Divino. Como disse o poeta inglês Alfred Tennyson: "Que cada ser, aparentemente uma entidade separada, possa dar suas voltas e, fundindo todas as camadas do seu ser novamente, possa cair e retornar na Alma geral." Não estamos fazendo nada além de "dar voltas" enquanto possuímos um corpo e, depois da morte, afundaremos novamente na Alma eterna.

Nosso foco na sobrevivência do corpo físico faz parte da programação do nosso cérebro. Somos programados para temer a morte e para nos propulsionarmos em direção à sobrevivência sempre que nossa segurança física é ameaçada. Mas esquecemos de usar a parte do cérebro capaz de se lembrar de nossa natureza eterna. Esquecemos que a morte física é uma mera passagem de volta à nossa existência como seres de energia em vez de almas enclausuradas em corpos físicos.

A Origem do Âmbito Criado pelo Homem

A história bíblica de Adão e Eva é uma metáfora que explica o que aconteceu quando nós, como seres de energia existindo em perfeita harmonia com o Divino, escolhemos criar o mundo visível e, consequentemente, esquecemos a nossa conexão eterna com a força amorosa conhecida como Deus. É uma fábula que revela o que acontece sempre que criamos a ilusão de que estamos desconectados do Sagrado.

Adão e Eva viviam em harmonia com todas as criaturas da Terra e nunca sofreram de falta ou desejo. Não tinham medo da morte, porque no paraíso não havia sofrimento nem morte. Então, Eva e, posteriormente, Adão decidiram desobedecer a única recomendação de Deus: a de que nunca comessem a fruta da árvore do conhecimento do bem e do mal. No momento em que comeram aquele fruto, Adão e Eva aniquilaram a possibilidade de ficar no paraíso. Foram forçados a residir no mundo físico, onde trabalhariam, sofreriam, experimentariam a dor e morreriam. Eles pararam de viver de acordo com a lei divina e começaram a criar as leis humanas.

No entanto, podemos voltar ao Jardim do Éden, por assim dizer, se compreendermos e obedecermos aos Princípios Eternos. Quanto mais perto chegamos daquele lugar ideal, mais próximos ficamos da possibilidade de transcender as limitações de nossa natureza física.

A Sabedoria Perdida

Ao rejeitar os Princípios Eternos, perdemos a sabedoria e o conhecimento que fariam de nosso mundo um lugar mais confortável para todos. Milhares de anos atrás, nossa vida era primitiva em relação aos padrões atuais, mas nossa sabedoria era muito maior do que podemos imaginar. Mantínhamos maior contato com nosso ser divino e éramos capazes de nos comunicar com Deus com mais facilidade. Por causa disso, podíamos desafiar as leis da física e da ciência. Hoje, olhamos para a Grande Pirâmide e para os obeliscos egípcios coçando a cabeça para tentar entender como homens tão antigos podem ter construído estruturas tão incríveis, usando somente suas tecnologias primitivas. Ficamos maravilhados com a habilidade de nossos ancestrais de viajar quilômetros de distância por terras e mares perigosos e trocar ideias e objetos entre si. Nossos ancestrais também conseguiam viajar com facilidade entre o mundo visível e o invisível, e tinham acesso a um conhecimento que até hoje desconhecemos.

Sabemos que nosso estado mental e emocional afeta a saúde de nosso corpo. Imagine-se tão preenchido de amor, tão livre de emoções negativas e de preocupações, que as células do seu corpo criam novas células ainda mais saudáveis, toda vez que se reproduzem. Neste exato momento, você está gerando novas células — as células velhas do seu fígado, do pulmão, da pele, dos ossos estão morrendo e sendo substituídas por novas. Por que suas células não seriam fortes e saudáveis? Por que você não seria capaz de gerar um coração novo, novos ossos e uma pele macia, rejuvenescida? Algum dia, todos nós seremos capazes de fazer isso.

Se experimentássemos alegria e paz como resultados de uma vida alinhada aos Princípios Eternos, não precisaríamos manifestar doenças e seríamos capazes de retardar o processo do envelhecimento. Toda a poluição e as toxinas que afetam nosso corpo não seriam manufaturadas e lançadas no ar, na água e na terra, se não estivéssemos focados nas nossas necessidades imediatas, mas, ao invés disso, priorizássemos as necessidades de toda a humanidade, hoje e no futuro. Se vivêssemos de acordo com os Princípios Eternos em vez de sintonizados com nosso medo do sofrimento e da morte, poderíamos viver em harmonia com a terra, nutrindo-a em vez de destratá-la.

Somos destinados a viver como árvores, perdurando centenas de anos, interagindo uns com os outros e com os arredores na teia da vida. Falamos em "árvore da vida" e fazemos nossas árvores genealógicas. Construímos casas de madeira, e pessoas intuitivas entendem que a madeira é a única substância que carrega uma vibração humana. Entre numa casa velha e cheia de artigos de madeira e talvez você sinta que outros já viveram ali antes, porque está captando as vibrações deles, que afetaram a madeira. Uma antiga superstição diz que, quando se fala de doença, deve-se bater na madeira; alguns acham que se deve fazer isso para afastar os espíritos do mal, outros dizem que é para tocar nos espíritos positivos que habitam a madeira. Na Bíblia, é a madeira que nos salva da destruição quando Noé constrói a arca. Jesus era carpinteiro e trabalhava com madeira, e morreu numa cruz de madeira, abrindo mão da própria vida para nos libertar de nosso sofrimento. E a cabala diz que o corpo é a árvore da vida. A madeira sempre foi uma parte integrante da nossa existência.

A parte de nós que se lembra da nossa natureza verdadeira nos sussurra que devemos ter contato com árvores e madeira para lembrar que nossa natureza é semelhante à das árvores. Nosso destino é tocar a terra e o céu, permanecendo em nossa existência física enquanto nos espichamos em direção aos céus e ao Divino.

Enquanto muitos de nós viver de acordo com as leis dos homens, ignorando o funcionamento das leis divinas, a humanidade sofrerá. Somos todos interligados, de modo que aquilo que um indivíduo faz afeta não somente a ele e às pessoas próximas, mas a humanidade de modo geral. Não parece ser assim, mas isso acontece porque estamos presos ao mundo dos sentidos. Se analisarmos bem, veremos evidências de quanto uma pessoa pode afetar o todo, ou do quanto um pequeno grupo de pessoas dedicadas e amorosas pode mudar toda a sociedade. Podemos resolver os problemas do meio ambiente ou da nossa sociedade, podemos criar arte que toca o coração das pessoas, mas também podemos afetar o todo num nível puramente energético. Mudamos a energia no nosso cantinho da matriz (ou rede) energética sempre que nos aproximamos dos Princípios Eternos, como você verá a seguir.

Você pode transformar a sua vida e o mundo hoje, se compreender e aplicar os Princípios Eternos, mas antes é preciso que entenda sua natureza espiritual como um ser de luz. Somente então será capaz de alcançar verdadeiramente as leis de Deus e começar a usá-las para distanciar-se do medo e do sofrimento, e adentrar um estado elevado de existência.

COMPREENDENDO SUA NATUREZA ESPIRITUAL

Assim como todas as coisas e todas as pessoas, você é feito de luz. Não somos somente seres físicos vivendo numa realidade física, mas seres de luz e energia vivendo num âmbito energético.

Seu corpo físico é feito de quatro elementos: hidrogênio, oxigênio, nitrogênio e carbono. Os átomos de hidrogênio, nitrogênio, oxigênio e carbono são feitos de minúsculas partes de matéria, chamadas partículas. Essas partículas vivem em constante movimento: aquilo que parece sólido ou líquido é somente uma porção de espaço e poucas partículas vibrando dentro dele. Na verdade, se você juntasse todas as partículas do seu corpo de maneira que não houvesse espaço algum entre elas, a quantidade de matéria só poderia ser vista através de um microscópio!

Apesar de essas pequenas partículas serem matéria, elas muitas vezes se comportam como ondas ou unidades de luz. Portanto, até mesmo aquele punhado microscópico de matéria é, na verdade, um amontoado de luz. Nós nos consideramos seres sólidos, mas, para compreender os Princípios Eternos e como eles nos afetam, precisamos lembrar que, essencialmente, somos seres de luz.

Pensando no nível físico, você tem um corpo que é separado do corpo de outras pessoas e do ambiente: este livro, sua cadeira, o chão em que pisa e por aí afora. Mas se pensarmos em termos energéticos, você tem um "corpo" de luz e energia que está entrelaçado com a energia que cria o Universo. Você é parte de Deus e uma criação de Deus, da mesma maneira que é parte da vida na terra. Observe uma fotografia de uma multidão tirada a distância e verá como se parece a uma grande massa feita de muitos pontos coloridos. Sua mente sabe que cada pontinho é uma pessoa, mas, sob tal perspectiva, você vê uma entidade, não muitas. Você vê unidade, não separação. Do mesmo modo, enquanto um prisma separa a luz em raios multicoloridos, todos os raios separadamente se juntam para formar aquele prisma. O seu corpo de luz está intimamente conectado a todos os outros corpos de luz, e a toda a energia, o tempo todo. A natureza da relação entre nossos corpos de luz e a energia do Universo é resumida pela Lei da Totalidade, um dos Princípios Eternos que você aprenderá neste livro, e uma das leis divinas que precisamos compreender e respeitar.

Se você é muito sensível à energia (ou seja, se é intuitivo), é capaz de perceber a energia de luz dos outros seres. Você já teve a sensação de não estar sozinho num prédio, apesar de não ouvir ou ver ninguém? Ou já olhou para cima, porque sentiu que alguém estava na porta olhando para você? Você sabia que havia alguém ali, porque seus sentidos receberam sinais sutis, mas também porque você sentiu uma mudança na energia, ou vibração. É uma pena que no mundo contemporâneo as pessoas sejam tão céticas quanto à intuição, porque ela não pode ser controlada ou recriada em laboratório. A ciência nos ensina a valorizar a lógica e a razão. Portanto, se temos uma "sensação estranha", normalmente a ignoramos ou fazemos pouco caso dela, tratando-a como uma experiência bizarra, mas a intuição é bastante real.

Médicos são capazes de medir a energia de uma pessoa de diversas maneiras: tomografia, ressonância magnética, eletroencefalograma, eletrocardiograma, e por aí vai. Você não pode afirmar que alguém esteja mentindo, mas um detector de mentiras registra mudanças sutis na respiração e nos batimentos cardíacos que acontecem quando a pessoa não está falando a verdade. A energia magnética do coração atravessa o corpo humano. O sangue também carrega energia; o meu sangue é diferente do seu em vibrações de velocidade, frequência. Depois de receber uma transfusão de sangue, minha mãe mudou de humor e de atitude radicalmente. Tenho certeza de que isso aconteceu porque recebeu sangue de energia vibratória de frequência mais alta que o dela. (De fato, Testemunhas de Jeová não permitem transfusões porque consideram o sangue sagrado, e algo que não se deve compartilhar.) O psicólogo Paul Pearsall diz em seu livro *The Heart's Code* (O código do coração) que pacientes que receberam órgãos transplantados adquiriram características pessoais e memórias dos doadores. Pacientes reportaram sonhos estranhos que, descobriu-se, eram memórias de como o doador daquele órgão havia morrido. Nossas lembranças e nossa energia estão entranhadas nos tecidos do nosso coração, dos pulmões, dos rins, dos olhos e outros órgãos. É possível que um dia os cientistas desenvolvam uma tecnologia sensível o suficiente para que todas as pessoas possam enxergar o campo magnético e a aura umas das outras.

Pessoas, pensamentos e sentimentos são feitos de energia, e vibram em várias velocidades, volumes, ritmos. Quanto mais alta a vibração de uma pessoa ou de um objeto, mais essa pessoa ou objeto está em sintonia com o Divino. Como seres de luz e energia, somos capazes de aumentar nossos volumes de vibração a qualquer momento. Quando geramos um clima alegre, agimos com compaixão e vivemos de acordo com os Princípios Eternos, nossa vibração aumenta. Quando cedemos ao medo, à raiva, ao ódio e ao ciúme, nossa vibração diminui. A luz de nosso corpo energético enfraquece, fica mais escura, mais densa e mais pesada. Tornamo-nos mais vulneráveis aos pensamentos sombrios, às energias negativas que se conectarão a nós e causarão pensamentos egoístas, destrutivos e até mesmo malévolos.

Do ponto de vista psicológico, falta empatia e sofrimento aos sociopatas, devido a distúrbios cerebrais. Energeticamente, eles são seres de luz de vibração tão baixa que estão completamente inconscientes de sua natureza divina e de sua ligação com Deus. Sua negatividade se manifesta na raiva, na violência, na manipulação e no narcisismo. Por menos, você pode sentir uma diminuição na sua própria vibração quando fala com sarcasmo, julga alguém impiedosamente, faz uma "pequena" trapaça ou participa de fofocas. Quando dispensamos aquela voz que diz "Eu não deveria fazer isso", agimos contrariamente à vontade de Deus e baixamos nossa vibração.

Cada um de nós experimenta o Divino em cada momento e escolhe elevar nossa vibração individual, assim como a coletiva, fazendo-nos mais iluminados, mais leves, cada vez que afastamos as energias poluidoras pesadas e sombrias. Quando o fazemos, ficamos mais conscientes da nossa divindade, da nossa conexão com Deus. Quanto mais sentimos a ligação com o Divino, mais somos capazes de acessar a sabedoria divina, o amor, a compaixão, e mais nos sentimos energizados, enriquecidos e vitalizados. Fazer o bem nos promove leveza, animação e a sensação de união com toda a humanidade. Quanto maior a nossa vibração, mais nos sentimos atraídos a gerar ainda mais alegria e amor.

Se você aplicar as leis do Divino na sua vida, vai viver de maneira sagrada e iluminada, e sentirá sua vibração aumentar. Mesmo quando acontecer uma tragédia, você sentirá a presença de Deus o confortando, porque terá acordado para sua conexão divina com o Sagrado.

Neste momento, quando fazemos o bem, experimentamos Deus e vibramos num nível muito alto, mas podemos não nos dar conta da importância do que estamos sentindo. Podemos pensar: "Me senti muito bem, mas agora preciso voltar para a lista dos meus afazeres." Nossos dias são preenchidos por tarefas destinadas a nos trazer segurança no mundo físico: comprar comida, dar telefonemas, ir ao médico, e por aí afora. Raramente dedicamos nosso tempo para as atividades mais importantes, como amar plenamente e perdoar aqueles que nos prejudicaram. Muitas vezes dizemos para nós mesmos que estamos ocupados demais para fazer o que é mais importante para nós, mas o que estamos fazendo, na verdade, é transformar nosso medo do sofrimento e da morte em prioridade sobre o que realmente importa. Se você fosse morrer hoje, não diria para si mesmo ao deixar a terra: "Ah, mas eu não terminei a minha planilha de gastos!" Preocupamo-nos com as coisas mais insignificantes e sem importância, e tomamos como gratuita a ideia de que temos tempo de sobra para fazer o que realmente importa para nós.

Quando reconhecemos nossa natureza eterna, divina, e nossa relação com a divindade, nossos pensamentos, sentimentos e nossas ações entram facilmente em alinhamento com o que é divino e eterno, em vez de se conectar com o medo da morte, da perda e do sofrimento.

Nossa Relação com o Mundo Invisível

A ciência, a matemática, a lógica e a física tradicional nos ajudaram a criar tecnologias que aumentaram a longevidade do homem e melhoraram a nossa vida. A medicina, o saneamento, os aquedutos, a eletricidade e as invenções semelhantes são inestimáveis para nossa sobrevivência e qualidade de vida. E desde que começamos a compreender a física quântica, também nos demos conta de que o que achávamos saber sobre o funcionamento do Universo não é nada comparado àquilo que *não* sabemos. Nossa compreensão da luz versus a matéria e a natureza dos objetos não se explica mais com base nas leis da nossa realidade cotidiana. O Universo parece estar obedecendo a um conjunto de regras que ainda não podemos entender. O que vemos é a evidência do funcionamento do âmbito divino, algo que nossa mente humana ainda não consegue compreender, apesar de que, talvez, um dia, sejamos capazes.

Nossas percepções são limitadas pelo estágio evolutivo atual. Achamos difícil imaginar ou acreditar em qualquer coisa que não tenhamos experimentado. Quando temos a chance de espiar como o âmbito de Deus funciona — por exemplo, quando descobrimos matéria escura (negra) no espaço, ou quando aprendemos que uma onda de luz às vezes age como uma pequena partícula de matéria e vice-versa —, não sabemos o que fazer com isso. No entanto, essas descobertas nos abrem a possibilidade de enxergar que existe outra realidade com a qual interagimos, um mundo invisível que funciona independentemente do nosso.

Frequentemente, pessoas que passaram por experiências de quase morte têm sua vida transformada para sempre, porque experimentaram esse outro mundo invisível. Não somente têm fé na vida após a morte, experimentaram uma vida depois que seu corpo físico parou de funcionar. Elas não precisam ser convencidas de que são seres eternos. Ao reconhecerem sua natureza eterna, elas são capazes de deixar para trás o medo da morte e do sofrimento. Não têm dúvidas de que toda dor é temporária e que a morte é somente uma passagem para uma nova experiência.

Aprendi essa lição quando tinha 5 anos e me afastei da família durante um piquenique para explorar um rio próximo. Caí dentro d'água e fui tragada por uma corrente muito forte. Lembro-me de tudo ficando escuro, silencioso, e, de repente, eu estava num vale lindo e exuberante, rodeada de seres amorosos e gentis, estava tão feliz ali que queria ficar, mas me disseram que eu tinha que ir embora. Imediatamente, senti que era empurrada de volta para dentro do meu corpo e comecei a tossir e a cuspir água. Naquele dia, descobri minha natureza eterna. Também abri as portas da minha mente, acordei partes adormecidas do meu cérebro e desde então tenho habilidades intuitivas que não podem ser explicadas por cientistas.

Se você nunca experimentou o outro mundo, pode achar difícil imaginar uma realidade que não pode enxergar, ouvir, provar ou da qual não sente o cheiro. Ainda assim, é provável que você não tenha dificuldade de acreditar na existência de outra realidade chamada internet. A web não pode ser localizada no tempo e no espaço. Você pode interagir com ela, mas não pode vê-la ou tocá-la. Pode somente enxergar as evidências de sua existência ao olhar para a tela do computador. Como você descreveria a internet e sua natureza para alguém que nunca viu um computador? Você poderia dizer: "é um lugar, tipo uma estrada de informações na qual você não pode dirigir, mas que existe. E você pode se conectar a ela facilmente, a qualquer hora, se tiver o equipamento apropriado. Você pode se comunicar com pessoas em todo o mundo imediatamente." Tente imaginar como essa descrição soaria estranha para alguém que nunca viu um computador, e, mesmo assim, ela é precisa. O mundo invisível pode ser descrito de maneira similar.

Se você já experimentou ou teve a sensação do âmbito do Divino, aquele além do tempo, do espaço e da mortalidade, pode ter eliminado essa lembrança da sua memória. Talvez quando você mencionou essa outra realidade para outras pessoas, tenham lhe dito que você era maluco, que sua imaginação era muito fértil, ou que a experiência não passara de uma ilusão da mente. Infelizmente, a maioria de nós aprendeu a rapidamente dispensar tudo aquilo que não compreende.

Muitas crianças mantêm a habilidade de se comunicar com essa outra realidade, da qual faziam parte recentemente, antes de nascerem num corpo humano. Minha neta, Elizabeth, nasceu dois meses depois da morte da minha avó, Anna. Quando Elizabeth tinha 2 anos, viu uma foto da minha velha avó, apontou para ela e disse: "Anna." Depois, apontou para si mesma e disse: "Eu." Fez isso diversas vezes — "Anna, eu. Anna, eu." Agora ela tem 8 anos e uma personalidade muito parecida com a da minha avó. Uma conhecida minha costumava insistir, quando criança, que havia um homem morando em sua casa. Ela dizia que esse homem a observava e sorria para ela enquanto brincava à tarde, quando seus irmãos estavam na escola. A mãe lhe dizia para parar de inventar histórias, mas muitos anos depois, quando minha avó cresceu e se mudou, recebeu um telefonema da mãe, que lhe disse: "Lembra daquele amigo imaginário da sua infância? Como ele era? Porque o vi andando pela casa e ele me pareceu raivoso, apontando para a entrada da garagem." A prefeitura estava quebrando o asfalto para fazer um trabalho no subsolo. Quando sua mãe descreveu o homem — grisalho, calça de cintura alta e camisa de xadrez vermelha —, a filha disse: "É ele. Ele era exatamente assim." As duas investigaram e descobriram que era o espírito de um homem que morrera na porta da garagem da casa, muitos anos antes. Elas se deram conta de que ele estava chateado porque mudanças estavam sendo feitas no seu espaço. Parou de aparecer depois que a mãe lhe disse que ele precisava ir embora, porque não pertencia mais àquele lugar. (Se você vier a encontrar uma alma perdida, saiba que ela está confusa, pode não entender que está desencarnada, e diga a ela para ir em direção à luz. Isso a ajudará a deixar o mundo físico e encontrar seu destino eterno.)

Como Acessar o Âmbito Divino

Você não precisa ter habilidades paranormais para se abrir à comunicação com o mundo invisível. Deus está lá, pronto para ouvir você o tempo todo. O verbo *vocare* em latim significa chamar ou convocar e encontrou em "invocar" seu cognato em inglês e português. E com certeza você pode chamar por Deus com a invocação: "Deus, eu preciso de ajuda." Mas para ouvir a resposta, para sentir a presença do Sagrado, você precisa banir milhares de pequenas distrações da sua mente. Se você tenta freneticamente descobrir como resolver seus problemas, não será capaz de ouvir a resposta de Deus. É preciso estar parado e em silêncio. Se surgirem pensamentos, imagine que são palavras projetadas numa tela e visualize-as indo embora. É preciso parar de gerar pensamentos sobre seus pensamentos e não se permitir ser distraído por todos os pensamentos e todas as emoções que sua mente deseja criar.

Preste atenção à sua respiração ao fazer com que seus pensamentos se transformem em mero barulho de fundo. "Respiração" é uma palavra etimologicamente fascinante, acredita-se que foi introduzida no discurso humano por volta de 1000 a.C. como a palavra indo-europeia *speis*, que imita o som da expiração. De lá para cá, ela evoluiu para o *respirare*, significando "respirar". Mas *inspirare* tem o mesmo significado em português, ou seja, colocar o ar para dentro, exatamente como a ação de respirar transfere sabedoria sagrada para o ser físico. É assim que a Bíblia define Deus ao criar o homem: "O Senhor Deus formou o homem a partir da poeira do chão e insuflou em suas narinas o hálito da vida; e o homem se tornou uma alma viva" (Gênesis, 2:7). É interessante pensar que *spes* (palavra próxima de *speis*) é o substantivo em latim da palavra "esperança" ou "fé". A raiz das palavras "fé" e "respiração" é, portanto, bastante parecida. Do mesmo modo, os atos de respirar e de encontrar a fé são complementares: inalamos inspiração divina e ganhamos uma fé tranquilizante a cada respiração longa e meditativa.

Quando você quiser sentir sua conexão com Deus, deixe que Ele sopre esperança dentro da sua alma. Perceba sua inalação, dê as boas-vindas ao oxigênio que nutre cada célula dentro do seu corpo. Perceba na sua exalação a libertação de todas as toxinas, ansiedades e todos os medos que vinham se acumulando no seu corpo de luz, como sedimentos na água. Imagine-se exalando toda essa energia escura e pesada para fora do seu corpo, e preenchendo-se da luz do Divino ao inspirar novamente. Não preste atenção ao tempo, nem se deixe pensar: "tá, tá, já estou em silêncio, quero minha resposta!" Isso é o mesmo que desligar o telefone na cara de Deus! Seja paciente e mantenha as linhas de comunicação abertas enquanto foca silenciosamente na sua respiração. Você sentirá sua agitação interior se acalmar. A tranquilidade substituirá suas preocupações, e você se sentirá mais leve, porque terá elevado a sua vibração e se aberto para que a luz de Deus lhe encha de alegria, criatividade e sabedoria. Como o grande teólogo e filósofo alemão, mestre Eckhart disse: "O espírito de Deus, como um vento divino, um hálito de fogo vivo, sopra os seres viventes, o mundo e o cosmos, de eternidade a eternidade... O vento divino sopra a essência profunda de todos os seres." Na verdade, o próprio nome do todo-poderoso pode estar associado à respiração: no testamento judaico, Deus é chamado de Jahweh. Diz-se que o nome é derivado de um verbo do hebreu antigo, *hawah*, que significa "ser" e também "respirar". Alguns disseram, inclusive, que as quatro letras JHWH (simplesmente Jahweh sem as vogais, a palavra original para seu nome) equivalem ao som de uma respiração completa; pense em quando um bebê começa a respirar, ou na respiração pesada de alguém que esteve debaixo d'água.

Enquanto pratica o plácido exercício de respiração com atenção, lembre-se de que Deus pode não responder imediatamente. Pode ser que você precise aprender algo antes de ter clareza, mas é importante estar aberto ao que o Divino lhe diz. E, às vezes, simplesmente sentir a paz que advém dessa conexão com Deus é suficiente para facilitar o progresso e enfrentar os desafios da vida, mesmo que você nem sempre tenha certeza de estar tomando as decisões certas. Se você se conectar com Deus regularmente, voltará ao estado de harmonia mais rapidamente, cada vez que começar a focar na respiração, e descobrirá que não fica aborrecido com a mesma facilidade de antes. As respostas às suas perguntas começarão a fluir, às vezes inesperadamente, e você se sentirá mais forte e corajoso.

Deus Fala Conosco através de Nosso Corpo Físico

Nossos corpos são desenhados de maneira a nos lembrar da nossa conexão com o cosmos e uns com os outros. Deus não quer que esqueçamos a nossa verdadeira natureza. Nossos dez dedos das mãos e dos pés refletem os ciclos de dez anos em nossa vida. Bebês completam seu primeiro ciclo, da concepção ao nascimento, e adentram o décimo mês como seres humanos completos. Nossas dez digitais também são um lembrete dos dez planetas, inclusive Éris, porque devemos reconhecer que somos feitos do mesmo material do cosmos e que somos parte dele. As linhas das palmas de nossas mãos refletem nosso carma e nosso destino, o que nossa alma sabe, mas está escondido de nosso consciente. Nossas mãos são desenhadas para serem condutoras da energia de Deus. As mãos têm inúmeras terminações nervosas, portanto são incrivelmente sensíveis ao toque e à temperatura, assim como à energia. Podemos receber e distribuir energia através de nossas mãos, usando "mãos curadoras" para acabar com doenças e feridas. Na meditação e na oração, as mãos são utilizadas para captar e enviar energias, estejam as palmas para cima, em direção ao céu, ou juntas para criar um ciclo de completude, devolvendo a energia para o corpo. Quando alguém está sofrendo, o simples fato de segurar sua mão ou tocá-la pode ser imensamente reconfortante, porque você está, na verdade, mandando energia positiva de seu corpo de luz para o corpo do outro.

Oitenta por cento do corpo humano é composto de água, um condutor de energia. Se você constantemente gera energia negativa sob a forma de raiva ou inveja, poluirá seu corpo e mandará energia tóxica para a ponta de seus dedos do pé e da mão. Em algum momento, essas toxinas podem gerar doenças, enfraquecendo a capacidade do seu corpo de lutar contra venenos do meio ambiente. Quando o corpo é ameaçado por uma infecção, ele gera muco e células brancas, além de usar seus fluidos para tentar expulsar a infecção. Quando o tecido está inflamado, plasma carregado de células brancas corre ao local onde está a patologia, na esperança de prevenir maior dano ao corpo. A água curativa, geradora de vida, pode restaurar a saúde, mas quando está contaminada por energia negativa, não consegue agir como deveria. Por isso é extremamente importante livrar-se dos pensamentos e sentimentos sombrios e pesados.

Como um ser de luz e energia livre do corpo físico após a morte, você não experimentará emoções soturnas como a raiva, o medo, o arrependimento ou o pesar. Esses sentimentos são criados no cérebro humano e vividos como fenômenos físicos (a neurocientista Candace Pert, ph.D., demonstrou que as emoções são, na verdade, neuropeptídios no corpo, ou seja, assumem uma forma bioquímica). Quando você sente raiva ou tristeza, os líquidos de seu corpo se mexem em resposta a essa emoção, e você chora para lavar os sentimentos soturnos. O medo ativa suas glândulas sudoríficas e fazem com que seu coração bata mais rapidamente, de modo que o sangue percorre suas veias e artérias com mais velocidade, levando energias tóxicas para várias partes do seu corpo. Centenas de anos atrás, médicos achavam que, para curar uma doença, era preciso fazer um corte no paciente e drenar parte de seu sangue. Entendiam que esse sangue carregava venenos, mas não compreendiam que o sangue e outros fluidos corporais podem ser restaurados em vez de removidos.

Cada parte do corpo se conecta com as outras, física e energeticamente, assim como cada alma individual se entrelaça no tecido do Divino. Uma amiga fez uma cirurgia sem maior importância no pé e achou que poderia voltar a trabalhar no dia seguinte sem problema algum, desde que tomasse um analgésico, mas se surpreendeu com a dificuldade que teve de se concentrar. Ela me disse: "Eu não entendo por que estou tão cansada. Só o meu pé está machucado, não o corpo todo." No Ocidente, pensamos no corpo como se fosse uma máquina feita de partes separadas que podem ser individualmente consertadas ou substituídas, e que o resto do nosso ser pode funcionar perfeitamente, mesmo que uma parte da máquina precise de reparos. Cada célula do corpo sabe quando o pé está sofrendo, assim como o Divino sente o sofrimento de cada alma, porque estamos todos conectados no corpo de Deus.

Uma vez compreendida nossa natureza espiritual, podemos partir para o entendimento de como funciona a realidade das almas e da divindade. Ela tem a própria ordem e as próprias leis, as quais podem ser bastante difíceis de alcançar diante de tanta pressão para acreditar que as leis criadas pelos homens são tão lógicas e práticas. Quando compreendermos quão mais sábias e melhores são as leis divinas, começaremos a mudar nossas vidas para melhor.

Capítulo 1

O PRIMEIRO PRINCÍPIO ETERNO:

A Lei da Totalidade

Todas as pessoas e todas as criaturas são uma só, em união com o Divino.

Nossos corpos de luz e energia, ou almas, estão unidos a todas as outras criaturas, às árvores, aos lagos e às montanhas numa tapeçaria energética chamada divindade. Como estamos todos conectados, influenciamos uns aos outros e ao mundo a nossa volta continuamente. Cada uma de nossas ações afeta os outros, assim como nós mesmos. A ideia de que podemos levar a própria vida da maneira que queremos, sem gerar consequências para nós mesmos e para os outros, vem da falsa impressão de que somos seres separados. É verdade que no nível físico você e eu não podemos ocupar o mesmo espaço e temos corpos diferentes. Mas no âmbito do Divino, onde não há limitação por regras de tempo e espaço, a individualidade é uma ilusão.

Como humanos, temos uma mente coletiva. Nosso inconsciente sabe disso, mas, infelizmente, viver no mundo físico nos distrai do nosso conhecimento profundo. Seu ego, que não passa de sua consciência sobre quem você é como indivíduo, se recusa a reconhecer o que seu subconsciente sabe. Mesmo que você veja os sinais de sua conexão e influência nos outros, seu ego as tratará como coisas sem importância. Nosso senso de separação parece tão real que a maioria de nós acredita erroneamente que essa é a única realidade, em vez de pensar que é somente a realidade percebida pelo ego.

Todos nós passamos basicamente pelas mesmas experiências de vida: as passagens do nascimento, da adolescência, do casamento ou união, dos filhos, do envelhecimento e da morte. Todos sentimos pesar quando alguém de quem gostamos está ferido, ou ficamos com raiva quando presenciamos alguma injustiça. Também temos pensamentos semelhantes. Mesmo assim, tendemos a prestar atenção nas diferenças em vez de olharmos para as semelhanças. Criamos divisões entre as pessoas para servir às necessidades do nosso ego, desejoso de enxergar-se como único, especial e ultraimportante. O ego tem medo do que pode acontecer se identificarmos a criação como um todo e não como indivíduos. O aspecto de nossa consciência está enraizado na parte mais primitiva do nosso cérebro, o qual evoluiu para garantir que, acima de tudo, sejamos capazes de sobreviver no mundo físico. A parte mais evoluída do cérebro, o neocórtex, reconhece que nossa existência individual neste planeta é nossa pequena, porém crucial, contribuição em toda a criação.

Quando encontramos alguém que não enxerga as coisas ou age como nós, o ego pode assumir e rapidamente ceder à sensação primitiva do medo. Esse medo pode ser suave (por exemplo, uma timidez ao adentrar um ambiente cheio de estranhos), ou intenso, fazendo com que o coração acelere e a respiração enfraqueça. Somos, na verdade, programados para resumir e categorizar as pessoas e as situações de imediato, para que possamos agir prontamente em caso de perigo. No entanto, se não usamos a parte mais evoluída do nosso cérebro e sim nossa consciência máxima para julgar uma situação, podemos suspeitar logo de qualquer pessoa que nos pareça ligeiramente diferente, fazendo com que nos isolemos, nos desalinhemos cada vez mais da Lei da Totalidade. É verdade que existirão ameaças reais à nossa segurança pessoal no mundo físico. Situações difíceis e perigosas servem de espelho, refletindo todas as questões que sua alma precisa trabalhar; essa é a Lei do Carma. Mas o perigo real não é morrer, nem abalar o seu "eu" individual. O verdadeiro perigo é nunca resolver suas questões cármicas, o que faz com que você subconscientemente crie sofrimentos para si mesmo com frequência, vida após vida.

Normalmente receamos que algo terrível e inesperado aconteça, mas não existem acidentes, para o bem ou para o mal. Tudo faz parte dos planos de Deus. Uma batida de carro, uma inundação e uma crise inesperada de saúde são manifestações físicas de pensamentos e emoções que devem ser processadas para que possamos aprender as lições que elas vêm nos ensinar.

No Ocidente, damos muito crédito a nossa influência no mundo físico. Ninguém é responsável por aquilo que lhe acontece. Ninguém é tão poderoso! O ego gosta de pensar que tem o controle, mas, por causa da Lei da Totalidade, todos influenciamos uns aos outros o tempo todo: em algum lugar de Cingapura, as ações de uma pessoa estão influenciando você. O que você fez ontem está afetando alguém em algum lugar. Nossa interconexão é muito mais próxima do que se pode imaginar.

Na física quântica, existe uma teoria chamada efeito borboleta, a qual atesta que o bater das asas de uma borboleta altera a realidade de maneira tangível, talvez até mesmo causando uma tempestade do outro lado do mundo. A interconexão das coisas no mundo dos sentidos não é somente um conceito abstrato. É, de fato, parte da ciência.

A crise bancária mundial começou a acordar muitas pessoas para essa verdade no nível físico. Quem poderia imaginar que uma casa em Cleveland era propriedade de pessoas na Cingapura, na Alemanha ou em Orlando, na Flórida? Ainda assim, foi isso que aconteceu quando os produtos financeiros derivados que foram criados acabaram sendo empacotados, vendidos, empacotados novamente, e vendidos outra vez, espalhando o risco e obscurecendo as informações sobre quem era dono de quê. Quando os bancos quebraram na Islândia, policiais ingleses tiveram seus fundos de reserva repentinamente cortados, porque o dinheiro de sua aposentadoria estava investido em bancos islandeses. As pessoas ficaram chocadas quando descobriram que somos tão interligados financeiramente.

A Lei da Totalidade entrelaça nossa vida com a dos outros por meios que às vezes não compreendemos e nem mesmo percebemos. Não somente estamos ligados a outras pessoas e criaturas, como os animais, mas também ao Divino, cujos planos afetam a todos nós. Nossa mente coletiva, em comunhão com Deus, manifesta o nosso mundo. Imagine a sua alma como uma esfera de luz. Essa esfera brilha além de você e se sobrepõe a outras esferas de luz. Quando duas esferas se encontram, as duas pessoas são influenciadas no mundo físico através de uma interação energética. Deus é a esfera de luz que engloba toda a luz.

Quando um corpo de luz e energia vibra em alta velocidade, sua luz é muito brilhante. Quando vibra apaticamente, sua luz é menos vibrante. Aqueles cujas almas vibram muito rapidamente afetam o mundo a sua volta, gerando sentimentos positivos e generosos, além de pensamentos que manifestam situações positivas. Quando encaram um desafio, essas pessoas positivas o enxergam como uma lição — uma oportunidade para aprender algo, desenvolver uma nova habilidade, ou aprofundar seu conhecimento do mundo. São capazes de enxergar o bem em todas as situações, porque vivem em alinhamento com a Lei da Totalidade e reconhecem sua responsabilidade de curar seus nichos no todo energético.

E há as pessoas que sempre parecem estar com um humor autodestrutivo. Pessoas que sofrem de vícios estão sempre em confronto com os outros em nome de um ou outro drama. Acham que os outros estão se aproveitando delas, que são vítimas. Sem consciência de que estão unificadas ao resto da criação, sentem-se desconectadas das outras pessoas, de Deus e da própria alma. Drogas, álcool e pensamentos obsessivos, e também sentimentos sombrios como ciúme, raiva, ressentimento, tristeza ou falta de esperança, nublam sua mente. Acreditam que devem contar consigo mesmos para sobreviver, porque não podem confiar em mais ninguém.

Quando alguém vibra em nível muito baixo, sua escuridão afeta a todos à sua volta. É palpável a energia pesada exaurindo sua sensação de vitalidade, porque essas pessoas são carentes e infelizes, ou raivosas e pessimistas. É como se estivessem paradas num quarto escuro, esperando por qualquer tipo de iluminação, mesmo que seja a pequena chama de uma vela. Quando uma pessoa é engolida pela escuridão, não consegue nem mesmo enxergar o interruptor, nunca fez uso dele e não faz ideia de que está ali para ser usado; ela permanece presa no quarto escuro e solitário.

Quando você reconhecer a Lei da Totalidade e seu enorme poder, seus pensamentos, sentimentos e comportamentos mudarão, e você deixará para trás a solidão e os medos mundanos.

A Energia do Nosso Meio Ambiente

Indicações de que a energia da luz divina existe podem ser encontradas em nosso corpo e no meio ambiente. Deus nos dá muitas dicas de que podemos contar com a divindade a qualquer momento!

Energia vibracional é algo que podemos sentir se estivermos abertos a ela. Se você se sente desconfortável na presença de alguém e não sabe o motivo, provavelmente ela tem uma vibração muito baixa. Você pode repelir ou ser atraído por alguém ou por um lugar, porque está captando sua energia. Se uma situação lhe parece certa, se alguém irradia confiabilidade, preste atenção. A intuição nunca está errada, embora trabalhe melhor quando seu subconsciente não está encoberto por um carma não resolvido. O seu desejo subconsciente de atrair problemas fará com que você trabalhe suas questões, mas também pode nublar sua intuição.

É importante levar a sério emoções inexplicáveis, pensamentos, ou sensações em você mesmo e nos outros. É possível que sua intuição encontre pistas físicas, as quais serão registradas no seu inconsciente, mas não no consciente. Às vezes a intuição é um alerta energético de que algo está para acontecer, ou está acontecendo longe de você. Por exemplo, você pode ter a sensação de que o telefone vai tocar imediatamente antes de isso acontecer, e, antes mesmo de atender, você sabe quem está ligando. Há pouco tempo, uma cliente passou uma noite em claro, aparentemente sem nenhuma razão, e soube na manhã seguinte que sua irmã, moradora de outro estado, morrera naquela madrugada.

Nas sociedades modernas, as pessoas geralmente desdenham a interação da energia entre as pessoas. Acreditam, erroneamente, que essa energia negativa não vai afetá-las e que não precisam se reabastecer se conectando com energias positivas. Assistem a filmes e programas de TV violentos, riem de comediantes que têm um senso de humor maldoso e escutam músicas que refletem o ódio e o preconceito que existem no mundo. Não devemos negar a existência da escuridão e da brutalidade, mas precisamos nos proteger desses tipos de energia. É muito fácil ser influenciado por eles. Escutar músicas edificantes ou assistir a filmes inspiradores aumenta nossa vibração. Por exemplo, as sinfonias de Bach ou de Verdi perduram até hoje porque qualquer um que as ouça pode sentir a energia positiva que geram. A alta vibração da arte e da música influencia a nossa própria vibração, porque estamos conectados a ela no âmbito da divindade. Os vitorianos sabiam disso e criaram belos parques públicos, como o Central Park em Nova York, para que mesmo os pobres pudessem se sentir inspirados e elevados por estarem num lugar verde, natural, exuberante e belo.

Para compreender como a nossa energia influencia os outros e vice-versa, pode ser útil pensar em toda a criação em termos de uma vastidão sem fim, como o oceano. Quando a luz do sol brilha sobre a água, as duas se fundem e a energia do sol aquece a da água. A superfície do oceano fica morna e brilhante, mas alguns metros abaixo a água é fria e escura, porque o sol não penetrou tão fundo. Na verdade, quando você nada num lago, pode perceber que, de repente, se depara com um ponto frio. É assim que a energia luminosa funciona: em alguns lugares ela é mais escura (mais fria) e em outros é mais clara (mais quente), mas tudo isso faz parte do mesmo grande corpo luminoso. Se você ficar na parte fria, escura, o calor do seu corpo será deslocado para a água, e, em algum momento, você sentirá frio, a menos que continue se mexendo para gerar calor. Se estiver ao lado de pessoas depressivas, raivosas, terá que continuar gerando energia, sentimentos e pensamentos positivos, para impedir-se de afundar na escuridão junto com elas. Você sofre a influência da energia dos outros, assim como eles são influenciados pela sua.

Também somos influenciados pela energia de um lugar que, por sua vez, é influenciado pelo que aconteceu ali no passado, ou pela energia natural da terra ou dos prédios. Existem lugares sagrados no mundo, como Sedona, Lourdes e o Himalaia, verdadeiros mananciais de energia curadora. Também existem áreas onde houve muita incidência de ódio e violência, onde a energia é muito sombria, o que dificulta a vida das pessoas e a manutenção da energia positiva gerada por elas.

Se você prestar atenção, será capaz de entrar em contato com a energia que conecta você às outras pessoas e ao passado. Alguns anos atrás, houve um incêndio no prédio em que uma das minhas clientes morava. Quando falamos sobre o assunto, mais tarde, ela me disse que sempre sentiu uma energia negativa ali. As pessoas pareciam brigar e se desentender muito. Dizia-se que o prédio era assombrado, e minha cliente jurou que, em mais de uma ocasião, avistou com o canto dos olhos a figura de um jovem, mas quando olhava em sua direção, ele desaparecia. Mais tarde descobrimos que o prédio fora construído sobre um cemitério. As almas confusas cujos corpos haviam sido enterrados naquele local ainda vagavam pelo prédio. Sua energia pesada e escura afetava os residentes e, eu acredito, pode ter sido responsável pelo incêndio (a causa física nunca foi descoberta).

Nossa Mente Coletiva

Apesar de muitos de nós acharmos que não temos nenhuma conexão com estranhos que morreram muito antes de nascermos, ou com pessoas mundo afora que nunca encontramos, na verdade, temos muito em comum com elas e estamos todos entrelaçados energeticamente. Os seres humanos compartilham uma mente coletiva repleta de memórias e sabedorias relativas à experiência humana. Quando somos capazes de tocar essa mente coletiva, podemos nos chocar com o que encontramos. Não faz sentido algum para o mundo dos homens. Como posso ter lembranças da minha vida no Egito há milhares de anos? Posso me lembrar da minha aparência e da minha casa; consigo visualizar tudo isso na minha mente.

Às vezes as pessoas têm experiências de sincronicidade que desafiam a lógica. Uma amiga estava num evento político que fica a uma hora de sua casa, no meio-oeste dos Estados Unidos, e começou a conversar com uma pessoa ao lado. Percebeu que a mulher nascera no mesmo hospital de Nova York que seu marido. Minha amiga virou-se para ele a fim de contar sobre a estranha coincidência, e ele lhe disse: "E eu acabei de saber que o homem ao meu lado vive a duas casas da nossa!" Se conversar com pessoas aparentemente estranhas, pode se impressionar ao descobrir que tem muitas coisas em comum com elas. Não é por acaso que encontramos pessoas conhecidas em lugares incomuns, ou conhecemos estranhos com quem temos uma estranha e coincidente conexão. Somos destinados a interagir com essas pessoas para nos lembrarmos da Lei da Totalidade.

Também compartilhamos lembranças e experiências com outras pessoas atravessando o tempo e os continentes. Quando sonhamos à noite, a mente muitas vezes usa símbolos que serão reconhecidos em todas as partes do mundo, em diferentes culturas, no passado e no presente. Em todas as culturas, um lago em geral simboliza as emoções, por exemplo, enquanto uma flor normalmente representa beleza e fertilidade. No entanto, se você sonha com o lago em que sua família nadava todos os verões, ou com as tulipas amarelas que viu num vaso quando saía do consultório médico na semana passada, é importante considerar como essas experiências podem influenciar o sentido dos símbolos oníricos.

Somos muito parecidos e, ainda assim, em nossa vida cotidiana, prestamos atenção nas diferenças e damos muita importância a elas. Elas se tornam uma parte poderosa da nossa percepção de quem somos.

Nossa alma escolherá deliberadamente nascer em situações de desafio, não só para nos ajudar a curar nossas questões, mas também para nos lembrar de que somos todos um único ser, e que não existem brancos, negros ou pardos, nem gay, bi ou heterossexual. Não existem conservadores ou liberais. Essas são diferenças que criamos na ilusão de que o mundo físico é tudo o que existe. Rotulamos e separamos pessoas em grupos em vez de nos relacionarmos com a humanidade um do outro.

Curando o Mundo Partido e Alcançando a Totalidade

Na cabala e no judaísmo, diz-se que, no começo dos tempos, o mundo se partiu em muitos pedaços e que nosso trabalho na Terra é *tikkun olam* — curar o mundo partido. Fazemos nossa parte para juntar o que parece partido e separado, seja a nossa alma, seja a de outra pessoa, juntando todas as partes. Com amor, tecemos juntos as conexões no mundo físico, ajudando aqueles que estão sofrendo e curando nossa própria dor quando enfrentamos bravamente nossas questões.

A palavra *holiness* (santidade, em inglês) tem raízes na palavra grega *holos*, que também é a raiz da palavra *whole* (todo, inteiro, em inglês). O sagrado é inteiro. O amor nos conecta a todos e é sagrado, santo. Purifica-nos e nos faz perceber que vivemos abraçados pelo Divino e sempre podemos acessar seu poder sagrado e curativo.

Nossa saúde — física, intelectual, moral, emocional e espiritual — tem importância para nós, para cada um, e para Deus, porque estamos todos conectados. Quando uma pessoa sofre, todas as pessoas sofrem. No nosso mundo, pessoas estão morrendo de fome, morrendo de aids, ou de alguma dor crônica, e mesmo assim, muitos dizem: "Não é minha responsabilidade." Estão redondamente enganados. Somos a responsabilidade uns dos outros.

Não estou dizendo que você, pessoalmente, seja responsável por aliviar o sofrimento do mundo. Ninguém pode assumir esse peso enorme sozinho. No entanto, cada um de nós pode fazer algo para curar o mundo. Não podemos nos permitir a alienação, não podemos pressionar uma tecla do controle remoto e mudar de canal ao vermos a imagem de uma pessoa sofrendo, nem evitar o sentimento de compaixão e o desejo de fazer algo para transformar o mundo num lugar melhor. Sei que pode ser terrível encarar os problemas do mundo, mas o sentimento de depressão e de impotência desaparece quando começamos a fazer a nossa parte, por menor que seja.

Todos podemos prestar serviço de diferentes maneiras, e o que você faz pelos outros talvez nunca entre para as manchetes do jornal ou chame atenção para você. Meu pai não era um homem famoso ou poderoso, e, por muito tempo, vivemos na pobreza na Romênia, mas se ele tinha dinheiro no bolso quando se aproximava de alguém passando necessidade, sempre oferecia o que podia. Ele sabia que uma moeda ou duas não faria grande diferença na vida dessas pessoas, e talvez só dessem para comprar uma quantidade de pão que alimentaria sua família por um dia, mas para aquela família, naquele dia, isso representava um presente maravilhoso. Se você se flagrar pensando "Um dia, quando eu não estiver tão ocupado, quando tiver mais para dar, ajudarei o mundo fazendo algo grande e importante", não estará participando da cura do mundo. Estará retardando sua responsabilidade santa para servir ao próprio ego, que teme que amanhã você não tenha dinheiro algum no bolso se der um pouco agora.

Deus não espera que você descubra pessoalmente a cura para o autismo ou acabe com a fome no planeta. Você só precisa estar aberto para as oportunidades de prestar ajuda, e aproveitá-las. Elas aparecem o tempo todo, e você as reconhecerá quando estiver consciente de sua unidade com tudo que é Divino.

O Círculo: O Símbolo da Totalidade

A Lei da Totalidade é representada pelo círculo, figura que não tem começo nem fim. Esse símbolo nos mostra que todo fim é um começo e todo começo é um fim. Os maias pensavam o tempo como um círculo, porque enxergavam o invisível: que os eventos do passado reaparecem em nossas vidas. A roda da fortuna gira e o passado se torna presente novamente. A questão que você não resolveu — seus sentimentos de inadequação quando criança, por exemplo — volta a aparecer, e você se vê tendo que lidar com aqueles mesmos sentimentos no casamento ou na sua relação com o chefe. O que parece ser um fato isolado e distinto está conectado a outros eventos da sua vida e da vida de outras pessoas.

As conexões que você tem com o passado e com outros seres vivos são uma série de círculos. Não existe saída do círculo de repetições, a não ser uma: atravessando-o. De outra forma, você continua dando voltas pela borda. Para encontrar paz é preciso ir fundo até o centro, o cerne, na direção do olho do furacão. Lá você pode acessar sua sabedoria subconsciente, e mesmo a sabedoria divina que está junto com a mente coletiva. Então, poderá finalmente dizer: "Agora compreendo porque estou cansada dos abusos verbais do meu chefe. É aquela velha sensação de que não mereço respeito. Quero me livrar dessa crença destrutiva de uma vez por todas!" Suas descobertas no centro do círculo podem ser bastante dolorosas — muitas vezes você se conscientizará de uma situação em que vem fazendo o papel de vítima. Qualquer que seja a verdade, é crucial que a descubra e lide com ela, em vez de circundá-la, evitá-la a vida toda, e acabar ficando presa nos ventos selvagens de seu próprio furacão pessoal.

Tridimensionalmente, um círculo se torna uma esfera; comece a andar em qualquer ponto da Terra e você acabará voltando ao ponto de partida. Apesar de os maiores corpos de nosso sistema solar serem esféricos, a gravidade de cada planeta ou da Lua afeta as proximidades, transformando suas órbitas em formas elípticas. Outro lembrete quanto à natureza do Universo. Não estamos flutuando sozinhos no cosmos. Não podemos evitar o efeito que temos uns nos outros, puxando-nos e empurrando-nos exatamente como a Lua reboca o oceano, criando as marés, e os planetas influenciam os movimentos uns dos outros.

Quando você interage com a esfera ou o círculo energético de outra pessoa, também é influenciado. Todo contato com outra pessoa é uma oportunidade de cura. Talvez esse contato não promova uma diferença monumental na sua vida ou na dela, mas nunca se sabe. Por menor que seja seu comentário positivo para alguém, você pode dar a essa pessoa o toque necessário para que ela se cure. A irritação que você sente quando alguém lhe aborrece é uma porta para a descoberta do que faz com que se irrite tão rapidamente e o que você precisa curar dentro de si mesmo. Esteja acordado e pronto para as possibilidades que se apresentam na sua vida.

Estamos todos unidos no círculo da vida. Esse círculo requer muitas criaturas, cada uma fazendo um papel na dança elaborada que todos nós realizamos. Somos destinados ao trabalho conjunto, à unidade, para trazer à tona nossa santidade e nossa totalidade. Sozinhos, não somos capazes da reprodução; precisamos de outra pessoa para gerar um bebê.

Na verdade, os círculos e as esferas no nosso corpo são lembretes da Lei da Totalidade e da nossa conexão com as outras pessoas, com a criação e com Deus, o Criador. Quando uma mulher engravida, seu corpo se torna redondo, e a cabeça do bebê sai pela abertura redonda da vagina. Nossa cabeça é basicamente redonda, assim como nosso crânio, possuidor de duas partes que precisam trabalhar juntas, em unidade, para processar as tarefas mais sofisticadas, como o uso da linguagem e a concepção de Deus.

Antigos rituais religiosos eram realizados em círculo, uma forma que nos lembra totalidade, o ciclo da vida, e nossa interconexão. Mais tarde, rituais eram feitos ao lado de um altar, em frente a uma igreja ou templo, e as pessoas se colocavam na plateia para que o padre (ou rabino) pudesse falar com todos como uma autoridade se comunicando com as massas (às vezes, o padre até mesmo promove todo o ritual de costas para as pessoas). Essa maneira de se relacionar com a congregação pode fazer com que as pessoas se sintam alienadas em vez de unidas entre si e conectadas a Deus.

Sempre achei interessante que, por volta da época em que a Igreja Católica acumulava poder na Europa às custas do povo, e trabalhando em comunhão com os reis, onde uma instituição apoiava a outra, a crença de que a Terra gira em torno do Sol foi alterada. Muitos povos da antiguidade — gregos, hindus, europeus, maias e babilônios — já haviam observado o céu e notado corretamente que a Terra está na borda e que o Sol está no centro de um círculo. Mas durante a Idade Média, a Igreja insistiu que era o Sol, o poder da luz, que girava em torno da Terra, ou do mundo físico. Simbolicamente, isso representa uma mudança na crença de que o poder está com o homem. Apesar de a Igreja ser ostensivamente devotada a Deus, na verdade, acabou devotada ao poder dos papas e dos reis. Deus nos ama e ama a Terra, mas não somos poderosos como é o Divino. Não somos o centro de todas as coisas. Deus é. A configuração do sistema solar é somente um dos muitos lembretes dessa verdade.

Os mapas astrológicos são circulares. As células do corpo também são circulares. Nosso DNA, no qual está impresso o código da vida em si, é uma espiral, que nada mais é do que um círculo cortado e esticado em três dimensões, mas que ainda retém um começo e um fim. Devido à conexão circular com a Divindade, no futuro seremos atraídos por essa forma mais poderosa e seremos capazes de romper as limitações do tempo, do espaço e da mortalidade. Aviões serão circulares ou esféricos e capazes de viajar mais rápido que a luz. Trabalharemos com o centro das nossas células circulares para gerar curas, porque compreenderemos que, para mudar, sempre precisamos ir até o centro de um círculo.

Por que Nos Sentimos Desconectados de Deus e das Pessoas

Apesar de todos os sinais divinos que demonstram nossa relação com Deus, e apesar de todos os lembretes inteligentes da Lei da Totalidade, a parte primitiva do cérebro, a parte do nosso sistema límbico, cria constantemente a ilusão de separação e limitação. Tememos a conexão, o compromisso e a intimidade que a alma deseja porque não confiamos uns nos outros. Mas é nosso dever afastar essa crença destrutiva e alienante que está enraizada no medo da nossa própria mortalidade. E esse medo é completamente fora de sintonia com a Lei da Totalidade.

O outro lado dessa alienação é a procura por uma sensação de unidade que buscamos nos associando a um grupo, depois, concluindo que esse grupo é superior a todos os outros. Essa atitude tribal alimenta nosso ego e mantém Deus do lado de fora. É saudável criar famílias e comunidades às quais somos leais e das quais podemos receber ajuda. Mas não devemos deixar nossa conexão com as pessoas que escolhemos nos distrair da realidade divina que diz estarmos unidos a pessoas de todos os lugares. Continuamos a aprender essa lição de maneira muito dolorosa, já que pessoas do mundo inteiro guerreiam por causa de religião, crenças políticas e etnia. Nenhum grupo é melhor que outro, e a ideia de que um é separado do outro é somente uma ilusão criada pelo homem.

Até recentemente, no Ocidente, acreditávamos muito em instituições como a Igreja, o governo e as grandes empresas. Não ocorreu à maioria de nós que uma grande corporação demitiria um funcionário logo antes de receber seu fundo de pensão — ou que uma empresa poderia acabar com o fundo de pensão de maneira geral. Nunca pensamos que presidentes conspirariam contra a lei, nem mentiriam. Era impensável que uma grande igreja não somente poderia esconder o fato de que alguns de seus padres eram pedófilos, mas que os mandaria para outras paróquias onde seriam capazes de prejudicar outras crianças, em vez de removê--los de suas funções. Hoje em dia, tendemos a acreditar que não podemos confiar em nenhum grande grupo. Mas neste ponto da história, enquanto adentramos a décima primeira casa do zodíaco, estamos destinados a reconquistar nossa capacidade de confiar — não cega, mas sabiamente.

Como podemos começar a confiar no todo novamente? A curá-lo? O começo é curando a nós mesmos. Jesus disse: "Como você pode olhar para a farpa no olho de seu irmão se tem uma tora no seu? Primeiro, tire a tora de dentro do próprio olho. Depois, será capaz de enxergar com clareza suficiente para retirar a farpa do olho do seu irmão." Ele também pediu a João que o batizasse ou purificasse, antes que começasse seu trabalho. Quando advertiu seus seguidores com as palavras: "Ame seu inimigo como a ti mesmo", Jesus estava tentando ajudar as pessoas a compreenderem que, embora seja nobre querer ajudar o mundo, precisamos antes nos limpar das impurezas para nos tornarmos receptáculos de amor. Você não consegue ajudar outros quando sua alma está nublada pela energia sombria do ódio. Você não consegue confiar nos outros se não é confiável. Remova os sentimentos feios da sombra e lance luz sobre eles. Luz e amor o curarão e purificarão. Depois você pode abraçar seu propósito de curar-se ainda mais à medida que cura o mundo.

Sentindo Nossa Conexão com Toda a Divindade

No mundo moderno, tendemos a valorizar a individualidade acima da comunidade. Agimos como se fôssemos responsáveis por nossas próprias vidas e pela de mais ninguém. Mas estamos todos interligados pelo amor divino. Refresque a memória de seu coração quanto a essa ligação, viajando para outras comunidades e culturas, ou ajudando pessoas da sua comunidade que normalmente enxerga como diferentes de você. Como essas ações o tiram da sua zona de conforto, talvez você se flagre tentado a deixar seu ego assumir as rédeas e focar naquilo que acredite ser importante. Resista a essa tentação e, em vez disso, faça perguntas e escute as respostas. Escutar é algo muito raro nos dias de hoje. Tente encontrar um ponto em comum com os outros para que todos sejam lembrados da Lei da Totalidade.

Celebre sua família. Quando convidar gente para o jantar ou simplesmente para passar tempo em sua casa, não pense em fazer uma superprodução para conquistá-los. O que as pessoas querem não é uma festa sofisticada, querem sentir que são ouvidas e valorizadas. Tem gente que vive em casas enormes e luxuosas que estão sempre vazias, porque suas prioridades estão equivocadas. Quando estiver com as pessoas, esqueça a aparência da casa delas. O mais importante é compartilhar comida e memórias, não impressionar e fazer com que pensem que você é importante. Se sentir que precisa deixá-las de queixo caído, é necessário que preste atenção nas suas inseguranças e lide com elas.

Não se esqueça da importância da comunidade além dos velhos amigos e parentes. Cumprimente seus vizinhos, sorria para eles, puxe conversa. Convide-os para conhecerem sua família e seus amigos. Essa é uma maneira amorosa de lembrar a si mesmo e a todos que viver é demonstrar compaixão e gentileza e estender a mão ao outro. Festas de condomínio são uma ótima maneira de conhecer os vizinhos, em vez de precisar sempre desviar o olhar, porque não sabe quem são.

Aprenda história e, se puder, viaje para lugares históricos e permita-se sentir a energia do local. Imagine como deve ter sido vivenciar o que as pessoas da época vivenciaram. Estamos conectados àqueles que vieram antes de nós por causa da Lei da Totalidade. Permita-se a experiência de sentir essa conexão.

Descubra maneiras de encontrar os outros pessoalmente, em vez de usar apenas a internet. Muitas pessoas despendem seu tempo na "realidade virtual", mandando mensagens de texto umas para as outras ou se comunicando via internet, principalmente através de redes sociais. Comunicação virtual é melhor que nenhuma, mas é muito diferente da experiência de viajar num ônibus ou trem e conversar com as pessoas sobre quem são, por que estão viajando, e o que sentem e pensam. Não dá para captar a energia de uma pessoa, nem sentir uma conexão energética com ela através da internet (a menos que você tenha muita habilidade em trabalhar com energias). Nunca se pode estar certo de que a pessoa com quem está se correspondendo é quem diz ser. Pode ser qualquer um, e pode estar mentindo sobre todos os detalhes da sua vida pessoal. Se tem filhos, encoraje-os a tirar o iPod do ouvido, guardar o celular e interagir de verdade com outras pessoas, mesmo que se sintam um pouco desconfortáveis no princípio. Mostre a eles como começar uma boa conversa e, se você mesmo não sabe, aprenda e coloque em prática a arte da conversação.

É muito importante estar atento à sorte, às coincidências e à própria intuição. Valorize e respeite as informações que chegam a você. Preste atenção nos seus sonhos. Pense sobre o simbolismo e as mensagens que seu subconsciente está gerando para você. Símbolos sonhados podem vir da mente coletiva, assim como da sua própria, e você pode aprender algo incrivelmente importante com seus sonhos. Pode ter um sonho premonitório ou se dar conta de que você ou alguém que ama tem uma doença que necessita de atenção. No passado, sempre que eu sonhava que perdia um dente, ou vários, alguém da minha família morria pouco depois. Fazer essas conexões pode não permitir que mudemos o futuro, apesar de podermos tentar, mas nos prepara emocionalmente para o que está destinado a acontecer.

Quando estamos alinhados à Lei da Totalidade, sintonizamos o Divino e, portanto, nos contentamos com o que vier. A vida começa a fazer sentido. Quando algo terrível acontece, naturalmente ficamos tristes, com raiva, para baixo, mas parte de nós saberá que existe uma razão para isso, mesmo que não compreendamos imediatamente qual é. A Lei da Totalidade permite que paremos de ver a nós mesmos como solitários num mundo frio e usemos uma crise como oportunidade para descobrirmos as lições que o Universo está tentando nos ensinar.

Se você aplicar a Lei da Totalidade à sua vida, se sentirá menos só. Deixará de se isolar, porque se abrirá e passará a confiar nas pessoas. Também deixará de pensar que a felicidade é uma meta que pode alcançar no futuro, depois de ter trabalhado arduamente e criado segurança suficiente para relaxar e dizer: "Ok, agora eu posso me aposentar de todo sofrimento." Você verá que pode experimentar a felicidade a qualquer momento, porque sempre existe alguém para ajudá-lo a voltar para o estado da alegria. Mesmo estranhos ajudarão alguém que virem sofrendo, mas nós esquecemos que isso é possível.

Tive clientes que eram extremamente ricos, não tinham necessidade alguma de trabalhar para viver uma vida de luxo. Em vez de aproveitarem suas riquezas, viviam em absoluta miséria emocional e geravam infelicidades constantes para os outros. Não tinham noção do que era realmente importante na vida. Viam seu dinheiro como algo que os separava das pessoas comuns. Nunca esquecerei da cliente rica que me convidou para ir a seu apartamento a fim de que eu fizesse uma leitura para ela. Ela me perguntou se eu me importaria de passar para pegar suas roupas na lavanderia, já que era caminho. Eu ri (e parei de atender suas chamadas), mas essa falsa noção de superioridade é oriunda de uma sensação de estar separado dos outros. Quando você se sente sozinho no mundo, precisa aumentar seu poder e sua importância para não se sentir só, nem com medo.

O Divino lhe proverá de tudo de que precisa e removerá seu sofrimento se você se lembrar de que seu trabalho na Terra é participar do processo de cura tão necessário no mundo atual. Quando você estende compaixão ao outro, ou faz algo, por menor que seja, para ajudar o meio ambiente ou servir à comunidade, está curando uma pontinha dessa rede que entrelaça toda a vida e toda a criação.

Acordando para Nossa Totalidade

Para sorte da raça humana, pessoas de todos os lugares estão começando a acordar para o Princípio Eterno da Totalidade. Estamos percebendo conexões que antes não enxergávamos. As pessoas estão se dando conta de que o que compram no mercado foi cultivado e manufaturado em algum lugar, e transportado até o mercado local. Estão pensando na origem dos objetos do dia a dia, e nas consequências de suas decisões e ações. Por exemplo, a comida que foi borrifada com pesticidas em outro país pode causar danos à saúde das pessoas que trabalham com agricultura a quilômetros de distância, e também à pessoa que ingere o alimento. Transportar a comida por longas distâncias gera poluição, o que aumenta o problema do aquecimento global. Não faz muito tempo, o número de pessoas que pensavam sobre essas conexões era muito pequeno. Frequentemente, nossas águas eram poluídas por medicamentos que as pessoas jogavam fora no vaso e davam descarga. Por sorte, algumas comunidades decidiram sabiamente estabelecer pontos de coleta para lixo tóxico e para medicamentos controlados, para que sejam propriamente descartados.

A crise econômica recente foi a maior força na tarefa de nos acordar para a totalidade e para a interconexão, assim como o aquecimento global. Se prestarmos atenção e mudarmos nossa perspectiva, ainda podemos salvar o planeta. Não podemos nos contentar simplesmente em trocar algumas lâmpadas, achando que isso resolverá tudo. Vi um programa de tevê recentemente sobre "decoração verde", no qual os espectadores eram informados de que, se quisessem mudar o visual de casa, poderiam comprar produtos ecologicamente corretos, como pisos e tintas. Mas na realidade, a maneira verdadeiramente verde de decorar é não mudar nada que não seja necessário, evitar gerar poluição com produtos e transportes, e jogar restos de obra e eletrodomésticos velhos em lixões! Ainda temos um longo caminho pela frente antes que realmente compreendamos quão longo é o alcance das nossas ações, e o que precisamos fazer para vivermos de maneira sustentável. Cada um de nós pode mudar seu comportamento com pequenas atitudes, e, por causa da Lei da Totalidade, à medida que mudarmos nosso comportamento, todo o resto será afetado.

Os desafios à nossa frente são enormes, mas cada vez que uma pessoa acorda para a Lei da Totalidade e os outros Princípios Eternos, começa a se alinhar com a ordem divina, e o mundo passa a mudar. Basta que algumas pessoas criem um ponto crítico para que o mundo inteiro mude, e multidões de pessoas mudem seus pensamentos, seus sentimentos e seu comportamento. A Lei da Totalidade nos lembra do poder que temos coletivamente e da importância de usar nossa força individual.

A Lição da Lei da Totalidade

A graça é divina, pois estamos todos conectados, na divindade, o tempo todo. A sensação de desconexão dos outros e de Deus é algo fabricado pelo homem.

O ego é a consciência da separação do indivíduo e de sua necessidade de sobreviver como criatura desta terra. A preocupação do ego não é o Divino, mas a sobrevivência e o poder individual.

Quando você só vivencia seu ego, em vez de provar da sua conexão com todo o Divino, é incapaz de experimentar a graça. Graça é um estado de beleza e serenidade, assim como amar e sentir-se amado. Lúcifer, o anjo que caiu na desgraça de Deus, foi vítima do pecado do orgulho, que é uma forma de arrogância. O orgulho é algo que experimentamos quando só enxergamos o mundo através dos olhos do ego. Temendo pela própria sobrevivência, nos focamos em aumentar nossa capacidade de poder, influência e reputação. Como podemos nunca conquistar completamente os medos do ego — medo de não termos o suficiente para amanhã, de ser inadequado, de que alguém se aproprie daquilo que trabalhamos tanto para adquirir —, estamos em constante negação do pouco controle que temos sobre as circunstâncias da vida. Pensamos que reputação, poder e fama são redes de segurança, e convencemo-nos de que somos mais importantes que essa ou aquela pessoa, mas só estamos nos enganando. Tive um cliente muito rico e respeitado. Além de um sobrenome famoso, ele tinha uma reputação profissional sólida e um patrimônio milionário. Era muito bem-sucedido e estava no auge da vida. Um dia, quando foi ao dentista para extrair um dente, houve um problema com a anestesia, ele teve um ataque cardíaco e morreu antes que os paramédicos chegassem. Nenhuma segurança que construímos para nós mesmos neste mundo é suficiente para nos manter vivos quando é nossa hora de partir. Ainda assim queremos acreditar que somos tão indispensáveis que Deus não sonharia em nos chamar para casa!

As pessoas que negam o pouco controle que têm sobre o destino geralmente são enfeitiçadas pelo poder que conquistam neste mundo. Não faz muito tempo, um político que ficou famoso por investigar e processar malfeitores foi pego burlando a lei. De fato, foi pego desrespeitando leis que ele mesmo lutara para criar! Esse homem era completamente dominado pelo ego e superestimava seu poder no mundo. Como o resto de nós, ele não era invulnerável, apesar de ter tentado arduamente criar essa sensação para si mesmo.

Caímos em desgraça e baixamos nossa vibração sempre que tentamos ter crédito total sobre todas as bênçãos que recebemos no mundo físico, dizendo: "Estou tão orgulhoso de mim mesmo por ter criado todo esse sucesso!" Esquecemos o papel de Deus e das pessoas que nos auxiliaram a conquistar nossa boa fortuna. Ninguém é bem-sucedido sem a ajuda de outras pessoas. Às vezes, aqueles que mais nos ajudam são pessoas que nem mesmo conhecemos. Frequentemente, nem mesmo reconhecemos nossas oportunidades e não pensamos na influência de pessoas comuns, cujos nomes foram esquecidos pela história, almas corajosas que morreram para garantir que as gerações futuras tivessem essas oportunidades.

Quando você reconhece o enorme poder do Divino, não consegue evitar os sentimentos de admiração, humildade e pequenez. No entanto, apesar de não devermos nos deixar escravizar pelo orgulho, Deus não quer que nos sintamos impotentes nem inconsequentes. Na Bíblia, Jesus nos diz que Deus sabe quantos fios de cabelo você tem, e que Deus é como o pastor que não mede esforços para encontrar uma ovelha perdida, apesar de ainda ter o resto do rebanho. Somos designados a reconhecer que cada indivíduo é muito importante, inclusive nós mesmos. Para estarmos alinhados à lei divina, precisamos tirar o nosso ego do caminho, nos conscientizar da presença de Deus e vivenciar nossa unidade com a divindade e um com o outro.

Capítulo 2

O SEGUNDO PRINCÍPIO ETERNO:

A Lei do Carma

Aquilo que fazemos e o que acontece conosco são resultados da escolha de nossa alma ao vir à Terra para aprender as lições que precisamos aprender.

A Lei do Carma é talvez o Princípio Eterno mais importante a ser compreendido. Se não tivermos um bom entendimento dele, mesmo que nos alinhemos aos outros dez Princípios Eternos, a paz e a alegria serão ilusórios. O carma é extremamente poderoso. Sempre que o ignoramos, viramos refém dele.

Em sânscrito, uma língua muito antiga, carma é definido como ações, pensamentos e feitos. É a coletânea de memórias de tudo que você já sentiu, pensou, experimentou, fez ou sofreu. Essas memórias estão impressas em sua alma. Você as carrega de encarnação a encarnação, até que seu carma esteja completamente resolvido.

Carma e Reencarnação

O conceito de reencarnação é inerente à noção de carma. Diferentemente da teologia judaico-cristã, que ensina que só experimentaremos uma vida na Terra, o hinduísmo, o budismo e outras tradições religiosas antigas sustentam que nossas almas transmigram, ou seja, reencarnam sob a forma humana, voltam ao mundo invisível depois da morte do corpo, depois reencarnam na Terra novamente, e assim por diante. Os filósofos gregos Sócrates e Platão, que viveram há 2.400 anos, também apoiavam a filosofia da reencarnação. De acordo com a doutrina platônica da reminiscência, "todo nosso conhecimento é uma recordação do que aprendemos antes de nascer". Sócrates disse: "Provavelmente recebemos nosso conhecimento de todas as realidades antes de nascer. Nossas almas existiam previamente, antes de nossos corpos, e possuíam inteligência antes de existerem na forma humana."

Até mesmo no Novo Testamento encontramos referências a reencarnação. Os discípulos de Jesus lhe perguntaram sobre um homem cego, questionando quem pecara para que ele sofresse dessa condição — o cego, ou seus pais? Jesus respondeu que nem um nem o outro, e que a cegueira vinha de uma vida anterior (João 9:2-3). Jesus também disse que João Batista era uma reencarnação de Elias (Mateus 11:14).

Por que Reencarnamos

O propósito da reencarnação é a purificação da alma, a dissolução (ou seja, a resolução) do carma negativo para que somente o bom carma permaneça.

No âmbito espiritual, onde as almas residem nos períodos entre as encarnações na Terra, somos incapazes de trabalhar as questões do carma que carregamos como uma bagagem psicológica. Sua alma carrega essa mala consigo para o além, mas, para expressar seus problemas, explorá-los e libertar-se deles, é preciso estar no âmbito humano — do outro lado, você não consegue nem abrir a mala.

Aqui na Terra, podemos lidar com nosso carma de duas maneiras: por meio do sofrimento infrutífero ou escolhendo corajosamente vivenciar o amor, o perdão e a aceitação, mesmo quando é muito difícil. Quando somos compassivos e amorosos, criamos carma positivo que apaga o negativo e ganhamos sabedoria. Em vez de nos aborrecermos com as situações desafiadoras, podemos escolher olhar para elas como oportunidades de ter mais compaixão e amor para conosco e para com os outros, e aprender nossas lições de modo que possamos parar de atrair experiências e pessoas difíceis.

Alinhando-nos aos Princípios Eternos, reduzimos nosso sofrimento. Sempre haverá dor no mundo material, mas não precisamos fazer com que seja pior lutando contra a lei divina! Infelizmente, nosso ego com frequência nos leva a lutar para encontrar nossa própria saída para o sofrimento, e isso só causa mais dor e dificuldade. Declarar guerra contra o Universo é exaustivo e fútil. Quando aceitamos como ele funciona, aprendendo e trabalhando com ele, alinhando-nos a seus Princípios, começamos a resolver nosso carma. Mas para tal é preciso muito amor próprio e amor pelos outros.

Uma vez que uma alma tenha se libertado de todo seu carma negativo, o que pode levar muitas, muitas vidas, ela alcança o nirvana, ou a perfeição. No nirvana, temos o mais alto estado de consciência e sabemos da nossa completa união com a divindade. A alma que atinge o nirvana não precisa voltar à Terra, a menos que escolha encarnar para ajudar a curar o mundo (o que os budistas chamam de *bodhisattva*).

Judeus e cristãos ensinam que só temos uma vida e que, depois da morte, Deus nos punirá ou nos recompensará, dependendo de como nos comportamos na Terra. A Lei Universal do Carma diz que temos muitas vidas diferentes e sempre estamos envolvidos em processos de autocura, de modo que não precisamos ser punidos com sofrimento. O prêmio que recebemos por criar bom carma e resolver o negativo é alegria e paz neste mundo e no próximo.

Quando olhamos para nossas vidas e nos perguntamos "Por que essa coisa terrível acontece comigo se sou uma boa pessoa?", ou quando vemos alguém sofrendo, precisamos nos lembrar de que toda dor tem um propósito, e que essas tragédias e turbulências acontecem devido ao carma. No âmbito espiritual, uma alma prestes a encarnar pode deliberadamente escolher nascer numa família problemática e miserável, ou num país devastado pela guerra. Quando estamos fora do corpo físico, esquecemos como nosso sofrimento pode ser terrível quando habitamos esse mundo. Também nos esquecemos da dificuldade de controlar nossas experiências no âmbito moral. Essa amnésia é comparável à amnésia do nascimento de um bebê: uma mulher se prepara para a dor do parto, se surpreende porque a experiência pode ser muito mais intensa do que esperava, reconhece que ela tem que se entregar ao processo porque não pode controlá-lo e, mais tarde, esquece quão doloroso e difícil foi!

Como o propósito da alma é se colocar em situações em que terá a oportunidade de trabalhar seu carma, ela pode fazer as mesmas escolhas, mesmo lembrando o grau de dificuldade de viver na Terra. Na mitologia grega, o conceito de amnésia da alma é corretamente explicado pela existência de Hades, ou o *mundo subterrâneo*; os gregos antigos não acreditavam no Céu e no Inferno, mas numa terra para onde todos os mortos iam até que escolhessem voltar sob a forma humana. Hades possuía muitos rios. Um deles chamava-se Lethe. Era conhecido como o "rio do perdão", e almas bebiam sua água para esquecerem sua história física na Terra. Logo, uma alma talvez não se lembrasse de seu passado no âmbito do tangível, das muitas formas que assumira, das dificuldades constantes que suportara enquanto estava dentro de um corpo suscetível à dor e à doença. Mas o interessante é que também havia um rio chamado Mnemosyne na terra de Hades. Esse segundo rio contribuía para a memória da alma, devolvendo-lhe uma porção de lembranças de encontros anteriores. Certas almas escolhem beber deste rio em vez de beber do rio Lethe, para que possam se lembrar das vidas passadas. Mnemosyne era também o nome da deusa grega da memória, e, com certeza, nossa palavra moderna "memória" tem origem na deusa grega e no rio mitológico.

Ao esquecermos de como a vida neste âmbito pode ser difícil, reencarnamos para cumprir nosso propósito, ainda que reconheçamos que sofrer fará parte da nossa existência. Do ponto de vista humano, o vício e a doença são aspectos terríveis da vida. Vícios podem causar depressão e dor, e mesmo destruir relacionamentos. A doença pode devastar nosso corpo e forçar-nos a lidar com a horrível perspectiva de deixar para trás aqueles que amamos e a vida que estimamos. Mas a alma encara essas aflições como oportunidades poderosas para encerrar todo sofrimento que experimenta vida após vida. Apesar de termos a chance de enfrentar nossos desafios com amor e compaixão por nós mesmos e pelos outros, se escolhermos negar vícios, ou tratar a doença como um problema puramente físico sem nenhuma causa emocional ou cármica, sofremos em vão. Precisamos lembrar que diante de qualquer sofrimento que nos acometa nosso trabalho é aprender e crescer a partir dele. Assim, finalmente poderemos parar de reencarnar num mundo de dor, guerra e tristeza.

O Carma é Justo

O carma não é uma punição, mas uma forma de justiça. Ele garante que aqueles que fazem o mal sofrerão não por uma questão de vingança, mas porque estão fora de alinhamento com a Lei Divina e não estão aprendendo as lições que vieram a este mundo para aprender. Quando você faz algo ruim, deve encarar consequências desagradáveis, seja nesta vida ou na próxima. Não tem como fugir das consequências!

Em contrapartida, aqueles que agem corretamente colherão os efeitos positivos de suas ações. Isso faz bastante sentido e explica como nos livramos da maldição do pecado original (uma doutrina da teologia judaico-cristã). Pode parecer que pessoas boas sofrem enquanto pessoas más florescem, porque o carma não é instantâneo. Pode levar tempo para que o efeito apareça em nossa vida. Uma vez que a semente do carma é plantada, germinará e crescerá, seja nesta vida ou na próxima.

Na verdade, o carma é tão poderoso que, se não ficarmos atentos, ele evoluirá como erva daninha. Se você tem bom carma, gerado por tratar bem os outros e ser grato, amoroso e generoso para com o mundo, ele se desenvolverá e crescerá como um campo de lindas violetas. No entanto, se você gera carma negativo, será como um câncer que se multiplica rapidamente. Não dá para ignorá-lo para sempre. O carma negativo, se não for resolvido, resulta em doença e desastre.

A dor experimentada como resultado do seu carma serve ao propósito de acordar você para o que precisa trabalhar nesta vida. Se tropeçar numa pedra pontiaguda e cortar um dedo do pé, seu sistema neurológico saudável entra em ação e faz com que seu cérebro crie a sensação de dor. A dor chama atenção para o seu pé e ajuda você a perceber a ferida, limpá-la e cuidar dela para que fique curada. Se não sentir dor, talvez não saiba que seu pé está correndo risco de infeccionar, o que é bem pior que ter um pequeno corte. De maneira semelhante, a dor na sua vida serve para acordar você para seu carma negativo, para que possa resolvê-lo em vez de continuar ignorante e deixar que se acumule e piore, gerando ainda mais raiva, depressão, inveja ou ganância.

Um carma ruim mal resolvido não faz de você uma pessoa ruim. Todos nós temos questões não resolvidas, sentimentos e pensamentos negativos recorrentes, permeando nossas atitudes e nossos eventos. Embora talvez não pense muito sobre isso no presente, ainda pode ter sentimentos negativos sobre uma amizade terminada anos antes e sentir-se inseguro quanto a se tornar próximo de alguém novamente. Seus pensamentos negativos e sua mágoa criaram carma negativo que você ainda carrega e que não largará, até que aprenda com a experiência e não sinta mais raiva quando pensar nela.

Resolvendo seu Carma

O propósito do carma é nos ajudar a alcançar a harmonia e o equilíbrio, de forma que possamos nos unir ao Divino e escapar do sofrimento. Isso nos guia em direção ao alcance da perfeição e da pureza de alma durante o curso de muitas vidas na Terra. Nesta vida, o carma ajuda a moldar nosso caráter e a desenvolver coragem, amor e compaixão, o que nos ajuda a aprender nossas lições através do amor, em vez do sofrimento. Quando temos consciência de nossas questões, nossos sentimentos, nossos pensamentos e nossas atitudes, podemos escolher uma perspectiva diferente e criar carma positivo em vez de negativo.

Nós encaramos ou resolvemos o carma afastando sua carga negativa. O primeiro passo é tomar conhecimento de nossas questões não resolvidas: os sentimentos e pensamentos negativos não processados que criamos quando cedemos intencionalmente às nossas emoções mais sombrias e agimos de maneira que fere a nós mesmos e a outros. Depois de tomarmos conhecimento do que fizemos, perdoamo-nos por não sermos perfeitos, aprendemos com a situação e tentamos conscientemente mudar nosso comportamento no futuro. Fazendo isso, lançamos luz sobre a energia sombria da negatividade e a transformamos.

A intenção é um conceito essencial no que se refere ao carma. Se você fere alguém acidentalmente, não cria carma. A mãe do meu marido morreu atropelada por um motorista cujo carro apresentou um defeito e fez com que ele jogasse o veículo em cima de muitas pessoas. Apesar de vários pedestres terem morrido, e de o homem se sentir péssimo sobre o acontecimento, ele não criou obrigações cármicas, somente sentimentos de culpa ou de tristeza. Meu marido, que era muito jovem na época, não sentiu raiva ou ressentimento em relação ao motorista, porque compreendeu que sua mãe fora vítima de um acidente e que não era culpa do motorista. Como não respondeu à situação com raiva ou ódio, nem se permitiu ficar preso à mágoa, meu marido garantiu a não criação de um carma ruim para si mesmo.

Compreender a intencionalidade nos ajuda a fazer a coisa certa e criar bom carma, assim como a minimizar o carma negativo. Numa vida passada, contaram para o Buda que tal homem afundaria uma barca carregando quinhentas pessoas. Ele rezou e refletiu sobre o que fazer. Deveria matar o homem para salvar centenas de pessoas? Ou deveria manter-se longe da violência e assim permitir a morte de quinhentas pessoas? Finalmente, ele escolheu matar o homem, mas não somente para salvar aquelas vidas. Ele o matou pelo bem do próprio homem, para salvá-lo do carma de cometer quinhentos assassinatos. Ele criou bom carma com o assassinato cheio de boas intenções. Não criou sentimentos ou pensamentos de culpa, o que teria criado carma ruim, mas agiu com intenção e compaixão por todos: as quinhentas pessoas, o quase assassino e ele mesmo.

Esse conto budista nos lembra que nem sempre conhecemos nossa intenção verdadeira. Podemos estar negando o que nosso subconsciente deseja, o que pode estar em conflito com o que seu consciente quer. Talvez você imagine que queira um relacionamento duradouro, casamento e filhos, mas seu subconsciente pode querer resolver algum carma da infância ou de uma vida passada. Sua intenção pode ser que você se envolva emocionalmente com alguém que vai ajudá-lo a encarar suas questões relativas à confiança e à traição. Se seu parceiro trair você, não é uma punição por algo que tenha feito de errado. É a consequência natural do seu carma. Você pode resolvê-lo se tomar consciência do que está acontecendo, deixar de lado sua resposta emocional e aprender com a situação. Estar alerta aos seus medos e raiva em relação a incidentes no passado, quando sua confiança foi traída, permite que enxergue mais claramente e aceite que a pessoa com quem quer casar não está pronta para um compromisso monogâmico. Isso permite que seja honesto quanto aos sinais de que aquela não é a pessoa certa para você, a menos que queira ficar presa a um carma antigo e gerar sofrimento para sua vida.

O Presente, o Passado e o Carma Acumulado

A cada dia suas ações e seus pensamentos geram carma, bom ou ruim. Quanto mais consciência você tem de seu carma do passado, mais facilmente muda o carma do presente e lança luz sobre o carma acumulado. Quando você se livra da raiva, do ódio, do ciúme, da negatividade e do desespero, começa a pensar e a se comportar de maneira mais positiva. Estes três tipos de carma — passado, presente, e acumulado — podem ser resolvidos com a criação de carma positivo e com o aprendizado das lições do passado, fazendo com que você seja capaz de, finalmente, se libertar da negatividade que carrega consigo.

É natural passarmos pelo luto após uma perda, ou sentir raiva quando somos traídos, mas no momento em que nos damos conta de que estamos experimentando uma emoção negativa, ou criando pensamentos que perpetuam sentimentos e ações negativas, é necessário parar e evitar a geração de carma indesejado. O carma negativo acumulado torna qualquer mudança de comportamento difícil, mas é preciso mudar.

Descobrindo Nosso Carma

No que se refere ao carma, não existe escapatória. Estamos presos à roda cármica, girando e girando, vivenciando o nascimento, a vida e a morte repetidamente, até nos livrarmos da roda ao descartar todo nosso carma ruim e nos voltar para a estabilidade do centro, onde nos unimos a Deus e à paz eterna. O primeiro passo para livrar-se desse círculo cármico é descobrir qual o seu carma, ou seja, que padrões negativos você carrega e o que fez no passado que feriu a você mesmo e a outras pessoas. É imprescindível reconhecer o seu carma para começar a resolvê-lo.

Muitos anos atrás, um grande amigo comprou um apartamento lindo num condomínio recém-construído. Ele rapidamente se enturmou com os vizinhos do prédio, fez muitos amigos e sempre interagiu prazerosamente com a administração do condomínio, até a chegada de uma nova síndica. Essa mulher se convenceu de que as propriedades não estavam gerando dinheiro suficiente, começou a questionar as taxas de manutenção e passou a cobrar por todos os extras. Meu amigo viajou por alguns meses e, quando voltou, descobriu que sua bicicleta, a qual sempre guardara na garagem, fora jogada fora. A síndica disse que arrebentou a tranca e jogou fora a bicicleta porque ele não pagou a nova taxa de armazenamento que fora instituída. Ela até mesmo apresentou uma conta dos meses de armazenamento da bicicleta que havia sido confiscada! A síndica levou tanta energia tóxica para o prédio que os proprietários começaram a vender seus imóveis; aqueles que ficaram se recusaram a pagar as novas cobranças e deixaram de recomendar o lugar para amigos que procuravam apartamento. O resultado de sua missão de aumentar a arrecadação foi ver os apartamentos vazios e fechados, o que fez com que o condomínio perdesse seu charme e entrasse em decadência. Essa mulher criou o cenário que mais temera. É assim que funciona o carma: faz com que o medo dite nossas ações até criarmos exatamente as situações que mais desejávamos evitar, e nossa alma reconhece que são justamente essas situações que podem nos despertar. A síndica precisava acordar e enfrentar seus problemas com dinheiro e escassez, ou continuaria a arrecadar cada vez menos dinheiro.

Quando as coisas vão mal, independentemente de todos os seus esforços, preste atenção e pergunte-se: "O que estou sendo desafiado a aprender aqui?" Uma lição cármica está na sua frente, mas se você se ativer a uma teia de infortúnios, dizendo para si mesmo: "Não acredito que isto esteja acontecendo comigo! Eu não mereço!", pode ser que deixe escapar a lição, e depois terá de sofrer ainda mais no futuro.

Padrões de comportamento que se repetem também são resultados do carma: você se divorcia de um alcoólatra, conhece um homem fantástico, se apaixona e descobre que ele é alcoólatra. O que você precisa aceitar é que, subconscientemente, escolheu se envolver com outro bebedor incurável para que pudesse trabalhar suas questões relativas ao vício e ao alcoolismo. Não há *culpa* em fazer más escolhas. Seu consciente pode não saber que você está saindo com um alcoólatra pela segunda vez, ou pode ter se esquivado de todos os sinais. Mas se você não encarar seu papel na escolha *subconsciente* da situação, acabará no mesmo barco outras vezes. Liberte-se da culpa e responsabilidade e aceite que você está de cara com uma questão cármica que precisa ser resolvida.

Maneiras de Descobrir Nossos Desafios Cármicos

A maioria de nós não lembra das vidas e experiências passadas, quando nosso carma negativo foi criado. Elas estão enterradas no subconsciente junto com memórias desta vida há muito esquecidas, mas, às vezes, elas transbordam em nossos sonhos ou expressam-se em nossos desejos ou fobias. A hipnose pode trazer de volta à superfície essas memórias, permitindo que você compreenda que seu medo de voar é resultado da morte num acidente de avião numa vida passada, ou que sua atração pela vida militar se deve ao fato de ter sido soldado em muitas outras vidas.

Essas memórias, o registro do seu carma, também são mantidas no livro de registros no campo akáshico do mundo invisível.* Esse campo pode ser alcançado se você praticar a busca de certo nível de consciência, ou pode chegar a ele espontaneamente. Se você já teve algum sonho premonitório, isso significa que enquanto dorme é capaz de alcançar essa dimensão atemporal, dar uma espiada no livro e ler o futuro. No campo akáshico, todos os eventos, passados e futuros, acontecem simultaneamente.

Uma regressão de vidas passadas ou uma sessão de hipnose também pode ser útil para que descubra seu carma. Você também pode conhecer seus desafios cármicos através de seu código de destino. Escrevi *Decoding Your Destiny* (Decodificando seu destino) especificamente com esse propósito. Seu código de destino é baseado na sua data de nascimento, porque sua alma escolheu entrar no corpo físico naquele exato momento, quando as estrelas estavam alinhadas com as questões que ela queria resolver nesta vida. Suas questões podem incluir a perda da mãe e dificuldades com a maternidade, enquanto outros sofrem com a teimosia e o egoísmo, ou desafios relacionados à intimidade emocional nos relacionamentos.

---

* Nas correntes místicas, campo ou registro akáshico — da palavra *akasha,* que em sânscrito significa "céu" ou "éter" — designa um local onde todos os acontecimentos são registrados e do qual emerge tudo que existe no cosmos (N. do E.).

Também é possível descobrir seus desafios cármicos através de terapia, aprendendo a encarar seu carma e se aceitar do jeito que é, agora, em vez de ignorar suas limitações e seus pontos fracos. É importante ser paciente consigo mesmo e aceitar que você tem um longo caminho a percorrer antes de alcançar a perfeição. Algumas almas são mais evoluídas, motivo pelo qual você não deve se comparar aos outros. Comparações provavelmente farão com que se sinta mal e passe a ignorar suas questões para evitar o pensamento doloroso "Não sou bom o suficiente", ou "Não sou tão forte quanto ela". Pessoas que exageram no consumo de drogas e álcool não se sentem bem consigo mesmas e costumam evitar seus problemas e a dor emocional, mas isso só prolonga o processo de resolução do carma e faz com que vivenciem ainda mais agonia.

O Efeito Espelho

Uma maneira de o carma se apresentar, e que costuma ser bastante difícil de identificar, é através de uma situação na qual você tem um papel oposto ao de uma situação anterior em que o carma negativo foi criado. Já é bastante difícil reconhecer que você está resolvendo um problema cármico quando existe um comportamento repetitivo. O que é realmente complicado é reconhecer a situação quando o problema é o mesmo, mas você está fazendo um papel diferente, como se a cena estivesse sendo apresentada num espelho.

Minha mãe teve uma infância muito solitária. Sua mãe morreu logo depois que ela nasceu, e sua irmã mais velha a criou. Minha tia não deve ter sido muito acolhedora, porque minha mãe dizia frequentemente que a falta de amor maternal da irmã lhe causara muita dor emocional. Quando teve seus próprios filhos, minha mãe teve a oportunidade de curar sua perda. Infelizmente, apesar dos maiores esforços para abandonar seus sentimentos negativos ligados à maternidade, ela os recriou, sem perceber, tornando-se uma mãe extremamente protetora. Quando minha irmã e eu ficamos mais velhas, resistimos às suas tentativas de se envolver em nossas vidas. Nosso desejo de independência lhe causou muito sofrimento. Ela não era capaz de enxergar isso e evitava suas próprias questões maternais, abstendo-se de encontrar um equilíbrio entre dar atenção demais às filhas e não dar o suficiente. Seu subconsciente estava refém do medo e da crença equivocada de que precisava ser parte de todos os aspectos da vida das filhas, ou correria o risco de ser uma mãe negligente. A verdade por trás dessa crença era tão dolorosa que seu consciente insistia que ela estava somente expressando um excesso de amor materno. De acordo com a Lei do Carma, ela precisará voltar em outra vida para tratar deste carma relativo à maternidade de uma vez por todas.

Para ajudar na tarefa de descobrir seu próprio carma, tenha em mente que sempre que a situação parece familiar ou dolorosa você provavelmente está presa à roda do carma. Não se fixe no papel que está desempenhando, nem na maneira como esse papel é diferente de tudo que aconteceu no passado. Em vez disso, reflita sobre a situação e note o que lhe parece familiar. Você está mais uma vez lidando com questões de limites ou problemas financeiros? Quando identificar a questão, será capaz de enxergar como seu carma se apresenta na sua vida, mesmo que os temas apareçam de maneira diferente de como se apresentaram antes. Se sua mãe era autoritária, você pode estar espelhando seu comportamento, se não como mãe, talvez no papel de chefe. Se você teme não ter dinheiro suficiente, pode ficar rico e morrer de medo de perder tudo. A meta é reconhecer cada questão e resolvê-la, de preferência antes de afastar as pessoas de sua vida ou de ser vítima de uma sucessão de roubos.

Acreditando e Confiando na Lei do Carma

Às vezes pode ser difícil acreditar na Lei do Carma. De nosso ponto de vista limitado, nem sempre podemos enxergar que o cerne do carma — a justiça e o equilíbrio — está sendo servido. Olhamos para um recém-nascido com muitos problemas físicos e nos perguntamos por que ele deveria ter tanta dor se não fez nada de errado. Um bebê não teve tempo de acumular carma nesta vida, o que significa que ele está trabalhando o carma de uma vida passada. Se você é uma pessoa do bem e algo terrível lhe acontece, é mais provável que seu carma esteja em ação e você ainda não tenha identificado seus temas cármicos.

Nenhum de nós escapa da roda cármica, a menos que trabalhemos todo nosso carma pessoal e sejamos capazes de nos manter livres dos carmas familiares e globais de alguma maneira. As pessoas que fazem coisas horríveis com os outros podem parecer sair ilesas de seus crimes, mas nunca o fazem de verdade. Se não sofrem nesta vida os efeitos de seu carma negativo, os carregarão até a próxima encarnação.

Quanto mais velho você fica e quanto mais tempo despende observando as pessoas, mais facilmente enxergará os padrões do carma em ação e reconhecerá que aqueles que vivem de forma ruim normalmente têm um fim ruim, enquanto pessoas boas normalmente morrem pacificamente. Percebemos quando uma pessoa maravilhosa morre muito jovem, mas esquecemos daquelas pessoas bondosas que vivem até os 80, 90 anos. Também não percebemos que uma alma pode ter escolhido passar pouco tempo nessa vida. Tendo alcançado o propósito almejado, ela pode desejar voltar para o céu e descansar. É natural sofrer a sua perda. Mas devemos lembrar que aquele que morreu está agora livre de qualquer dor, e vivencia somente amor, felicidade e paz — e continuará a nos assistir, nos proteger e guiar lá do outro lado. As almas que deixaram esta vida ouvem cada palavra que dizemos a elas e nos ajudarão a tentar resolver nosso carma se as chamarmos e recebermos a coragem enviada por elas na nossa direção.

Carma Familiar e Carma Global

Não só temos carma pessoal como também carma familiar e global. As questões compartilhadas por uma família, ou mesmo um país ou uma região, continuarão sendo revisadas vida após vida, enquanto reencarnamos nos mesmos grupos, representando diversos papéis. Seu pai pode reencarnar como sua filha, e sua irmã, como seu primo para que trabalhem juntos novamente e resolvam o carma da família. Almas nascerão em corpos da mesma região do mundo várias vezes para que resolvam um carma negativo criado centenas, talvez milhares, de anos atrás.

Faz sentido que o mesmo grupo de pessoas lutando com um carma compartilhado volte para que se ajudem umas às outras. Se você é o único membro da família que queira resolver seus problemas psicológicos, aceitá-los, perdoar, mudar seus sentimentos, pensamentos e seu comportamento, para seguir em direção à cura, pode não reencarnar na mesma família. No entanto, pode decidir juntar-se a ela novamente em outra vida, para ajudá-la a se curar.

Existem partes do mundo que ainda tentam se curar de feridas antigas, que a própria população impôs a si mesma. O Oriente Médio permanece em conflito constante, porque muitos de seus habitantes repetem os mesmos padrões destrutivos e perpetuam o carma que causou tanto sofrimento a tantas pessoas ao longo de muitos séculos.

Pode ser difícil aceitar que somos responsáveis pelas coisas terríveis que nos acontecem. Não é que algumas pessoas sejam "más" e, portanto, mereçam um governo corrupto, ou que aqueles que viviam em Nova Orleans durante a passagem do furacão Katrina merecessem morrer. Não é assim que o carma funciona. Tente abrir mão de suas noções de punição, justiça e culpa por um momento. Lembre-se de que as almas têm uma perspectiva bem diferente da mente. Pelo menos algumas almas escolhem nascer em data e lugar específicos da Terra para encarar seus problemas cármicos. É possível que aqueles que encontraram a própria coragem ou o próprio heroísmo estavam resolvendo carmas passados, enquanto aqueles que morreram possam ter deixado este mundo devido ao desejo de suas almas de forçar o resto da população a confrontar questões não resolvidas como a pobreza, o crime e a exploração. Não se pode olhar para uma pessoa em particular e saber qual é o seu carma, ou o porquê de ter sofrido uma tragédia aparentemente aleatória.

Algumas pessoas ficam muito tristes quando figuras públicas sugerem que os eventos trágicos do 11 de Setembro foram resultado de decisões da política internacional americana. Isso é uma simplificação de como o carma funciona. Cada pessoa que morreu naquele dia tinha seu próprio carma pessoal, familiar e global. Talvez algumas pessoas, com pouco carma negativo a ser curado, tenham resolvido ser parte daquela calamidade para poderem desempenhar um papel na cura do mundo. A política internacional dos Estados Unidos certamente influenciou os ataques, mas os terroristas também tinham seus carmas pessoais, familiares e globais a guiá-los nas suas ações. Se você ouvisse como os terroristas falam dos Estados Unidos, a maneira como questões pessoais e psicológicas afetam sua visão é nítida. Criando mais carma negativo, os terroristas do 11 de Setembro se condenaram a uma vida de tremendo sofrimento na próxima encarnação.

Globalmente, temos muitos problemas que nos causam dor: pobreza, doença, desigualdade, ódio, racismo, genocídio... A lista não tem fim. Por causa da Lei da Totalidade, toda cura que realizamos, cada pedacinho de carma bom que criamos, contribui para a cura do mundo. Você pode se sentir sobrecarregado e deprimido com todas as catástrofes, guerras e crueldades retratadas nos noticiários, mas tudo de generoso, amoroso, não egoísta e acalentador que você faz elevará a humanidade, porque estamos todos conectados. Raramente enxergamos quão longo é o alcance das nossas atitudes e ações, mas o carma bom realmente espalha a cura como as marolas que se alastram num lago depois que você joga uma pedrinha na água.

Interferindo no Carma dos Outros

Embora desejemos ajudar na cura dos outros, é muito importante trabalhar em alinhamento com a Lei do Carma. Quando interferimos no carma de alguém, corremos o risco de assumir um carma que não nos pertence, gerando infortúnios para nós mesmos. Nossa boa intenção não muda o fato de que interferir no carma alheio permite que a pessoa em questão evite resolvê-lo sozinho. Isso pode fazer com que ela crie mais carma negativo.

Pensando em um nível global, os Estados Unidos intervieram no carma de uma nação inteira ao invadirem o Iraque. Mandar tropas a outro país para prevenir o genocídio não é uma violação da Lei do Carma. E ajudar pessoas inocentes que estão sendo torturadas e assassinadas gera bom carma. No entanto, quando guerreamos contra um país porque não gostamos de seu líder, estamos interferindo no carma daquela nação e criando mais negatividade para todos. Se tememos ser atacados, precisamos lidar com nosso próprio carma relativo ao medo em vez de atacarmos diante da simples possibilidade de estarmos em perigo. Se realmente quiséssemos ajudar as pessoas do Iraque — se é que era esse o verdadeiro objetivo —, deveríamos primeiro ter curado o próprio ódio e violência dentro de nós, para que pudéssemos enxergar a melhor maneira de inspirá-los a se ajudarem. Em vez disso, agimos em nome do ego, do medo, e iniciamos uma guerra. Estamos misturando nosso carma ao do Iraque e teremos de pagar pelas consequências de não deixar que trabalhassem suas questões de violência e ódio por conta própria.

Na nossa vida, também interferimos no carma dos outros. Pode ser angustiante observar o sofrimento de alguém que amamos quando sabemos que um pouco de dinheiro, um lar, ou bons conselhos seriam capazes de poupá-lo da dor. Quando impedimos alguém de sofrer as consequências do próprio comportamento, muitas vezes proporcionamos a continuidade de seu sofrimento.

É senso comum que o alcoólatra precisa "chegar ao fundo do poço" antes de ser capaz de parar de beber e cuidar dos seus conflitos internos, e que o fundo do poço de cada um é diferente. O mesmo é verdadeiro para qualquer um que esteja sofrendo por motivos cármicos. Você pode oferecer ajuda a alguém, mas se essa ajuda visa a evitar de se sentir culpado ou amedrontado, então será necessário tratar da sua própria culpa e do seu próprio medo primeiro. Só então você terá clareza sobre o que fazer. Só então será capaz de evitar a criação de carma negativo para si mesmo no esforço fútil de "consertar" os problemas do outro. Às vezes você pode fazer tudo que está a seu alcance e, ainda assim, não ser capaz de ajudar o outro. Na verdade, a pessoa pode se recusar e até mesmo se ressentir da sua oferta de assistência. Isso é extremamente difícil de aceitar, mas compreender que cada um de nós tem o próprio carma e o próprio caminho faz parte de se alinhar com a Lei Divina. Precisamos aceitar que não somos todo-poderosos e capazes de "consertar" os outros com o nosso poder. A raiva diante da nossa impotência só causa sofrimento.

Uma de minhas clientes tinha um irmão que nunca conseguia manter o emprego e vivia lhe pedindo dinheiro. Ela alugou um apartamento para ele, porque tinha medo de que, caso não o fizesse, ele ficasse sem teto. Mas o irmão acabou se mudando para outra cidade com a namorada nova e deixando o restante do aluguel a cargo da irmã, o que lhe custou milhares de dólares. Quando, mais tarde, ela me perguntou o que deveria ter feito, aconselhei-a a explorar sua necessidade de ajudar o irmão. Disse a ela: "Você não pode continuar fazendo isso para ele. Se abandonar sua necessidade de ser bem-tratada por ele e de vê-lo agir com responsabilidade, e se abandonar sua necessidade de provar ser uma boa irmã, merecedora do amor da sua mãe e da admiração de todo mundo, poderá tomar as decisões certas sobre a hora de ajudá-lo e a hora de deixá-lo fazer o que bem entende."

Ela se deu conta de que não quisera acreditar que ficaria presa ao pagamento do aluguel do irmão e teve que assumir a responsabilidade de dar dinheiro a ele, mesmo conhecendo seu histórico. Apesar de não poder fazer nada para consertar o carma do irmão, escolheu aprender com essa lição, que lhe custara caro, e aceitar que não podia salvá-lo. Ela teria de oferecer o que lhe era confortável e abandonar a necessidade de ver os resultados que queria. Depois de um tempo, ela resolveu que uma coisa que se sentia bastante confortável de oferecer ao irmão era encontrar um psicólogo, levá-lo às sessões semanais e pagar por sua terapia durante três meses. Quando o irmão recusou essa ajuda, ela conseguiu aceitar sua escolha, apesar de ficar com medo ao pensar nos possíveis desdobramentos, dada a disfunção no comportamento dele. Curando-se da necessidade de ser uma boa irmã, ela parou de interferir no carma do irmão, permitindo que ele pagasse o preço por suas atitudes.

Foi uma decisão difícil porque sabia que ele provavelmente sofreria. Mas continuou lembrando a si mesma que a alma dele estava escolhendo colocá-lo em situações desafiadoras para que trabalhasse seu carma. Ela não podia criar um "fundo do poço" para ele; ele tinha que chegar lá sozinho.

Quanto mais clareza você tiver a respeito de suas próprias questões, mais fácil será decidir ajudar àqueles que não retribuem ou agradecem pelos sacrifícios e presentes que você oferece. Curar-se e dizer "não" são coisas que podem ajudá-los a mudar, mas é mais provável que continuem trilhando o próprio caminho até que tenham sofrido o suficiente para encarar seus desafios cármicos e começar um processo de cura. Na verdade, às vezes o simples ato de virar as costas à situação é a coisa mais gentil que você pode fazer, porque para de alimentar a ilusão daquela pessoa de que você é o problema da vida dela. Sempre que optamos por nos engajar na narrativa de alguém que se diz vítima, fazemos com que a pessoa evite olhar honestamente para si mesma, o que é o primeiro passo a caminho da cura do próprio carma. A escolha de não fazer parte do drama da pessoa é bom para você e para ela.

Lembre-se de que, quando ajuda os outros, você deve estar ciente de suas próprias questões para não cair na armadilha de tentar resgatar alguém para depois se fazer de vítima. Aceite que o outro está no devido lugar de sua jornada espiritual, mas tenha a sabedoria de reconhecer o que você pode e o que não pode mudar, aceitando os limites do próprio poder.

Nós Criamos Nosso Carma Negativo!

Se perguntarem, a maioria de nós provavelmente diria que nunca faz o mal intencionalmente. Mas quando nos sentimos vítimas, podemos ter uma sede poderosa de vingança. Se cedermos às baixas vibrações, criaremos carma negativo. Tenho uma cliente chamada Jean, de 50 anos, que está casada e feliz há trinta. Recentemente, recebeu um telefonema perturbador de uma jovem que alegava estar grávida de um filho do seu marido. Apesar de Jean ficar profundamente chocada e chateada com a notícia, obrigou a mulher a encontrá-la para que discutissem calmamente a situação. Quando se sentaram cara a cara, a amante falou abertamente de seu caso, e até mesmo admitiu que sabia que ele era casado. Mas quando Jean fez a pergunta "Por que está fazendo isso comigo?", a mulher mostrou suas verdadeiras intenções. Dois anos antes, ela se divorciara quando descobriu que seu marido tivera um caso. A experiência transformou-a numa mulher amarga, vingativa, desejosa de ver outras mulheres casadas sentindo a mesma dor. Ela disse a Jean: "Não importa se é errado; faço isso, porque fizeram o mesmo comigo." Parece que ela achava seu comportamento justificável porque a fazia se sentir melhor. Talvez se orgulhasse desse poder no início, mas através de suas atitudes e intenções criara um carma negativo. Não havia como fugir das consequências dessa escolha: em algum momento ela sofreria, porque é assim que funciona o carma. Uma coisa é sucumbir à luxúria ou à ganância e cometer um erro com o qual aprendemos, mas é completamente diferente carmicamente não assumirmos responsabilidade pelas nossas escolhas, nos colocarmos na posição de vítima e usar isso como desculpa para ferir os outros deliberadamente. Muitas pessoas fazem isso de maneira sutil — mentem, traem, ou roubam "um pouquinho", porque acreditam que a vida não lhes foi gentil. Justificam seu comportamento dizendo a si mesmas que não estão fazendo mal a ninguém, mas estão. A garçonete que é forçada a pagar a conta do cliente que sai sem pagar e a pessoa que faz uma compra e percebe mais tarde que o vendedor mentiu quanto à qualidade do produto são prejudicadas por pessoas que agem em função do pensamento: "Não tem problema deixar alguém pagar o pato." Quando prejudicamos os outros, geramos carma negativo para nós mesmos.

Curando Nosso Carma

Podemos começar a curar o nosso carma hoje, se refletirmos sobre nossos pensamentos, sentimentos e comportamentos.

Se você não sabe dar um passo para trás e calmamente enxergar seus próprios processos de raciocínio e de comportamento, uma terapia comportamental cognitiva pode ajudá-lo a identificar suas crenças negativas, distorcidas, e começar a analisá-las. Muito frequentemente, quando avaliamos nossos pensamentos, vemos que eles não fazem muito sentido. Por exemplo, no fundo você pode acreditar que se for uma pessoa agradável, todo mundo gostará de você. Mas essa crença não é verdadeira. Muitas pessoas neste mundo têm tantos problemas que não são capazes de lhe tratar bem, não importa quão bom você seja.

Quando reconhecer que tem o hábito de criar pensamentos e sentimentos negativos, ruins, que levam a atitudes nocivas, seja gentil consigo mesmo. Não se julgue. Tenha compaixão e seja paciente consigo mesmo, porque é preciso tempo para mudar hábitos. Nosso cérebro é programado para criar hábitos e precisa escolher conscientemente muitas vezes para não seguir o mesmo caminho de sempre. Se conseguir criar um novo hábito de corrigir seu pensamento, gerando pensamentos positivos e agindo de maneira amorosa, achará mais fácil romper um hábito antigo de reagir à vida com raiva, tristeza e frustração.

À medida que você começar a se curar, criando um carma bom, sua vida desabrochará e você receberá bênçãos como uma esponja. Descobrirá muitas formas de retribuir ao mundo, seja cuidando de animais abandonados, acompanhando idosos a consultas médicas, orientando jovens, ou trabalhando como voluntário no colégio do seu filho. Você terá muito a oferecer porque não estará esgotada, já que suas ações não se resumirão a tentativas constantes de trabalhar uma questão cármica inconsciente. Você não precisará mais sofrer.

A Lei do Carma e a Lei da Totalidade

Enxergar que estamos todos conectados na divindade nos permite parar de jogar a culpa nos outros ou em nós mesmos quando as coisas dão errado; em vez disso, focamos naquilo que podemos fazer para melhorar a situação. Permitimos que a Lei do Carma atue, em vez de tentarmos resolver todos os problemas que vemos a nossa volta. Tratamo-nos com delicadeza e enxergamos os outros com compaixão, mesmo quando não compreendemos ou gostamos do seu comportamento. Deixamos de tentar controlar o tempo todo e nos alinhamos com a Lei da Totalidade, porque sabemos que, desde que curemos a nós mesmos, alguém será afetado energeticamente pela nossa cura. Tenho uma amiga que escreveu um livro direcionado a ajudar pessoas com uma doença rara, e ela diz que o impressionante número de vendas do livro não a emociona tanto quanto receber um e-mail de um desconhecido dizendo: "Obrigado, porque seu livro me deu esperanças e orientação." Um pequeno ato de gentileza perante o próximo é uma ação que gera bom carma e transforma a energia da matriz da vida.

A Lição da Lei do Carma

A compaixão é divina.
Julgamento, culpa e punição são fabricados pelo homem.

Carma negativo causa sofrimento enquanto carma positivo é curativo para nós e para o mundo. O propósito do carma não é nos punir com sofrimento, mas promover justiça e nos elevar ao nosso mais alto nível de existência. Como um sistema de justiça, ele funciona bem melhor que as leis criadas pelo homem. No que diz respeito a consertar erros, não houve autoridade, regulamentação, advogado, juiz ou prisão capaz de alcançar o que o carma consegue: justiça, paz e, finalmente, liberdade de todo sofrimento. Se nos julgamos negativamente, ou aos outros como "maus" ou "demoníacos", não contribuiremos para a resolução do carma; criaremos ainda mais carma negativo.

Para se alinhar à Lei do Carma, é preciso abster-se do julgamento. Você precisa ter compaixão por si mesmo e pelos outros, reconhecer que cada um tem diferentes lições para aprender e que cada um aprende em seu tempo. Assim como algumas crianças aprendem a ler mais rapidamente que outras, e algumas terão mais habilidade com matemática e outras, com atividades físicas, cada um de nós tem o próprio caminho, um carma a ser resolvido, uma capacidade de consciência e um potencial para mudanças. Algumas pessoas não têm a força necessária para enfrentar suas questões. Suas almas superestimaram o que podiam suportar nesta vida. Elas acabam criando carma negativo em vez de positivo e andando para trás. Seu sofrimento aumenta continuamente. Não é necessário punir alguém que está se punindo de maneira profunda. Qual seria o valor disso?

Não julgar significa perdoar as pessoas, mesmo quando elas não têm remorso. Isso não significa que você deve dar a elas mais oportunidades para lhe causarem sofrimento. Precisamos prender terroristas e criminosos para impedir que eles continuem prejudicando os outros — e a si mesmos. Mas descarregar seu ódio neles, baixar o nível usando a violência ou a crueldade para puni-los não é se alinhar com a Lei do Carma. A violência é algo criado pelo homem. É uma maneira equivocada de consertar os erros, porque acabamos gerando o próprio carma negativo enquanto tentamos resolver o deles. Cada vez que uma guerra termina, soldados vão para casa e se debatem com os demônios da culpa pelo resto da vida. Diferentemente do Buda quando teve que cometer uma violência contra o potencial assassino de quinhentos homens, esses soldados não foram capazes de cumprir suas obrigações com a consciência clara e limpa. Por isso é absolutamente crucial que trabalhemos para prevenir todas as guerras e toda a violência. As soluções criadas pelos homens, como prisões e matanças, não atuam na criação de harmonia e paz no nosso mundo, nem nos nossos corações.

Perdoar significa desapegar-se. Não se envolva no carma de outra pessoa. Ame-se o suficiente para aceitar seu lado mais sombrio, trabalhe para curá-lo, e você descobrirá que a paz está se manifestando na sua vida. É a promessa e o presente da Lei do Carma.

Capítulo 3

O TERCEIRO PRINCÍPIO ETERNO:

A Lei da Sabedoria

Sabedoria é reconhecer o que podemos e o que não podemos mudar, aceitar nossos limites e optar por usar nosso sofrimento como uma ferramenta de aprendizado pessoal e de crescimento espiritual.

Uma das orações mais sábias que já ouvi, a Prece da Serenidade, escrita por Reinhold Niebuhr e adotada, com pequenas alterações, pelos Alcoólicos Anônimos é um lembrete excelente do que devemos fazer se resolvermos enfrentar nosso carma e trabalhá-lo:

Deus, me dê serenidade para aceitar as coisas que não posso mudar
Coragem para mudar o que posso
E sabedoria para reconhecer a diferença.

Se tentarmos mudar aquilo que está além do nosso controle, provavelmente nos exauriremos e perderemos a esperança. Se aceitarmos o limite do nosso poder, tivermos paciência conosco mesmos, e estivermos em paz com os desdobramentos da vida, encontraremos tranquilidade, o que nos dará muita força para encarar os desafios. A sabedoria permite que tiremos a venda e compreendamos o que estamos fazendo, em vez de permanecermos cegos e amedrontados. Com essa consciência, podemos encontrar a coragem de começar a investigar nosso carma e diminuir nosso sofrimento.

Sabedoria não é conhecimento; não é o mesmo que saber muitas coisas ou ter muita informação. Sabedoria é uma maneira de usar o conhecimento, uma consciência de como adquirir conhecimento e de quão pouco sabemos. A vida é cheia de mistérios e nem sempre sabemos as respostas a um "por quê?". Sabedoria é a perspectiva que permite aceitarmos que algumas coisas estão fora do nosso controle. Sabedoria também nos dá coragem para fazermos o que é difícil e mudar o que pode ser mudado, para darmos lugar ao processo de cura. É o que nos ajuda a aprender nossas lições e transformar a maneira como pensamos, sentimos e nos comportamos.

Se for pouco sábio e evitar suas questões cármicas porque não quer sofrer, estará resistindo àquilo que sua alma veio aprender na Terra e sofrerá ainda mais. Também terá de contar somente com a sua mente para guiá-lo no processo do pensamento. A mente racional, analítica é muito útil, mas tem limitações. Ela não alcança a sabedoria infinita do Divino. É facilmente nublada por fortes sentimentos e impressões preconcebidas e, portanto, resiste ao aprendizado e à mudança.

Seu cérebro é organizado para trabalhar eficientemente de maneira a não perder energia tentando descobrir novas maneiras de fazer coisas que já domina. De certa maneira, isso é bom. Você não gostaria de ter que pensar em como escrever cada letra do seu nome toda vez que fosse escrevê-lo ou imaginar uma forma melhor de usar as letras. Imagine o quanto ficaria cansado no final do dia se tivesse que questionar e analisar cada movimento que fizesse, desde a pasta de dente que você usa até tomar ou não um copo de suco antes de abrir as cortinas e vice-versa. Na maior parte do tempo, agimos no piloto automático.

O problema é que a nossa mente pode nos trancar em padrões de pensamento, sentimento e comportamento nada saudáveis. Se você tem o hábito de comer biscoito doce no café da manhã todos os dias e colocar um pacote de biscoito no carrinho do supermercado sempre que vai às compras, não está prestando atenção nos efeitos dessa comida no seu bem-estar e na sua saúde. Não está sendo sábio nem criterioso, não está pensando em como suas escolhas alimentares afetam o seu corpo. Você também pode ter hábitos mentais pouco saudáveis que provocam atitudes destrutivas, que criam carma negativo. Você pode pensar: "Não tenho paciência para lidar com pessoas que não são tão inteligentes quanto eu, portanto não me sinto mal sendo grosseiro com quem não entende o que digo." Talvez nem perceba que esteja julgando as pessoas, porque suas atitudes estão profundamente enraizadas.

Para romper com maus hábitos que geram carma negativo, você deve se conscientizar de seus padrões e corajosamente admiti-los. Se fazem com que se sinta desconfortável e perturbam sua consciência, já sabe o que deve fazer: mudá-los. Pode ser incrivelmente difícil quebrar um hábito nocivo, mas com sabedoria, você será capaz de fazê-lo com mais facilidade, porque compreende as consequências cármicas de seus hábitos e se compromete com a transformação. Você também compreende que, por mais difícil que seja alterar seu comportamento, sempre pode contar com a ajuda de Deus. Força de vontade é algo muito útil, mas sentir a conexão com o Divino lhe dá a coragem para mudar, por mais que isso lhe cause dor.

Por que Precisamos de Sabedoria?

Sem sabedoria, ficamos presos em nosso carma, esforçando-nos para fazer nossa vida dar certo e confiando em excesso nos fatos e no conhecimento. Pensamos que, se tivermos informação suficiente, poderemos resolver todos os nossos problemas. É como se nos tornássemos estrábicos e pensássemos que tudo daria certo se as pessoas à nossa volta simplesmente mudassem. Sem sabedoria, somos incapazes de aceitar as pessoas e as situações como elas são, de descobrir o que podemos aprender com elas, e nos sentirmos tranquilos independentemente da situação atual. Em vez disso, tentamos controlar tudo e todos. Ficamos cansados tentando suportar o peso do mundo. Sabedoria significa aceitar o que não podemos mudar e compreender que o sofrimento tem um propósito. Se descobrirmos o propósito e aprendermos a lição, a dor começa a se dissipar, porque nos alinhamos à divina Lei da Sabedoria.

Com sabedoria, aceitação e coragem, você é capaz de apagar seu carma negativo, libertar-se de questões psicológicas com as quais vem lutando por anos ou vidas. A sabedoria permite que você seja honesto consigo mesmo e aprenda o que está fazendo de errado, mesmo correndo o risco de se sentir mal. Talvez você sinta culpa ou vergonha, talvez raiva ou tristeza, mas sob a perspectiva da sabedoria, você será capaz de entender que tais emoções são temporárias e desaparecerão uma vez que transforme seu carma. Quando você para de tomar decisões pouco sábias, decisões que criam carma negativo — ou seja, aquelas que ferem a você mesmo, aos outros e ao mundo —, você pode começar a fazer mudanças que lhe ajudarão a criar a vida que quer viver.

Você pode manifestar tudo o que deseja se tiver vontade de adquirir sabedoria. A criatividade se desenvolve quando você é sábio, porque você enxerga possibilidades que antes não conseguia. Você se liberta das limitações da mente e começa a ver que só porque uma situação ou amizade não parece trazer benefícios para você não significa que é uma perda de tempo. Aconteça o que acontecer, você está aberto às oportunidades que cada situação pode lhe promover, seja uma chance de experimentar uma alegria plena, seja uma dor que pode lhe ensinar algo importante.

A autoconsciência também permitirá que você reconheça quando está num relacionamento, trabalho ou projeto que gera sofrimento e não aquilo que você quer. Você compreende que fugir de um problema não resolve nada, logo, toma uma decisão sábia quanto a ficar e tentar resolver, ou ir embora, mas ainda assim *resolver* o seu problema. Quando você tem sabedoria, reconhece seu papel na criação do sofrimento.

Se você sai de um emprego porque não sente que seu chefe e seus colegas de trabalho o respeitam, o carma dita que você navegará em direção a outra situação na qual será desrespeitado, até que encare essa questão e a resolva. Se você é sábio, aceitará o inevitável, enfrentará seu carma e começará a resolver os sentimentos e as crenças profundos que continuamente o levam a situações que fazem com que se sinta desrespeitado. Você também verá o potencial para resolver cada situação. Seja porque perdeu sua casa para pagar uma dívida, ou porque seu cônjuge o abandonou com três filhos, ou porque você desenvolveu uma doença séria, a sabedoria permitirá que você seja honesto e complacente para que comece a desenhar uma nova situação imediatamente apenas escolhendo mudar a perspectiva.

A sabedoria também faz com que enxergue o passado, o presente e o futuro de maneira diferente. Você para de ficar obcecado com o que tanto almejou ou perdeu, ou com aquilo que deseja, e passa a enxergar claramente o que precisa ser feito agora, neste momento. Questões cármicas ou psicológicas estreitam sua visão e fazem com que se veja como vítima de sua vida, mas a sabedoria o ajuda a descobrir seu poder e a abandonar o passado e suas preocupações com o futuro. Com sabedoria, você pode viver no presente, em vez de sempre olhar para trás com arrependimento, ou de se preocupar com o futuro.

É inspirador ouvir histórias de pessoas que triunfaram sobre o sofrimento, gente que não mais se define pelas experiências dolorosas da infância. Elas são *informadas* pelo passado, não limitadas por ele. São capazes de descobrir quem são e quem querem ser, porque não se consideram vítimas ou se perguntam quem vai feri-las no futuro. Não recriam sua angústia recontando a mesma velha história de como e quanto sofreram. Com sabedoria, você também pode escapar de velhas definições de si mesmo e triunfar sobre o sofrimento.

As pessoas sábias são felizes, tranquilas e poderosas. Você não consegue destruir seu espírito. A história da morte e da ressurreição de Jesus é um lembrete de que as pessoas podem morrer de medo do poder de quem é sábio, e tentarão ferir ou mesmo matar a pessoa. Mas a alma divina que é sábia e amorosa não pode ser destruída, nunca. A sabedoria lhe dá forças para transcender a feiura e a violência do mundo. É um bálsamo vital para nós, num mundo que se torna cada vez mais turbulento. Precisamos tomar boas decisões pensando não somente em nossas vidas, mas também no planeta e em toda a humanidade. A sabedoria nos poupará de sofrimentos terríveis.

Sabedoria, Poder e Aceitação

Para transformar qualquer coisa, precisamos primeiro aceitá-la como ela é. Se resistirmos à verdade sobre a situação, não seremos capazes de enxergar como mudá-la. Aceitação começa com honestidade e clareza.

Pessoas sábias têm noção de que, para enxergar uma pessoa ou situação claramente, devem primeiro abrir mão da história de vítima criada pelo ego e de discursos "Ele disse/ela disse". Precisam ver as coisas de mais de um ângulo, ter compaixão e empatia por todos os envolvidos, sabendo que as pessoas pensam, agem e sentem de maneiras diferentes, dependendo do carma que carregam. Em vez de se colocarem como juízes para decidir quem é o mocinho e quem é o bandido, quem está certo ou quem está errado, as pessoas sábias se libertam das culpas.

Às vezes, pensamos que o comportamento de alguém é motivado por seu desejo de nos ferir, ou porque não ligam para os nossos sentimentos. Com sabedoria, somos capazes de enxergar que os outros muitas vezes não têm consciência da consequência de seus atos, ou estão sofrendo tanto, devido ao próprio carma, que não suportam encarar o quanto fazem os outros sofrerem.

Ações inconscientes também ocorrem num nível global. Políticas opressivas e ofensivas, responsáveis por tanta raiva no mundo, não são necessariamente resultado de homens diabólicos que desejam prejudicar os outros. Muitas vezes, são o resultado de pensamentos equivocados. Quando tememos pela nossa segurança ou por uma questão de dinheiro, achando que precisamos tirar o máximo de cada negociação, agimos como crianças tiranas. Não admitimos para nós mesmos as consequências de nossas atitudes e as verdadeiras motivações por trás delas, porque nos sentiríamos culpados e profundamente desconfortáveis. Para exercitar a sabedoria, temos que encarar nossas atitudes como nação com compaixão e aceitação, assim como as ações de outros países. Enquanto as pessoas estiverem com medo, não terão suas necessidades preenchidas, atacarão os outros, seja cometendo um ato terrorista ou organizando um sistema que empobrece o povo, deixando-o faminto, e justificarão a violência como algo necessário para sua própria segurança e seu conforto. Não podemos resolver nenhum desses problemas até admitirmos a verdade do que são, até enxergarmos além do medo e aceitarmos que temos de encontrar a coragem de mudar o que podemos mudar. Quando compreendermos e obedecermos a Lei do Carma, deixaremos de cometer atos de violência. Sabemos que a violência não resolve nada e só contribui para piorar a situação.

Sabedoria também significa aceitar que não podemos ter todas as respostas. Elas podem, às vezes, ser reveladas a nós, e os problemas podem se resolver sem que precisemos fazer nada para que isso aconteça. Conscientes disso, achamos mais fácil parar de enxergar problemas em todos os lugares. Deixamos de tentar resolver tudo desesperadamente, desde fazer com que nossa filha adolescente se sinta melhor depois de perder o papel na peça da escola, até resolver o problema do sistema de saúde do país. Compaixão é importante, mas se você se deixar enganar pelo ego, e acreditar que pode prevenir ou curar todo sofrimento que vê à sua volta, você se sentirá sobrecarregado e deprimido. Se for sábio, curará a si mesmo de sua necessidade de ser o salvador de todos, porque aceitará que não tem todo esse poder. Compreenderá que você, assim como os outros, tem uma pequena, porém importante, participação na mudança do mundo. Você pode ser solidário com a sua filha e com aqueles que não têm plano de saúde, e até pensar no que pode fazer em relação a essas situações. Talvez possa ajudar sua filha a achar um curso de interpretação. Talvez possa aprender um pouco mais sobre o sistema de saúde e escrever aos representantes governamentais sobre suas ideias.

Quando você faz esses esforços pequenos, porém importantes, para transformar situações difíceis, não se sentirá impotente e deixará de ser atormentado pela pergunta: "Por quê? Por que isso está acontecendo? Por que é tão difícil progredir? Por que meu marido não muda? Por que tenho problemas de saúde?" É bom explorar a pergunta "Por quê?" e aprender o que for possível, mas é fácil se frustrar, porque não existe resposta simples. Talvez você nunca saiba a resposta, mas se aceitar a realidade, é mais provável que aprenda a lição embutida no sofrimento.

Ser sábio e capaz de aceitação também significa não sentir a necessidade de ter tudo à sua maneira. Essa atitude o esgotará. Você nunca será capaz de administrar a própria vida e suas experiências a ponto de alcançar uma felicidade duradoura. A aceitação das coisas como elas são permite que você encontre alegria no momento e sinta gratidão, não importando a situação do momento. A sabedoria faz com que enxergue que pode escolher ser feliz; e a felicidade não é algo que se conquista tentando controlar e melhorar todas as situações.

A mulher mais sábia que já conheci foi a minha avó. Ela não teve educação formal, mas sabia o que podia e o que não podia mudar. Quando os comunistas tomaram o poder na Romênia, ela perdeu tudo: seis casas, toda a sua terra e todo o seu dinheiro. O marido ficou tão desgostoso que teve um derrame e morreu pouco tempo depois, e vovó teve que ir morar com a filha. Tinha motivos para estar ressentida, com raiva: as perdas, a falta de água e de comida, e a vida num país onde era impotente para mudar o regime. Mas vovó aceitou. Nunca entrou em pânico nem reclamou. Perdeu duas filhas com câncer, as duas na meia-idade, mas não se desesperou. Ela dizia: "Eu aceito a decisão de Deus ao levar minhas filhas antes de mim." Estava sempre alegre, fazendo piadas, e nunca discutia nem se fixava nas dores que sentia, apesar de ter tido três derrames e dois enfartos antes de morrer aos 102 anos, logo depois de saber que perdera o filho. Acredito que viveu todo esse tempo devido à sua atitude e sabedoria. A vida era simples para ela, e sua gratidão lhe deu uma força enorme.

Quando somos sábios e capazes de aceitar a realidade, não sofremos demais. Os problemas se resolvem — encontramos outro lugar para morar, de alguma maneira colocamos comida na mesa e sobrevivemos mais um dia. Algum dia as circunstâncias mudam. No meio-tempo, não precisamos criar ainda mais problemas lutando contra a vida, tentando fazer com que se ajuste às nossas expectativas.

A sabedoria vai de encontro à atitude da cultura americana, na qual aprendemos que, se queremos que algo aconteça, temos que assumir o controle e fazer com que aconteça. Não faz muito tempo conheci uma indiana que vivia nos Estados Unidos. Ela dizia que, apesar dos muitos desafios em seu país, achava que as pessoas eram mais sábias e tinham mais aceitação da vida lá. Segundo ela, no Ocidente todo mundo parece estar insatisfeito, trabalha muitas horas para ganhar dinheiro em busca de felicidade e segurança. Vá em frente, planeje o futuro e trabalhe, mas tenha em mente que não existe realmente segurança no mundo físico. Você pode ter todo o dinheiro do mundo e tudo na sua vida estar no lugar, e, ainda assim, morrer no dia seguinte. Portanto, não importa o que o futuro lhe promete: tente ser feliz hoje. Se você *acreditar* que é feliz, encontrará energia para lidar com os desafios da vida e criar uma vida ainda melhor para si.

Como Desenvolver a Sabedoria

Sócrates disse que a sabedoria é nossa herança, um presente que fica dormente em nossa consciência até ser redescoberto. Depois da queda de Roma, os europeus se voltaram para as grandes culturas do passado, para os gregos e romanos antigos, em busca da sabedoria perdida. Considerando todo o conhecimento na modernidade, não somos muito sábios. Precisamos olhar para trás, para a antiga sabedoria de todas as culturas, que foi perdida e esquecida.

Achamos que para ganhar sabedoria basta envelhecer, mas nem todas as pessoas se tornam imediatamente mais sábias com a idade. Gente com muito carma negativo fica apegada a ele e não aprende as lições que geram sabedoria. Essas pessoas ficam tão presas ao próprio sofrimento que não reconhecem e aceitam as limitações do próprio poder, nem encontram coragem para mudar seu carma. Tenho clientes que, aos 30, 40 ou 50 anos, ainda se rebelam contra os pais, ou são obcecados com a aprovação deles. Estão muito distantes de alcançar a sabedoria que algumas pessoas conquistam ainda na adolescência.

Todo mundo sente raiva, experimenta o luto depois de uma perda, ou age por medo às vezes. Se for sábio, você permitirá que esses sentimentos aflorem, mas não se deixará hipnotizar por eles. Não sentirá constrangimento ou culpa, nem negará suas emoções. Enfrentará seus sentimentos e seus erros, em busca de um aprendizado. Esse é um hábito difícil de estabelecer, porque parece menos penoso fingir que tudo está bem, mas a negação só causa mais sofrimento. Reconheça seus sentimentos mais difíceis e sua tendência de pensar-se vítima do comportamento dos outros, do destino ou da má sorte. Então, pare e tome uma decisão consciente para descartar essas percepções que o enfraquecem. Aceite o que está acontecendo na sua vida em vez de resistir aos fatos.

Compreenda que muitas vezes somos encorajados a ceder à culpa ou à vingança, em vez de aceitar a situação como ela é, trabalhando para melhorá-la, se possível, aprendendo com ela em qualquer circunstância. Quando reconhecer seus sentimentos negativos, use-os como ferramentas para aprender suas lições e trabalhar seu carma. Não os utilize para inventar uma história sobre como você foi prejudicado, porque isso só prolongará seu sofrimento.

Para ser verdadeiramente sábio, precisamos aprender também a buscar a sabedoria do Divino. Você pode fazer isso dando ouvidos à sua intuição em vez de deixar que sua mente racional assuma o controle. A mente tende a ignorar a evidência de que não sabe tudo o tempo todo. Arrogantemente, seguimos adiante e agimos antes de ouvirmos a Deus. É isso que nos leva a decisões impulsivas e erradas.

Para escutar a voz da sua intuição, você precisa desacelerar, ficar em silêncio, e então prestar atenção a qualquer sensação incomum em seu corpo, ou de que algo em seu corpo não parece bem. Todos temos uma linha de comunicação aberta com Deus, cuja sabedoria desconhece limites, mas temos dificuldade de ouvi-lo e desprezamos as mensagens Dele.

Sua intuição pode lhe dizer que a situação ou relação presente é tudo aquilo que parece ser, ou prenunciar o que vai acontecer no futuro. No âmbito divino, as regras do tempo não se aplicam. Quando você alcança a sabedoria sagrada, é capaz de saber coisas sobre o futuro (e sobre vidas passadas também). Nunca feche a porta para a sabedoria interior e não diga a si mesmo: "Eu devo estar imaginando coisas." Acredite nela, escute com atenção e siga sua orientação.

Você pode pensar muito e não encontrar evidências de que sua intuição está certa, mas está, porque a intuição vem de Deus. Na manhã ensolarada de 11 de setembro de 2001, eu estava me dirigindo a Manhattan depois de deixar minha filha no colégio em Long Island, quando, de repente, percebi que havia alguma coisa errada. Acomodei-me com esse sentimento e tentei escutar alguma mensagem do Divino. O que ouvi foi a voz da minha mãe, implorando para que eu voltasse para casa e ligasse a televisão. No entanto, se eu deixasse meu consciente, racional, tomar conta, teria dito a mim mesma: "Que pensamento ridículo. Por que eu mudaria meus planos, cancelaria meus compromissos e voltaria para casa no Queens para assistir ao noticiário? Vou ignorar essa mensagem." O motivo que me leva a estar aberta às mensagens dos espíritos do outro lado é o mesmo que me permite acessar meu subconsciente e minha intuição, o portal para toda sabedoria do âmbito espiritual. Como confiava na minha intuição, escutei a mensagem da minha mãe. Manobrei o carro, voltei para casa, liguei a televisão e vi que um avião acabara se chocar contra o World Trade Center. O telefone começou a tocar. Eram os repórteres que me conheciam, perguntando se eu tinha alguma ideia do que estava acontecendo — mesmo antes do choque do segundo avião e de todos saberem que havia algo de muito errado em curso. Disse a todos eles o que intuí:

que eram quatro aeronaves tentando nos atacar; uma delas se dirigia à Casa Branca e outra ao Pentágono, e que milhares de pessoas morreriam. A mensagem veio de forma tremendamente poderosa para mim.

Quando você se fecha para sua intuição, impede a chegada de conhecimentos que podem ser cruciais, capazes até de salvar sua vida. Impede-se de alcançar a sabedoria que lhe será útil em qualquer situação desafiadora.

Você também pode desenvolver a sabedoria desacelerando, prestando atenção. Meditação, terapia e o ato de manter um diário são ferramentas úteis para desvendar e aceitar seus problemas, abandonar o papel de vítima e encontrar a coragem para transformar seus pensamentos, sentimentos e comportamento.

O que É Transformado Quando Conquistamos e Aplicamos a Sabedoria

Nenhum de nós pode progredir, aprender e curar o carma negativo sem sabedoria. Quando alcançamos a sabedoria e a aplicamos, ficamos calmos e controlados, criamos carma bom e energia positiva. Elevamos nossa vibração energética, e isso ajuda a elevar a vibração da matriz energética que une todas as pessoas e criaturas.

O motivo por trás da calma que a sabedoria nos propicia é que ela nos ajuda a enxergar o papel do nosso nível mais baixo de consciência, nosso ego, que despreza toda a beleza e todo o amor do mundo, nos deixando fixados em sua feiura. Coletivamente, projetamos nossa feiura para o mundo e geramos guerras, fome, doenças e sofrimento.

Escolhendo enxergar a beleza do mundo e aproveitá-la, ver o lado positivo das coisas em vez do negativo, você está sendo muito sábio. Começará a se sentir calmo e em aceitação, expressará paz nas atitudes, nos pensamentos, nas emoções e na maneira como se comunica. Responderá à violência e à agressividade com compaixão.

Adquirir sabedoria é como trabalhar os músculos para fortalecê-los. Primeiro, você precisa se comprometer a ser sábio. Depois, a cada circunstância em que pode escolher entre a sabedoria (sendo amoroso e aceitando a situação) e a necessidade do ego de estar certo e poderoso, deve optar pela sabedoria. Se cometer o erro de ceder ao ego, assim que se der conta disso, precisa se comprometer a ser mais sábio da próxima vez. Você tem que estar determinado a mudar a maneira antiga e pouco sábia de pensar e agir, mas também precisa saber perdoar a si mesmo, e ser bastante paciente.

A paciência é um elemento crucial para se adquirir e manter a sabedoria. É fácil se desencorajar e pensar que você e o mundo têm problemas demais para serem curados, mas essa falsa ideia deve ser rejeitada. Você precisa encontrar coragem e continuar se esforçando para resolver seu carma negativo, e o carma que compartilha com outros, todos os dias. Essa é a única maneira de progredir.

Não somos muito pacientes. Nossa sociedade é bastante acelerada. Sentimos que devemos ser capazes de resolver problemas rapidamente e ajudar os outros a se tornarem mais sábios. Quando estiver impaciente, dê uma olhada na história e em todas as pessoas que precisaram de anos ajudando os outros para se tornarem mais compassivos, compreensivos e justos. Susan B. Anthony, a líder do movimento feminista do século XIX, viveu mais de cem anos, e, ainda assim, apesar de todo seu esforço ajudando as americanas a conquistarem o direito do voto, a emenda que garantia o sufrágio feminino não passou no Congresso até muito tempo depois de sua morte — mas um dia passou. Se ela não tivesse se esforçado durante décadas, levaria muito mais tempo para que o objetivo fosse alcançado. Nunca se sabe quando seus esforços serão recompensados. Amanhã pode ser o dia em que tudo muda. Sua meta pode ser alcançada no dia seguinte à sua morte. Você precisa seguir adiante, continuar fazendo o que sabe que precisa fazer e confiar no tempo do Universo.

Lembre-se, também, de que cem anos eram necessários para que ideias se espalhassem pelo mundo. Agora, isso pode acontecer em segundos! É engraçado como quanto mais rápido a informação se move, mais impacientes ficamos. Compramos um computador novo, com mais capacidade de processamento de dados e o velho, que parecia tão rápido, agora parece lento demais! Precisamos desenvolver sabedoria para compreender como criamos nossos problemas e o que precisamos mudar. E temos que ter paciência para aceitar nossas limitações e o tempo das coisas, mesmo enquanto corajosamente damos continuidade a nosso trabalho de cura.

Quando nos tornamos sábios, inspiramos outras pessoas — mesmo pessoas que não conhecemos, que somente escutaram nossas histórias de triunfo, paciência e aceitação. Você não pode inspirar a todo mundo. Somente as pessoas prontas para chegar a um nível mais alto de consciência serão encorajadas por sua sabedoria. Algumas não estão prontas para se livrar da raiva e de seu papel de vítimas.

Cada boa ação que você pratica, com boas intenções, ajuda a curar o mundo partido e é registrada no céu. Mesmo o menor dos atos de gentileza, desde deixar alguém pegar uma vaga que você viu primeiro até alimentar os passarinhos no inverno, é percebido. Nunca subestime o poder de cura da gentileza.

Seja grato. Expresse sua gratidão. Muitas vezes as pessoas são gentis conosco, mas estamos com tanta pressa que nem reparamos ou dizemos "muito obrigado". Todo dia, meu amigo agradece ao guarda em frente à escola de seu filho quando ele para o trânsito para que atravessem a rua. Eu digo às pessoas constantemente que sou grata por sua presença em minha vida. Criar bom carma dessa maneira nos cura e cura um pouco o mundo inteiro, um pouquinho de cada vez — e um pouquinho é muita coisa.

No momento em que se flagrar sendo cínico ou pessimista, pare. Olhe as bênçãos a seu redor, reserve um tempo para sentir gratidão e agradecer a Deus. Diga "Obrigado por todo o seu amor por mim" a todas as pessoas que lhe ajudarem. Isso fará uma grande diferença em sua capacidade de alcançar a sabedoria.

Sabedoria, Totalidade e Carma

Sabemos que a Lei da Sabedoria trabalha com a Lei da Totalidade, porque quando reconhecemos nossa conexão com toda a criação, não damos mais um valor excessivo ao nosso ego nem nos enganamos acreditando que podemos fazer com que o mundo se adapte às nossas expectativas. Compreendemos e aceitamos os limites do nosso poder, e assumimos a responsabilidade de fazer a nossa parte na cura do mundo.

A sabedoria nos dá o poder de apagar o carma negativo. Fazemos isso ao praticarmos a aceitação e a coragem. Aproximando-nos da sabedoria divina através da intuição, descobrimos o carma que tínhamos medo de encarar. A voz interior que diz "Este relacionamento não parece certo para mim" é um chamado para o reconhecimento de questões cármicas e sua resolução, para que o sofrimento seja evitado.

Lembre-se: a sabedoria não é uma coleção de fatos, e ser sábio não significa que você sabe mais do que qualquer outra pessoa. Sabedoria tem a ver com honestidade consigo mesmo, aceitação e coragem. Se você ficar estagnado analisando suas questões psicológicas, mas não tomar coragem de resolvê-las, permanecerá insensato e cometerá os mesmos erros novamente. Um bom terapeuta jamais deve enfatizar sentimentos de vítima. Em vez disso, deve compreender e aceitar como você se sente, mas ajudá-lo a mudar as atitudes e os pensamentos negativos. De outra forma, você gasta tempo e dinheiro, além de perpetuar sua dor. Quanto mais você trabalhar os seus padrões de comportamento, mais será capaz de tolerar os sentimentos desconfortáveis que experimenta ao olhar honestamente em direção ao que vem fazendo e os pensamentos distorcidos que lhe impulsionam, e menos dor causará a si mesmo.

Sempre recebo clientes em minha clínica que largaram a terapia porque não querem mudar. Não querem que eu os empurre delicadamente para fora de sua zona de conforto, nem os desafie a deixar para trás suas histórias de sofrimento, levando-os ao trabalho árduo de curar o próprio carma. É frustrante quando você consegue enxergar o que uma pessoa precisa fazer, mas não tem o poder de levá-la a isso. Mas quando alguém abandona a terapia porque quer evitar encarar suas questões, a única coisa que posso fazer é abençoá-lo. Eu sei que a próxima pessoa que passar pela minha porta pode ser alguém verdadeiramente aberto à mudança, e não é minha obrigação consertar a tudo e a todos. Num mundo com tantos problemas, pode ser difícil lembrar dessa verdade, mas eu sei que, confiando na Lei do Carma e trabalhando com ela, estou fazendo o meu possível para curar os outros e a mim mesma.

A Lição da Lei da Sabedoria

Aceitação, coragem, gratidão e discernimento são divinos.
Raiva, ciúme, tristeza e julgamento são criados pelo homem.

Deus não quer que soframos. Geramos sofrimento ao escolher viver uma vida mortal e ao criar o carma negativo que precisa ser resolvido. Cada um de nós tem seu carma pessoal, familiar e coletivo. Juntos, compartilhamos um carma global. Esse carma nos causa grande tristeza. Sentimos raiva, inveja, ciúme e desespero, devido à dor que geramos para nós mesmos e para os outros.

Se você vive de acordo com os Princípios Eternos, reconquistará seu poder de abandonar esses problemas criados pelos homens e usará o remédio da sabedoria para curar-se. Deixará de sentir a necessidade de culpar os outros, ou o destino, por seus problemas, e não se verá como uma vítima que tem pouco poder de mudar a própria vida. Será capaz de discernir aquilo que pode e o que não pode mudar e aceitará essa realidade.

Frequentemente precisa-se de muitos anos para se tornar sábio. Os antigos chineses acreditavam que as mulheres alcançam a idade da sabedoria quando seus hormônios não exercem mais grande influência sobre elas. Adolescentes, e suas muitas mudanças hormonais no corpo, são frequentemente confusos e instáveis, incapazes de enxergar com clareza. Pessoas com desequilíbrios químicos também podem ter dificuldade de alcançar a sabedoria, devido à influência de sua bioquímica. Existem muitas razões para que tenhamos dificuldade de alcançar a sabedoria, mas a maioria de nós é capaz de conquistar um pouco de sabedoria a cada dia, se nos alinharmos aos Princípios Eternos. Se uma tragédia nos acomete, temos a chance de crescer a partir dela e nos tornarmos mais sábios do que jamais sonhamos.

Na maioria das culturas ao longo da história, as pessoas encaram os velhos como sábios. Na nossa, não sabemos a quem recorrer, já que tantas pessoas se mantêm presas aos seus carmas negativos. Tornamo-nos descrentes dos padres e dos líderes porque eles muitas vezes traíram nossa confiança ou se provaram pouco sábios. Temos muita informação disponível em livros, na mídia e na internet, mas muito poucos guias sábios. Se pelo menos houvesse um Canal da Sabedoria na televisão! Afinal, se podemos assistir a tantos canais de esporte e programas de culinária, não deveríamos ter um canal dedicado à importante busca da sabedoria?

Se você tiver sorte suficiente para encontrar uma pessoa sábia que possa lhe aconselhar e ajudar a desenvolver sua própria sabedoria, isso é maravilhoso. Se não, comprometa-se a despender tempo regularmente para ser observador da própria vida. Perceba seus sofrimentos e explore-os para poder aprender com eles. Você pode escolher parar de se prender às leis dos homens, às emoções negativas e deixar de lado sua história de vítima de todo tipo de problemas. Reivindique seu direito de nascença de ser uma pessoa sábia e corajosa, capaz de tomar boas decisões, que não foge da dor, mas passa por ela para encontrar a lição escondida que ela oferece, e transforme seus problemas em solo que alimenta lindas flores.

Capítulo 4

O QUARTO PRINCÍPIO ETERNO:

A Lei do Amor

O amor puro e incondicional cura nosso carma, nosso ódio e remete à nossa natureza divina.

À união de mentes sinceras
Não admito barreiras. Amor não é amor
Se a cada tropeço se altera,
Ou se dobra aos desafios do desafiador.
Ah, não! O amor é um marco constante
Enfrenta tempestades, é inabalável;
Como a estrela-guia de um barco errante,
Que desconhece seu valor incontestável!
Embora o colorido dos lábios tenha fim,
O amor não é refém do tempo, é eterno
As breves horas e semanas não o afligem:
Ele suporta tudo até as portas do inferno
Se estiver equivocado, prove-me quem for,
Então nunca escrevi um verso, e ninguém jamais amou.

— WILLIAM SHAKESPEARE, *Soneto 116*

Shakespeare capturou eloquentemente a natureza da beleza do amor divino incondicional — o amor que é nossa herança natural. Infelizmente, damos as costas à Lei do Amor e nos associamos ao julgamento, ao ódio e à crueldade. Quando amamos os outros, amamos condicionalmente. Todos dizemos "Eu te amo" ao parceiro e clamamos amor à humanidade, mas quando as pessoas nos desapontam com suas imperfeições, rapidamente recolhemos nosso amor.

Estamos aqui na Terra para amarmos uns aos outros, não importa quão desafiador seja o ato de amar. Não estamos aqui simplesmente para sobreviver a mais um dia. Odiamos, prejudicamos e matamos por causa do nosso medo de que se não ferirmos, seremos feridos primeiro, e nosso ego tem a obsessão de sobreviver a qualquer custo. Nossa alma é muito mais sábia que nosso ego. Ela sabe que a sobrevivência física não é tudo. Sabe que é melhor amar e arriscar a morte do que sobreviver a qualquer custo. Nossa alma é capaz não somente de amar alguém de quem gostamos muito, mas de amar incondicionalmente a todos, inclusive àqueles que nos ferem ou agem com crueldade.

As Maneiras como Amamos

O amor tem diferentes formas: você pode sentir amor pela sua família, por si mesmo, sua comunidade, seu ambiente, seu trabalho, seus vizinhos, seus animais de estimação, seu companheiro ou sua companheira, seu deus, seu povo e por aí afora. Mas o amor puro, divino, é uma força motriz natural, um estado mental de consciência que poucos realmente alcançam. Requer um alto nível de aceitação, de coragem e de fé: aceitação das pessoas e das situações, coragem para fazer o que é certo, mesmo quando é doloroso ou arriscado, e fé de que o carma, finalmente, trará a justiça, para que não haja a necessidade de juízes e jurados em nenhuma circunstância.

Muitas vezes, quando pensamos em um amor poderoso, pensamos em romance. O amor romântico pode inspirar grande bondade e compaixão. Quando você se apaixona e o mundo parece mágico, descobre-se agindo amorosamente com todo mundo. No entanto, seu ego pode entrar rapidamente no caminho; você foca em tudo o que não gosta em seu parceiro e deseja um relacionamento perfeito e livre de problemas o tempo todo. Quando você se desaponta com um relacionamento, precisa prestar atenção nas falsas expectativas. Abrir mão da pena de si mesmo e comprometer-se a aceitar seu parceiro exatamente como ele ou ela é. Aprenda o que puder com suas relações. Caso contrário, suas objeções ao companheiro se somarão e você criará mais sentimentos e pensamentos negativos, diminuindo, assim, a luz do seu amor.

Por mais difícil que seja amar incondicionalmente aqueles de quem gostamos, é ainda mais difícil amar e aceitar pessoas de quem não gostamos. Essas pessoas representam um desafio, oferecem-nos a oportunidade de crescer e aumentar nossa capacidade de aceitação e amor. O mais difícil, no entanto, é sentir amor incondicional por aqueles que nos feriram. Mas é nossa obrigação amá-los mesmo assim.

O amor puro, não corrompido pelas condições que normalmente associamos a ele, é incrivelmente poderoso e curador para nós mesmos, para os outros e para o mundo. O amor divino, autêntico, não é afetado pela leis dos homens. O amor verdadeiro é transcendental. Permite-nos ir além do medo, da raiva, da tristeza. Faz com que percebamos que não devemos odiar ninguém e que não existe desculpa para a crueldade.

O amor cura. Inspira palavras e ações que estão alinhadas com as leis divinas. Quando sentimos amor genuíno, nos energizamos e nos tornamos criativos. Vemos soluções em vez de problemas e aprofundamos nossa sabedoria e nossa compreensão. Agimos com bondade.

O amor nos lembra de nossa conexão com Deus e com o próximo, cura nossa dor ao nos sentirmos sozinhos e alienados, dá-nos coragem para estendermos a mão aos outros com compaixão, apesar da possibilidade de sofrermos. O amor expulsa nossos medos e nos permite desistir da necessidade de controle. Liberta-

-nos da ansiedade e do instinto de defesa, além de destruir nossas emoções e nossos pensamentos negativos.

Usamos a palavra "amor" com tanta frequência que esquecemos o que é o amor verdadeiro. "Amamos" uma roupa que vemos na vitrine de uma loja, "amamos" receber um aumento no trabalho. Quantas vezes meus clientes insistem que se apaixonaram por alguém que acabaram de conhecer, e algumas semanas depois me dizem que os odeiam. Perguntam-se: "Onde é que eu estava com a cabeça?"

Amor verdadeiro, autêntico, divino é incondicional, nunca domina ou é dominado. Quando você diz coisas como "Eu amo a minha irmã, mas até ela concordar comigo e admitir que está errada, vou continuar de mal com ela", você está condicionando o seu amor. Mas quando é capaz de dizer "Nós discordamos, e, apesar de achar que está errada, eu a amo e aceito que nem sempre ela veja as coisas da minha maneira", vivencia amor autêntico. O amor verdadeiro é um convite para que todos vivenciem o amor incondicional.

Amor Incondicional versus Emoções Negativas

O amor puro jamais cria emoções negativas, ele as cura. Contrariamente, ceder à raiva, ao ressentimento, ao ciúme, ou à tristeza enfraquece a luz poderosa do amor. Imagine um copo de água fresca e cristalina sob o sol, depois adicione uma colher de sujeira e mexa. O copo inteiro fica poluído. Perde sua transparência, sua pureza, e a luz do sol não pode brilhar através dele. Isso é o que acontece com o amor quando o manchamos com emoções pesadas, sombrias, negativas.

Como todos nós temos carma, sempre haverá momentos em que seremos atingidos por emoções negativas e não tão amorosas quanto deveriam ser, e sempre teremos desculpas para nossos comportamentos perversos e destrutivos. Nos comentários via internet ou pelas costas de alguém, é mais fácil ser maldoso, porque não precisamos olhar nos olhos da pessoa que estamos prejudicando ou ferindo. É muito mais difícil justificar nossa crueldade quando a expressamos cara a cara.

Para nos alinharmos à lei divina, precisamos nos comprometer a reconhecer os momentos em que não amamos o outro incondicionalmente e não agimos de acordo com o Princípio Eterno do Amor. É nesse momento que precisamos dar um empurrãozinho em nós mesmos para que amemos mais perfeitamente, não importa quão difícil seja essa tarefa. Não podemos deixar que nossas emoções negativas nos guiem, ou desafiaremos a divina Lei do Amor.

Quando você ama incondicionalmente, não sente raiva ou pesar, mas alegria e excitação. Você deseja ser bem-sucedido e, mesmo assim, fica tão feliz com o triunfo alheio que não se importa se terá ou não crédito pelo que conquistou. Seu ego não se coloca no caminho da sua cura e do seu amor pelos outros. Toda vez que você escolher amar apesar do medo ou de outra emoção negativa, seu amor se tornará mais limpo de imperfeições. Você se sentirá cada vez mais forte e mais amoroso. O amor incondicional permite que você tenha uma sensação de bem-estar mesmo quando as circunstâncias são confusas, problemáticas, e lhe proverá coragem e sabedoria.

Por que É tão Difícil Amar Incondicionalmente?

Jesus disse: "Ama teu próximo como amas a ti mesmo", mas achamos muito difícil fazer isso. Primeiro temos que nos amar incondicionalmente e abandonar qualquer crença dolorosa à qual estejamos apegados, como "Não sou uma boa pessoa" ou "Não mereço ser feliz". Problemas com a autoestima só podem ser curados se a gente se ama incondicionalmente. Precisamos ser capazes de amar e aceitar a nós mesmos como somos, agora, neste momento. Somente então podemos esperar amar os outros incondicionalmente.

Quando nos esquecemos da Lei da Totalidade, nos tornamos autocentrados ou nos fixamos exclusivamente em nós mesmos e nas pessoas à nossa volta. Esquecemos nosso dever de amar a todos, independentemente de seu comportamento ou de gostarmos da pessoa, ou sequer conhecê-la. Nossa intenção não é ser cruel, mas muitas vezes somos omissos em relação ao efeito de nossas atitudes sobre estranhos que talvez nem conheçamos. Não pensamos nas crianças que desenvolvem asma devido à poluição extra, gerada sempre que saímos de carro sem necessidade. Não temos compaixão pelos inimigos que foram feridos ou mortos em guerra, ou que perderam suas casas porque escolhemos invadir seu país. Evitamos pensar sobre eles, porque não gostamos de admitir que prejudicamos outras pessoas.

Seja porque ferimos alguém que conhecemos ou porque criamos carma negativo no mundo sendo egoístas, negligentes ou cruéis, pessoalmente ou fazendo parte de um grupo, é doloroso imaginar que nos comportamos mal. Para nos curarmos, e aos outros, precisamos nos abrir aos sentimentos de desconforto e sofrimento. Precisamos ser honestos conosco mesmos sobre o que fizemos e o que estamos fazendo. Muito frequentemente, ignoramos os sofrimentos que causamos para os outros, até que nosso carma nos força a lidar com isso, trazendo à tona situações que também nos fazem sofrer terrivelmente.

O que Acontece Quando não Amamos Incondicionalmente?

Quando condicionamos o amor, tentamos controlar o que está além do nosso controle. Podemos segurar o nosso amor na tentativa de fazer com que os outros concordem com nosso ponto de vista, ou até que se comportem da maneira que desejamos. Criticamos, punimos e geramos muito estrago em nossas vidas, porque destruímos relacionamentos e ferimos o sentimento dos outros. O amor incondicional é expansivo e aberto; ele aceita, não reprime. Quando você o rejeita, tranca a si mesmo e aos outros numa prisão e depois perde as esperanças de encontrar a chave que lhe permitirá escapar do sofrimento. A chave é o amor incondicional.

Quando não amamos os outros incondicionalmente, enviamos uma mensagem que diz que não somos merecedores de amor. Esses recados negativos não motivam a cura de ninguém. Pelo contrário, fazem com que as pessoas se sintam tão mal que aumentam sua resistência à honestidade pessoal, à cura e à transformação. Elas podem lutar contra, se recolher e se esconder. A única maneira de ter qualquer esperança de levar alguém a um estado mais amoroso e saudável é o amor. A única cura para a escuridão é a luz. Adicionar mais escuridão a uma situação só faz com que tudo fique mais sombrio.

Quando você não se ama incondicionalmente, nem aos outros, polui seu pequeno canto do mundo. Imagine-se conectado a todos os seres e todas as criaturas num círculo de energia. Toda vez que gera escuridão através de pensamentos, sentimentos e atitudes não amorosos, enfraquecerá a energia naquela parte do círculo e criará um canto obscuro.

O tratamento que damos aos outros e a nós mesmos afeta a liderança no mundo e as ações de grandes grupos de pessoas. Se você tem raiva do seu vizinho porque acha que ele não cuida bem da própria casa e, com isso, desvaloriza a sua propriedade, deve tentar conversar com ele. Se ele for totalmente resistente, você pode dizer-lhe calmamente que sua falta de ação não oferece alternativa que não seja pedir que os outros condôminos reforcem as condições de manutenção das propriedades. Mas se você correr ao síndico para fazer uma reclamação formal antes de falar com ele, será como uma declaração de guerra. Como podemos gerar paz no mundo se somos tão rápidos em declarar guerra aos outros? Ser amoroso requer a superação de nossos medos de confronto e desaprovação. Naturalmente há momentos em que se deve comunicar com o outro através de um intermediário para sua própria segurança, mas frequentemente as pessoas enxergam o vizinho como um inimigo e desistem de tentar conversar para resolverem seus desacordos. Você pode descobrir que seu vizinho não pintou a porta ou consertou as janelas quebradas porque não tem dinheiro para fazer a manutenção da propriedade.

Às vezes, os outros não estão muito interessados em estar em paz conosco ou em encontrar um ponto de acordo. Se você ama incondicionalmente e aceita alguém de quem discorda, mesmo que não enxergue sinais de que a pessoa esteja interessada em retribuir o seu amor, ou tratá-lo bem, existe uma grande chance de que você promova tranquilidade para sua vida e seu canto do mundo. Pergunte-se quão importante é fazer aquela pessoa agir como você quer.

Pode ser difícil ter paciência e aceitar a situação quando você vê tanto sofrimento e tanta injustiça no mundo, e quando você está sofrendo. Mas se permitir que seu ego interfira, impedirá a si mesmo de curar sua alma e resolver seu carma. Você será incapaz de contribuir para a cura do planeta e da humanidade.

O ego gera impaciência e arrogância. É nossa voz interior que diz: "Se pelo menos todo mundo se adequasse à minha visão do mundo, poderíamos ter paz e harmonia." Nosso ego quer que desejemos pressionar os outros para que vejam as coisas da nossa maneira — para seu próprio bem! Provocação, intimidação, sarcasmo e repressão jamais levarão à paz e à harmonia, mas nosso ego continua nos arrastando para comportamentos beligerantes. Não usamos a religião como uma ferramenta de cura e crescimento espirituais, mas como arma contra os outros. Insistimos que nosso sistema de crenças é o certo e destratamos aqueles que discordam de nossas ideias sobre Deus, o que é uma violação da divina Lei do Amor.

Nossa arrogância e desrespeito aos outros atingiram níveis em que a Terra está se rebelando. O aumento na quantidade e na intensidade dos terremotos, tsunamis, furacões e ciclones é resultado de nossas vibrações negativas que adoecem a Terra. Temos que evoluir para salvar nosso planeta. Acredito que, se gente suficiente começar a viver em conformidade com o amor verdadeiro e com a compaixão, preveniremos a destruição de nosso planeta e da raça humana. Devemos trabalhar arduamente para nos alinharmos à lei divina em vez de às leis humanas.

Controle Suas Emoções para que Possa Amar Incondicionalmente

Se não nos alinharmos ao Princípio Eterno do Amor e amarmos todas as pessoas, inclusive nós mesmos, sem condições, nossos egos assumirão o controle e nos sentiremos inseguros e amedrontados. O medo leva ao pecado. Você pode não querer ferir ninguém conscientemente, mas se convence de que não tem problema ser desonesto, manipulador, até mesmo abusivo, porque, no momento, controlar as pessoas lhe dá a sensação de poder.

Podemos tentar justificar nosso egoísmo ou nosso comportamento prejudicial em vez de admitir que estamos fazendo algo errado e tentarmos nos corrigir. Depois, nos sentimos péssimos pelo que fizemos, o que faz com que desgostemos de nós mesmos, logo, evitamos a dor de nossa culpa empurrando essa emoção para o subconsciente. Quanto mais cedemos à necessidade egoísta de estarmos certos e no controle da situação, aceitando suas desculpas para sentimentos negativos, pensamentos egoístas e atitudes prejudiciais, mais dificilmente voltaremos ao amor puro e autêntico por nós mesmos e pelos outros.

Emoções negativas são muito poderosas e podem afastar qualquer um da luz do amor em direção à escuridão do medo, da raiva e do desespero. Muitas pessoas crescem em famílias que não ensinam a reconhecer e lidar com as emoções. Agem sem amor mesmo quando não desejam verdadeiramente ferir alguém. Precisam de orientação para aprender como deixar de se levar pelos sentimentos. Administrar emoções negativas é uma habilidade que qualquer um pode aprender através de terapia, livros de autoajuda e workshops, se quiserem comprometer tempo e esforço.

Adolescentes têm ainda mais dificuldade com as emoções porque os hormônios podem intensificar seus sentimentos. As variações de humor que experimentam podem ser tão assustadoras quanto os pais e os irmãos. De uma hora para outra o jovem está raivoso, triste ou inseguro, sem saber por quê. Se não lhe é mostrado como aceitar e trabalhar esses sentimentos, ensinado que todas as emoções são temporárias e cederão, ele pode entrar em pânico e começar a reprimir seus sentimentos. Para diminuir a dor, um adolescente pode beber, se drogar, até mesmo se ferir.

Adolescentes, como muitos adultos problemáticos, não têm controle de seus impulsos. A parte de seu cérebro que permite maior racionalidade e autocontrole não está completamente desenvolvida. Agem no momento, sem realmente compreender as consequências de seus atos. Às vezes cometem violência contra si mesmos ou outros, porque não têm maturidade suficiente para compreender de fato o que a morte significa. Os pais, compreensivelmente, se apavoram diante de sua falta de juízo e tentam controlar os filhos através de punições e regras. Podem julgar rápido demais e parar de escutar com atenção o que seus adolescentes estão comunicando. Mesmo quando querem ouvir o que os filhos têm a dizer, pode lhes parecer um desafio, porque adolescentes podem ser inseguros, tímidos ou inarticulados.

Nunca é tarde demais para começar a ensinar às crianças como identificar seus sentimentos e reconhecer que eles não são tão poderosos no final das contas, e podem ser controlados. Mas se você é um pai que quer ensinar tal lição, deve aprendê-la primeiro, senão, não terá credibilidade alguma.

Se você é um adulto lutando contra o vício ou comportamento autodestrutivo, pode ser que nunca tenha aprendido a se amar incondicionalmente. Se não se ama incondicionalmente, a dor de se odiar pode ser tão intensa que você acha que deve expulsá-la bebendo, jogando, ou comprando coisas que não pode pagar. Todos esses comportamentos só piorarão sua situação e criarão mais dor para você. É preciso começar a curar a si mesmo e a seu carma, amando-se pelo que você é.

A Arte de Amar Incondicionalmente

Para experimentarmos o amor incondicional por nós mesmos e pelos outros, precisamos parar de olhar para nós mesmos e nossos problemas. Pessimismo e reclamação nos afastam de sentimentos de amor e repelem aqueles que nos amam. Não estou dizendo que você não tem razão alguma para estar infeliz. Todo mundo tem problemas, e algumas pessoas se defrontam com grandes desafios na vida. Conheço pessoas que sofrem há anos de dores crônicas, que foram vítimas de violência ou abuso, ou experimentaram perdas consecutivas. A vida é muito difícil para alguns, mas a receita para a cura continua sendo a mesma para todos. Emoções negativas sempre enfraquecem a luz do amor, enquanto as positivas nos levam a amar mais facilmente.

Para afastar sua mente das próprias queixas, concentre-se nos outros e em suas necessidades. Seja voluntário para ajudar outras pessoas. Existem oportunidades em toda parte. Cada vez que você age de maneira generosa em relação a alguém que está doente ou sob estresse, você se conecta com seus sentimentos amorosos e se sente fortalecido. É fácil cair na armadilha de pensar que se não pode consertar todos os problemas do mundo, pode muito bem não fazer nada. Mas qualquer pequeno passo que dê em direção à sua própria cura ou à cura dos outros pode ser significativo e afastará você do hábito de sentir pena de si mesmo.

Ame-se incondicionalmente. Compreendendo que você, assim como todo mundo, tem que viver sob a Lei do Carma, e assim começará a enxergar por que se comporta de maneira que faz com que sinta culpa ou vergonha depois. Você deve se amar e perdoar incondicionalmente. Somente depois você será capaz de romper com os maus hábitos e agir mais amorosamente.

Amando-se e aceitando-se, você se abre ainda mais para o amor e acha mais fácil ser gentil e compassivo com os outros. As pessoas quererão estar perto de você e fazer coisas que diminuam o peso que você carrega. Sentimentos de isolamento e pessimismo desaparecerão quando você descobrir que amar e aceitar a si mesmo são comportamentos que atraem pessoas que também vivem sob essas regras.

Amor incondicional por si mesmo e pelos outros apaga carma negativo e gera saúde e equilíbrio para a sua vida. Ele realmente ajuda seu corpo a curar-se e melhora seu sistema imunológico. Permita que seu amor flua livremente em vez de bloqueá-lo com orgulho e enfraquecer sua claridade com os poluentes que são a raiva, o ressentimento, a inveja, o ciúme e a depressão. Quando você começar a experimentar o bem-estar, será mais fácil agir de maneira amorosa para consigo e para com os outros, mesmo quando estiver em meio a uma crise. Cuidado e gentileza fluem a partir do amor incondicional.

A maneira como amamos quando permitimos que nosso ego assuma o controle é um tipo falso de amor. Faz com que sejamos extremamente controladores e criemos sofrimentos para todo mundo. O amor autêntico une as pessoas, afastando o medo. Nos conectamos uns com os outros de maneira muito poderosa energeticamente quando experimentamos essa forma divina de amor. Na verdade, se você está no leito de morte de alguém que ama profundamente, e diz isso a ele, essa pessoa provavelmente ficará viva em vez de atravessar para o outro âmbito, porque você está estendendo sua linha da vida. Ela se segurará à vida para seu bem. É por isso que muitas vezes as pessoas dizem "Não acredito que fiquei ao lado de minha mãe o tempo todo, e, no minuto em que saí do hospital para tomar um café, ela morreu". Isso acontece porque, mesmo quando alguém está em coma, sua alma está consciente da conexão de amor e não terá coragem de quebrá-la até que você o faça ou lhe dê permissão, dizendo "Estou aqui, amo você, e vai ficar tudo bem se me deixar agora". Amar incondicionalmente significa deixar a pessoa ir, para que seu sofrimento na Terra tenha fim.

Nossa conexão com outras pessoas, inclusive estranhos, se torna aparente quando amamos incondicionalmente. Começamos a nos preocupar com a maneira como nossas ações afetam o outro. Não é que sintamos culpa o tempo todo, mas temos consciência do que estamos fazendo. Outro dia minha amiga e eu estávamos numa farmácia, prontas para ir embora, e ela disse: "Vamos na caixa da sessão de cosméticos, comprei maquiagem, e eu sei que a caixa de lá ganha comissão quando registra a compra." Ações conscientemente generosas como essa lhe serão simples e naturais quando você se conecta ao amor e passa a amar mais perfeitamente. Você enxergará oportunidades para ser compassivo e se sentirá generoso. Deixará de ver a si mesmo como mais uma vítima das circunstâncias num mundo descuidado e deixará de pensar "Não posso me preocupar em ajudar os outros. Já tenho muitos problemas para resolver. Outra pessoa que lide com isso. É muito inconveniente ser gentil e generoso neste momento".

Amar incondicionalmente é mais fácil quando você tem sabedoria. A sabedoria permite que enxergue de modo mais claro, que se distancie de uma situação e de seus sentimentos de dor e raiva, e observe o que realmente está acontecendo. Permite que você despersonalize o comportamento negativo das pessoas. Você verá que elas estão reagindo por medo e têm suas próprias questões cármicas para resolver que podem não ter nada a ver com você. A pessoa que é rude pode ter medo de sofrer, caso não tenha o controle de todas as situações. Ame-a e não permita que a negatividade dela diminua seu amor. Quando foi crucificado, Jesus disse: "Perdoe-os, Pai, porque não sabem o que fazem." As pessoas agem movidas por medos inconscientes, raiva e desprezo por si mesmas o tempo todo. Podem, de fato, não estar alertas quanto à crueldade que cometem, e se você alertá-las, talvez entrem em profunda negação para evitarem a dor de sofrer ao encarar suas questões.

A sabedoria permite que percebamos que não podemos forçar as pessoas a serem honestas consigo mesmas ou conosco. Você pode ser brilhante ao analisar o problema de alguém e capaz de explicar o que pensa que lhes causa certos comportamentos, mas isso pode não ter efeito algum em sua negação ou falta de consciência. Sendo eu alguém que aconselha pessoas, preciso ter sabedoria para aceitar que não posso mudar ninguém. Só posso encaminhar o cavalo à água; não posso obrigá-lo a bebê-la!

Na verdade, muitas pessoas têm questões psicológicas profundamente enraizadas que os mais experientes e altamente capacitados psicólogos do mundo seriam capazes de ajudar a curar. Ame os outros, aceite-os como são e reze por eles, mas não deixe que o ego interfira e lhe diga: "Compreendo o que está errado com tal pessoa. Explicarei o que está fazendo errado e que é melhor consertar as coisas, senão..." Esse tipo de atitude não reflete amor e somente causará mais sofrimento.

Quando ofereço esse conselho às pessoas que estão sofrendo com o comportamento de alguém, normalmente escuto: "Não posso fazer isso. Não posso aceitar essa situação. Não sou Jesus Cristo." Nenhum de nós é, amar como Ele amou deveria ser nossa meta.

Para facilitar o amor incondicional, comece compreendendo que lhe falta tal meta. Você se sentirá melhor imediatamente. Católicos praticam a confissão para se limparem da negação, da culpa e do desprezo por si mesmos, para que possam amar mais perfeitamente e agir de maneira mais amorosa para consigo e para com os outros. Quando você está num estado de espírito mais amoroso, descobre maneiras de melhorar a situação. Encontra coragem de ligar para alguém e dizer "Desculpe" e é capaz de aprender a lição que seu sofrimento tem a ensinar.

Se a pessoa em questão não aceita seu pedido de desculpas ou é capaz de perdoá-lo, aceite isso. Encare-os com amor e reconheça que, não sendo capaz do perdão e de passar por cima do que aconteceu, ela está se apegando ao sofrimento. Tenha compaixão. Permita que a pessoa mude quando for o momento para ela.

Às vezes parece que as pessoas jamais mudarão, mas sempre há esperança. Tive uma cliente muito infeliz no casamento porque seu marido era cruel e duro, mas ela não queria deixá-lo porque era dependente dele financeiramente. Perguntou-me sobre o futuro dele, e eu disse que ele não viveria uma vida muito longa, mas que algo trágico lhe aconteceria para que se tornasse uma pessoa mais amorosa e gentil. Minha previsão enfureceu-a e ela parou de me ligar, mas alguns anos depois ela me procurou novamente e disse que seu marido tivera um câncer diagnosticado e passara por uma transformação impressionante. Encarar a morte abriu seu coração e o tornou alguém mais amoroso, cuidadoso e generoso. Antes de morrer, ele foi capaz de resolver seu carma e fez com que seus últimos anos fossem felizes.

Nem todo mundo faz essa virada, no entanto, sendo esse o motivo de ficarmos tão maravilhados quando vemos mudanças milagrosas nas pessoas. A maioria de nós precisa trabalhar metodicamente por muitos anos para curar o carma e parar de se comportar de maneiras que trazem sofrimento. Curar a si mesmo exige paciência, trabalho duro e tempo, o qual nos permite ter perspectiva e sabedoria, além de ajudar a fazer com que nossos sentimentos negativos desapareçam. Cada uma tem o próprio tempo de cura, e algumas pessoas são mais fortes que outras. Amor incondicional, sabedoria e compreensão da Lei do Carma facilitam a aceitação de que você só pode mudar a si mesmo, não aos outros, e mesmo assim a transformação não é fácil.

Para amar incondicionalmente, precisamos começar nos aceitando, e aceitando as pessoas como elas são agora. Temos que reconhecer que cada um tem sua jornada espiritual e cometerá erros. Ceder à raiva, ao desespero, ao ódio, ao julgamento e à frustração prolonga o sofrimento de todo mundo.

Nossa resistência à aceitação das coisas como elas são baixa nossa vibração e nos afasta do amor divino. Não importa o quanto tentemos forçar uma situação, não podemos transformá-la até que nos curemos.

Minha cliente Theresa tem um filho que se chama Michael e é casado com Sandy, uma moça gentil e trabalhadora. Sei que Sandy é uma boa pessoa porque a encontrei algumas vezes, mas Theresa tem um histórico de descobrir desculpas para não gostar das parceiras românticas de seu filho. Theresa criticava Sandy com tanta frequência e começou tantas guerras com Michael que, finalmente, ele se cansou. O filho dele e a mulher pararam de falar com Theresa e o marido, que se aliara à mulher. A ausência do filho causa muita dor à mãe, mas seu ego não permite que ela admita ser a criadora desse sofrimento. Ela não consegue enxergar que não é o filho quem precisa mudar. Se ela quer ter alguma esperança de consertar seu relacionamento com o filho, precisa curar-se primeiro. Ela precisa compreender por que tem tanta necessidade de controlar e julgar os outros, a ponto de afastá-los. Recentemente, Theresa começou a brigar com a filha, dizendo que o namorado dela "não é bom". Até que Theresa ame e aceite incondicionalmente a si mesma, continuará sofrendo e agindo da mesma maneira destrutiva.

Uma das maneiras de descobrir o que você precisa curar dentro de si mesmo é prestar atenção às pessoas que mais o aborrecem. Elas normalmente são espelhos das questões que você ainda não encarou. Se não suporta a teimosia de seu filho, preste atenção à sua teimosia. Atente, também, para a maneira como lidou com a teimosia dos outros. Se seu pai tinha que ter as coisas feitas à maneira dele, seus parceiros românticos não consideram seus sentimentos ou suas necessidades, e seus chefes não dão ouvidos às suas ideias, o problema pode ser sua necessidade de ser mais forte e não se adequar ao que os outros querem. Você pode ter o hábito de reagir excessivamente a qualquer sinal de teimosia, porque pensa: "Ah, não, essa pessoa vai me fazer de joguete, vai fazer misérias comigo." Enquanto você acreditar nisso, não entrará em acordo com o outro. Você ficará preso à resistência e ao sofrimento, e a teimosia continuará sendo uma questão impossível para você.

É preciso muito amor para substituir o medo, a raiva, a resistência, para criar harmonia com os outros. O amor incondicional aproxima as pessoas, mesmo quando somente uma delas está ávida por amar incondicionalmente. Quando em estado de aceitação e amor, não só você derrete as próprias energias negativas como ajuda os outros para que abandonem o medo, a raiva, o ressentimento e o desespero. Você se cura, e aos outros, mudando a vibração de energia e elevando-a a um nível muito mais alto.

Quando Jesus disse "Ame seu inimigo", Ele compreendia o quão difícil isso pode ser. Ele não disse: "Ame seu inimigo, a menos que ele seja realmente terrível e que amá-lo seja muito arriscado, caso em que você está liberado." Ele também não disse: "Ame seu inimigo e deixe que pise em você, cruze suas fronteiras e lhe maltrate." A maneira de amar incondicionalmente sem ser ferido de forma terrível é ter clareza quanto às próprias fronteiras e limitações, ser honesto consigo mesmo quanto às suas fraquezas e necessidades, e aceitar que você pode não ser capaz de influenciar as pessoas para que mudem.

O mesmo se aplica aos problemas internacionais. As pessoas dizem muitas vezes: "Não se pode argumentar com terroristas", o que é verdade, mas ninguém está dizendo que essa é a única maneira de amar incondicionalmente os inimigos. O que podemos fazer é amar os terroristas o suficiente para estabelecer fronteiras firmes e fazer nosso melhor para impedir que criem carma negativo. Ao mesmo tempo, precisamos ter empatia com suas frustrações, seus medos e desejos de controlar a todos. Se pudermos fazer isso, podemos compreender o motivo de se tornarem terroristas e evitar mais efetivamente que outros deem as mãos à violência e ao fanatismo religioso. Podemos inspirar pessoas que interagem com terroristas para que os vejam como realmente são — uma força do mal — e influenciá-los para que deixem de apoiar o terrorismo. Precisamos desarmar o terrorismo como se desarma uma bomba, com cuidado e precisão, em vez de confrontos violentos. É preciso coragem para encarar problemas de difícil solução. O mal acontece quando as pessoas dão as costas e dizem: "Não é problema meu e não quero correr o risco de me manifestar." Terroristas têm família e amigos que talvez os inspirem a parar de criar carma negativo. Mesmo que não possamos fazer nada para influenciar os terroristas — criminosos, ou qualquer um que seja uma força maligna —, podemos influenciar aqueles à sua volta. Praticando o amor incondicional e agindo de maneira amorosa, inspiramos outras pessoas a fazerem o mesmo, a abraçar o amor em vez do ódio e a combater o mal. A escuridão do mal desaparece quando trazemos à tona o poder da luz e do amor.

Muitas vezes caímos na ideia criada pelo homem de que o poder está com a força em vez de estar com o amor. Amor e bondade sempre são mais poderosos que a força. Mas temos tanto medo da dor que podemos sentir se a situação não se desdobrar da maneira que queremos, que nos cegamos à verdade. Temos tanto medo do sofrimento que rapidamente nos juntamos à batalha, tentando vencer qualquer um que julguemos nosso inimigo. Nosso medo, nossa raiva e a vingança nos enfraquecem, e nos tornamos cínicos e deprimidos quando vemos o quanto somos impotentes para influenciar os outros através da força.

Você pode trabalhar em direção ao objetivo de amar perfeitamente buscando ser mais amoroso a cada dia, a cada momento. Reze por todos que estão doentes ou sofrendo e mande seu amor para eles. Toda vez que ouvir que algo terrível está acontecendo no mundo, pare e crie um sentimento de amor, e deseje que cada pessoa sinta o amor dentro do coração. Quando estiver com raiva, ou ferido, pare, perdoe-se e aos outros, e gere um sentimento de amor. Nunca vá para a cama com raiva. Crie um sentimento de paz quando estiver prestes a dormir e quando você acordar dê vazão ao amor para começar o seu dia.

A Lição da Lei do Amor

Cuidado e bondade são divinos.
Roubar, matar, odiar e trair são criados pelo homem.

Apesar de todas as justificativas que as pessoas têm para serem cruéis com as outras, Deus não cai em nenhum desses argumentos! A Lei do Carma prevalece, independentemente de nossas razões para agir fora de alinhamento com a Lei do Amor.

Liberte-se do sofrimento causado pela conduta ajustada às leis dos homens. No momento em que você reconhecer que está falando negativamente ou tratando alguém com desrespeito, reconheça que está em estado de raiva e ego, assim diminuindo o poder brilhante do amor. Perdoe-se e mude seus pensamentos imediatamente, para que possa gerar sentimentos de amor e compaixão por si mesmo e pelos outros.

Cultive seu amor em suas ações diárias. Pare sempre que se sentir raivoso ou vingativo, e reconheça que seus sentimentos estão em descompasso com a lei divina.

Lembre-se sempre de que as outras pessoas, mesmo as crianças, têm seu próprio carma. Você não controla ninguém, portanto não se frustre tentando fazê-lo. Você pode tentar guiar as pessoas expressando a verdade para elas de maneira amorosa. Apresente fronteiras claras de autoproteção, evite sofrimento para si mesmo e mantenha-se fiel às suas limitações. Não comprometa o que é mais importante para você, mas também não deixe que seu ego dite suas prioridades. Amor incondicional significa permitir que outros tomem as próprias decisões e encontrem a felicidade à sua maneira. Se seu ego está no controle, quando os outros não seguem seu plano e têm ideias diferentes sobre como se deve viver, seus sentimentos de amor e aceitação desaparecem. Assim que você para de amar incondicionalmente, começa a se voltar para as leis dos homens que criam desculpas para julgamentos grosseiros e para a crueldade.

Você não pode viver da vida de ninguém e não pode resolver problemas à força. Quando você vive de acordo com o Princípio Eterno do Amor, reconhece e aceita que algumas pessoas nascem com almas mais imaturas ou um carma menos resolvido que outras (é por isso que você muitas vezes vê uma família na qual as crianças crescem sem grandes problemas, exceto uma criança que tem dificuldades e vive em constante confusão). Viver de acordo com a Lei do Carma facilita a aceitação de que todos temos diferentes habilidades para lidar com a vida e para tomar decisões.

Não deixe que ninguém o convença de que "temos" que matar as pessoas que nos prejudicaram ou que temos que feri-las para que mudem e façam o que queremos. Tenha fé de que todo mundo aprenderá finalmente com o carma que cria e deixe de lado sua necessidade de ser júri e juiz. Acredite que as pessoas acordarão para as leis divinas mais rapidamente e pararão de infligir dor a si mesmas e aos outros, se você deixar a luz de seu amor incondicional brilhar para que seja vista pelo mundo.

Capítulo 5

O QUINTO PRINCÍPIO ETERNO:

A Lei da Harmonia

Existe uma ordem divina para o Universo, e fomos criados para estar em harmonia com tudo e todos.

Quando penso em harmonia, costumo pensar na música — em notas trabalhando juntas para criar lindos sons que são ao mesmo tempo calmantes e energéticos. Claro, muitas músicas das últimas décadas carecem de harmonia, mas isso é um reflexo da discórdia em nosso mundo.

Diz-se que harmonia musical é um reflexo de Deus e tem o potencial de nos conectar com o âmbito espiritual. Na Idade Média, os compositores evitavam certos intervalos musicais porque tais sonoridades eram vistas como capazes de encaminhar as pessoas ao pecado e para longe de Deus. Em vez disso, compunham músicas usando acordes considerados espirituais. Quando eu tinha 5 anos e quase me afoguei no rio perto da minha casa na Romênia, escutei uma música que poderia ser descrita como celestial, linda como nada que já houvesse escutado. Acalmou meus medos e me fez sentir uma paz absoluta com essa experiência estranha, nada terrestre. Agora percebo que eu estava ouvindo a música da harmonia divina.

Na verdade, a música pode ser muito eficiente em criar sensações de paz e equilíbrio. Claudius Conrad, um pianista e cirurgião, publicou pesquisas mostrando que, ao se ouvir Mozart, pode-se baixar a pressão arterial e reduzir a necessidade de analgésico. Ele acredita que Mozart, homem que teve uma vida acometida por doenças, foi atraído à criação de certas combinações de notas que diminuíam seu desconforto. Cantar gera vibrações da música no nosso corpo e tem um efeito parecido. Conecta-nos com o Divino e eleva nossa vibração, libertando-nos de pensamentos e sentimentos negativos. De acordo com a medicina ayurvédica, cantar a sílaba sagrada AUM (as três letras representam nomes de deuses da água, do fogo e do ar) afeta cada célula do corpo e nosso campo bioenergético, curando qualquer desarmonia. Muitas tradições religiosas incluem alguma forma de cântico na ajuda à conexão das pessoas com o Divino. Essas práticas permitem que as pessoas sintonizem a energia espiritual.

Mas harmonia vai além da música. É um estado energético no qual você se alinha com a divindade e se equilibra. Quando está em harmonia, tem saúde, felicidade e criatividade. Quando está desarmônico, fica fora de prumo e experimenta distúrbios de humor, da mente e do corpo. Mesmo que você esteja fisicamente saudável, as turbulências psicológicas causadas pela desarmonia e pelo desequilíbrio se manifestarão como um mal-estar físico.

Harmonia é o oposto de caos e confusão. Música harmônica e objetos harmonicamente distribuídos num cômodo refletem a ordem divina. Não são somente adoráveis, são revigorantes. Muitas pessoas têm dificuldade para encontrar a calma e a energia em lugares entulhados com roupas para fora das gavetas, espalhadas pelo chão. Ficamos frustrados quando não encontramos as coisas e cansados com a visão de objetos em desequilíbrio. A arte do Feng Shui é baseada na ideia de que, equilibrando a fluência no espaço em que vive, você é capaz de fazer o mesmo na sua vida, livrando as energias estagnadas que bloqueiam o caminho para que você se sinta saudável e feliz. Quando tudo está em ordem e equilibrado esteticamente, a energia flui da maneira que deve fluir para você experimentar a paz, a beleza e a alegria.

A ordem Divina do Universo não é facilmente percebida e compreendida, mas sempre que você está em alinhamento com ela, tudo parece funcionar perfeitamente. Mesmo os problemas não parecem ser problemas, porque você é capaz de reconhecer que provavelmente o direcionarão ao lugar certo. Deus não criou um plano e depois se acomodou para assistir a seu desdobramento. Deus está sempre envolvido no que acontece, intervindo de vez em quando para corrigir nosso caminho. Não faz muito tempo, vendi minha casa na Romênia através de uma corretora que me foi muito bem recomendada por um amigo. Eu não tinha razão alguma para suspeitar que ela fosse desonesta, mas a corretora parecia estar dificultando o envio de alguns documentos, e, quando chegou à América com a papelada, achei muito estranho que tivesse sido preparada numa pequena cidade, longe de onde se localizava a casa. Ela me apressou para que fechasse negócio, portanto, procuramos um tabelião e assinamos. Mais tarde, senti um desconforto em relação à nossa interação e pedi orientação a Deus. Sentia que devia mandar minha cópia do documento a um advogado em Bucareste, e assim o fiz. Logo, ele me telefonou e disse: "Carmen, tenho más notícias. Essa mulher é uma charlatã. De acordo com esses documentos, ela vendeu sua casa por um quarto do valor e não sabemos quanto ela recebeu dos compradores... mas tem uma boa notícia, também. O contrato é ilegal. O tabelião não assinou." O "engano" inesperado de não ter a assinatura do tabelião constando da papelada me salvou de finalizar o negócio, eu pude cancelá-lo e colocar a casa novamente à venda no mercado pelo que ela valia. A divindade interveio com um equívoco que se tornou uma grande sorte e endireitou o rumo das coisas.

Quando você vive em sintonia com o plano divino, "enganos" muitas vezes se tornam lances de sorte. Você descobre que não precisa consertar todos os seus problemas porque muitas situações se resolvem sozinhas.

Harmonia e os Outros Princípios Eternos

Quando a energia começa a fluir, todos nós estamos emaranhados uns com os outros e com o Universo, trabalhando juntos como uma máquina muito complicada que é orgânica e criativa. O plano divino que Deus colocou em andamento está sempre se desdobrando, mudando, surpreendendo-nos com sua perfeição. Quando exercitamos nosso livre-arbítrio, podemos escolher integrar esse plano ou combatê-lo. Se nos submetemos a ele, nossa vida é muito mais harmoniosa.

Os Princípios Eternos também estão interligados, complementando-se e trabalhando juntos com perfeição, assim como os planetas transitando em suas órbitas, que nunca se desgarram. Os planetas se mantêm nos seus lugares com a gravidade. Se um deles se afastasse, todo o sistema solar ficaria caótico. Isso também é verdade no caso das leis do Divino. Quando criamos harmonia, trabalhamos com a Lei da Totalidade e mantemos o equilíbrio com nosso meio ambiente e as pessoas a nossa volta. Não antagonizamos com o planeta, destratando-o e dominando-o, e não nos destratamos nem dominamos. Paramos de competir com os outros e não sentimos necessidade de forçar as pessoas a agirem da nossa maneira. Uma de minhas clientes está em conflito constante com o filho adolescente. Ela se preocupa com ele o tempo todo e sempre tenta controlá-lo ou manipulá-lo para que faça o que ela quer. Não lhe dá ouvidos e depois se pergunta por que ele não a escuta. Não podemos gerar equilíbrio rejeitando as pessoas ou as situações, e depois insistir que elas devem mudar para nos agradar. Temos que reconhecer que todos os relacionamentos envolvem o equilíbrio de dar e receber, e que, se queremos paz e harmonia, não podemos nos comportar como se fôssemos os únicos com necessidades e desejos importantes.

Quando você está em estado de harmonia e equilíbrio, não percebe que existem problemas a sua volta, não se sente sobrecarregado e fora do eixo. Não se preocupa com o desperdício de tempo no trabalho e a negligência com os filhos, nem com excesso de tempo com os filhos em detrimento do casamento. Você gera equilíbrio porque nada a favor da corrente em vez de agonizar com os seus problemas ou lutar contra as pessoas. Usando a Lei da Sabedoria, você reconhece que situações podem mudar e quais estão além do seu poder de solução. Você ama incondicionalmente em vez de tentar fazer com que os outros se adéquem ao seu desejo, além de confiar que, se a situação for injusta e desequilibrada, a Lei do Carma a realinhará.

Alinhando-se a todos os Princípios Eternos, você cria inevitavelmente um estado de harmonia. Compreendendo e aceitando a Lei do Carma e a Lei do Amor, eu fui capaz de abandonar a raiva e o ressentimento pela corretora que tentou me enganar. Aceitei a situação e as consequências da minha escolha de não investigar a mulher, ou os preços das propriedades antes de concordar em trabalhar com ela, porque sou sábia o suficiente para reconhecer que fiz a minha parte para criar a situação. Aprendi minha lição e, como tento viver de acordo com a Lei do Carma e a Lei da Harmonia, estou gerando paz e equilíbrio na minha vida em vez de tentar buscar vingança contra aquela mulher.

Relacionamentos Harmoniosos

Você pode escolher viver de acordo com a Lei da Harmonia e gerar paz e equilíbrio para sua vida, mas não tem controle sobre a escolha dos outros. Isso é algo que precisa aceitar, especialmente quando entra num relacionamento. Você pode se comprometer a obedecer a Lei da Harmonia, mas se seu parceiro não tem a mesma vontade, os dois não serão capazes de gerar harmonia juntos. Harmonia dentro de um relacionamento requer um compromisso de colocar a relação acima de medos e necessidades pessoais — você serve ao parceiro mais do que a si mesmo. Se os dois não concordarem com isso, não é possível haver equilíbrio.

Todos os relacionamentos têm o dar e o receber. Para alinhar-se à Lei da Harmonia, você precisa prestar atenção ao quanto está dando, para que nem você nem o outro carreguem o peso de fazer a relação dar certo. Você precisa ter coragem de ser honesto consigo e se corrigir quando reconhecer que está sendo pouco amoroso ou egoísta, e resolver conflitos rapidamente em vez de arrastá-los ou acelerá-los.

Para criar relacionamentos harmoniosos é preciso que você também não permita que seu parceiro faça tudo à sua maneira o tempo todo nem lhe maltrate. Esse tipo de comportamento destrói o equilíbrio e, eventualmente, a relação. Também é importante não evitar conflitos que partem de um desejo equivocado de manter a paz. Harmonia genuína requer que encare suas dores e as de quem você ama. Apesar de todas as relações terem pontos altos e baixos, no geral, num relacionamento harmonioso existe uma consistência sobre como um deve tratar o outro, para que cada parceiro se sinta amado e em paz.

Para alcançar o equilíbrio você precisa trabalhar com outros Princípios Eternos, incluindo a Lei da Sabedoria e a Lei do Amor. Você deve ser honesto consigo mesmo sobre sua participação nos conflitos e trabalhar seu próprio carma o melhor que puder, em vez de gerar negatividade, tratando mal seu parceiro ou a si mesmo. Minhas clientes reclamam de seus maridos, buscando em mim uma validação para suas histórias de vítima. A única maneira de aliviar o sofrimento delas é guiá-las, simpática e gentilmente, para que reconheçam sua participação no drama de seus casamentos. Se evitarmos a própria cura, nunca alcançaremos harmonia em nossa vida ou em nossos relacionamentos.

Alguns casamentos não são escritos nas estrelas, porque um dos parceiros não quer servir ao relacionamento, colocando-o em primeiro lugar. Estou convencida de que a razão para metade dos casamentos terminar em divórcio é o fato de que muitas pessoas evitam lidar com suas questões cármicas. Elas pensam que, se largarem o cônjuge, encontrarão um melhor parceiro e suas vidas serão mais leves. Mas se o problema do casamento é a bagagem cármica que trouxe consigo, ela será carregada para o próximo relacionamento. E a pessoa acabará tendo os mesmos problemas que teve antes. Independentemente de o relacionamento dar certo ou não, tentando alinhar-se aos Princípios Eternos, inclusive a Lei da Harmonia, você se encaminhará para uma situação mais feliz e equilibrada.

E como já disse, existem pessoas psicologicamente perturbadas e incapazes de se relacionar de modo saudável com os outros. Suas questões psicológicas impedem que criem harmonia ou consistência. Alguém com distúrbio de personalidade pode ser gentil, amoroso e até mesmo sedutor, mas depois muda por completo quando as coisas não acontecem do seu jeito, muitas vezes culpando os outros e acusando-os de não amá-los o suficiente. Alguém cujo comportamento é desequilibrado, compulsivo, como as pessoas que bebem ou jogam demais, ou colocam seus vícios acima do relacionamento e do próprio bem-estar, está num estado caótico, sem saúde. Esses distúrbios têm que ser curados internamente para que uma relação harmoniosa seja possível. Uma jovem muito boa e inteligente que se aconselhou comigo me confidenciou que não confiava plenamente no noivo, e, pelo que me disse, tive certeza de que o casamento era má ideia. O noivo carregava uma bagagem psicológica enorme, e havia bastante indicação de que depois do casamento ele seria controlador, mesquinho e infiel. Ela não queria enxergar seu comportamento inconsistente, preferia acreditar que essas características preocupantes desapareceriam depois que se casassem. Isso nunca acontece. Nosso desejo de criar harmonia com os outros é tão forte que tentamos ignorar a dura realidade de que certas pessoas não estão prontas para se relacionar conosco. São incapazes de se abrir e confiar na alegria e no amor do relacionamento. Não conseguem abandonar sua necessidade de controlar. Algumas pessoas crescem no conflito. Sentem-se revigoradas com uma briga e com a possibilidade de intimidar alguém para que enxergue as coisas do seu jeito. Elas são incapazes de se harmonizar.

Uma Abordagem Harmoniosa das Mudanças

O plano Divino não é estático. O mundo está em constante mudança e nós também. Mas se nos alinharmos aos Princípios Eternos e reconhecermos como eles afetam nossas vidas, não nos sentiremos tão frustrados pelas mudanças que não controlamos. Criando harmonia interna, aceitando as coisas como são, elevamos nossa vibração e atraímos melhores situações no tempo apropriado. Um conhecido meu sofre de uma doença degenerativa terrível. À medida que sua doença progredia, ele encarou a difícil escolha de depender de analgésicos pesados ou permanecer em tamanha agonia que o deixava incapaz de dirigir ou andar mais de alguns metros. Ele começou a meditar para tentar aliviar a sua dor e decidiu não resistir à situação. Compartilhando com amigos a verdade da sua conjuntura de vida, aprendeu com um pesquisador que estudara novos métodos e medicamentos para aliviar a dor, e hoje ele tem mais opções. Além disso, descobriu que, trabalhando arduamente e tentando negar suas limitações, estava piorando suas dores física e emocional, e tirou a pressão de si mesmo de contribuir mais nas contas da casa de sua mãe. Respostas e possibilidades chegam a nós quando escolhemos viver sob a Lei da Harmonia.

Um aspecto importante dessa história é que a criatividade e as conexões com outros lhe ajudará em todo tipo de situação. No entanto, você deve estar aberto, de forma amorosa, a acreditar que acessará essas fontes. Alinhar-se à Lei da Harmonia permitirá que você se aproxime de todas as possibilidades disponíveis, enquanto a raiva, o desespero e a resistência ao que está acontecendo agora afastarão você da ajuda divina. A melhor maneira de lidar com mudanças inesperadas é aceitar e ter curiosidade e abertura para o bem que pode estar a caminho, em vez de se fixar no que perdeu.

Equilíbrio e as Energias Masculina e Feminina

Anteriormente expliquei que um círculo representa totalidade e equilíbrio. Para criar harmonia em nossas vidas, precisamos estar em harmonia com o plano divino e equilibrar nossas energias. Dar e receber precisam estar em equilíbrio. As energias masculina e feminina, que todos nós temos, independentemente do sexo, também precisam estar equilibradas.

De acordo com a Bíblia, Deus criou Eva para complementar Adão. As duas energias, a masculina e a feminina, são necessárias para harmonia e criação. Essas energias opostas se complementam. A energia masculina é ativa e a energia feminina é receptiva. As pessoas quase sempre acreditam equivocadamente que "receptiva" significa "passiva" ou "inerte", mas receptividade é como uma força magnética. Pense em como um clip de papel se lança em direção a um magneto poderoso: esse é o poder da energia feminina.

Todos nós temos as duas energias, a masculina e a feminina; na verdade, em nossas vidas anteriores, já fomos homens e mulheres. As pessoas que são homossexuais ou bissexuais têm mais dessas energias opostas. Se alguém nasce num corpo masculino, mas tem mais energia feminina e sente atração por outros homens, pode ser que sua alma tenha vindo tratar de questões sexuais de uma vida anterior. Lembre-se: nunca sabemos a fonte de nosso próprio carma, muito menos o de outra pessoa. O importante é que nos aceitemos como somos e foquemos em como podemos curar nosso carma.

Em qualquer relacionamento amoroso, heterossexual ou homossexual, os opostos se atraem. Alguém que tenha mais energia masculina será atraído por alguém que tenha mais energia feminina, porque buscamos o equilíbrio e a harmonia. Uma alma gêmea romântica é alguém que complementa você energeticamente. Muitas vezes, sua alma gêmea terá mais energia feminina se você tiver mais energia masculina, e vice-versa. (Claro, como disse, também somos atraídos por pessoas cujo carma se encaixa com o nosso, portanto, sua alma gêmea pode lhe parecer irresistível também por essa razão.)

Duas energias complementares se dão bem juntas como metades de um círculo e permitem que os dois caminhem em direção ao crescimento. A atração de um pelo outro os mantém juntos, mesmo quando você sofre no relacionamento. Você pode sentir momentaneamente que não consegue estar com seu parceiro, mas será atraído de forma irresistível por ele porque suas energias se complementam. Se os dois estiverem ávidos por trabalharem juntos, podem aprender e crescer, mas se você resiste ao processo de curar seu carma, gerará desarmonia. Se a discórdia se tornar muito intensa, talvez você rompa com seu parceiro, mas sua energia permanecerá a mesma e você atrairá companheiro semelhante da próxima vez, alguém que pode ser uma nova alma gêmea. A atração por alguém que compartilha nossas questões é muito eficiente se você considerar que estamos aqui para resolver nosso carma. Ninguém aperta nossos botões e nos força a romper com nossos hábitos antigos e destrutivos como a pessoa por quem estamos intensamente atraídos.

Por que não Obedecemos à Lei da Harmonia

Nós contradizemos o plano de Deus e criamos desequilíbrio na ordem Divina quando usamos nosso livre-arbítrio para desobedecer à Lei da Harmonia. Fazemos isso porque não nos ensinaram a confiar na lei divina, e acreditamos que a política, a lei e a religião são a única maneira de evitar que a humanidade se encaminhe para o caos. Contamos com nossas mentes para resolver problemas e organizar o mundo. As leis e regras feitas pelo homem são inadequadas, ineficientes e frequentemente contradizem as leis de Deus, portanto, constantemente temos de renová-las e refiná-las. O poeta inglês Percy Shelley tratou dessas noções fabricadas no soneto "England", escrito em 1918:

Religião sem Cristo, sem Deus — um livro lacrado;
Um senado, a pior efígie do Tempo, irrevogável.
São túmulos de onde um glorioso fantasma pode
Surgir, para iluminar nossos dias de tempestade.

No mundo confuso dos dias de hoje, precisamos agir coletivamente para destruir os fantasmas da negatividade, o campo de baixa vibração energética no qual todos ficamos presos como resultado das leis dos homens.

Para descobrir a ordem divina precisamos deixar de lado as mensagens do mundo feito pelos homens e ver através de nossas limitações. Não podemos ser intimidados pelos matemáticos que pensam com o cérebro esquerdo, e os intelectuais que zombam da ideia de sincronicidade. Sempre haverá gente insistindo que encontrar um velho amigo numa situação absolutamente inesperada é pura estatística e probabilidade, e que não devemos acreditar que existe um significado maior para isso. O cérebro direito, o qual é capaz de receber mensagens do Divino e entrar em sintonia com a ordem Divina, é mais inteligente que isso. Não escutamos sua sabedoria porque nos constrangemos de pensar que alguém pode imaginar que somos bobos se acharmos que o Divino trouxe aquela pessoa de volta à nossa vida por uma razão. Quando ouvimos o cérebro direito, prestamos atenção às coincidências e percebemos como os problemas em nossas vidas são resolvidos sem que nos preocupemos em consertá-los, começamos a acreditar na ordem Divina. Reconhecemos as sutis mensagens que Deus nos envia em vez de desprezá-las ou ignorá-las completamente.

Outro motivo que nos faz virar as costas para a ordem Divina é o dogma religioso. Quando os grandes ensinamentos espirituais se resumem a "Meu Deus é melhor que o Seu", ou "Minhas crenças estão certas e as suas, erradas, então é melhor você mudar", a religião se torna uma desculpa para dominar os outros e leva a conflitos em vez de harmonia. Não somos nós que dizemos por que algumas pessoas nascem em determinada cultura, sob determinada tradição religiosa, enquanto outros nascem inseridos num meio diferente, ou por que algumas pessoas são criadas para valorizar a espiritualidade sobre o dogma e outras aprendem o oposto. Nosso trabalho é aceitar as diferenças religiosas enquanto lutamos para viver de acordo com a ordem divina, mesmo quando é difícil fazê-lo e mesmo quando contradiz nosso próprio treinamento religioso. Padres e líderes religiosos não alcançam verdadeiramente a beleza e o mistério em suas próprias religiões quando interpretam os ensinamentos religiosos tão literalmente. Sempre que usamos a religião para separar uma pessoa da outra, ou para punir os outros, estamos criando discórdia e conflito, e ao mesmo tempo negando a Lei da Totalidade, a Lei do Carma e a Lei da Harmonia.

Também desobedecemos a Lei da Harmonia sempre que ficamos muito apegados ao sucesso e à segurança no mundo físico, esquecendo-nos da nossa natureza eterna. Digamos que você tenha uma vida boa e alguma segurança financeira. Mas decide que não é o suficiente, porque teme que algo terrível aconteça, ou está infeliz e pensa que mais dinheiro fará com que se sinta melhor. Você pode querer ter muito dinheiro para sua aposentadoria e ainda assim poder comprar algo que deseja hoje. Em poucas palavras, você está vivendo numa mentalidade de escassez, ansiando mais e mais. A discórdia dentro de você faz com que pressione seu parceiro para que ganhe mais dinheiro, independentemente do que ele quer ou de o fato de trabalhar mais horas ser ou não bom para sua saúde. Ou você pode se forçar a fazer mais dinheiro e ignorar o preço que trabalhar sem parar cobra de sua saúde e de seus relacionamentos. Sua discórdia interna gera desarmonia do lado de fora de você mesma.

A solução é alinhar-se à harmonia e não ser tão apegado à riqueza material. Você deve reconhecer que não precisa de mais dinheiro do que já tem, e que o custo de adquiri-lo pode desequilibrá-lo e fazer com que sofra agora e mais tarde. Se você ganha mais dinheiro como resultado de viver em harmonia, então merece tê-lo e aproveitá-lo mais, porque não depende dele, nem tem medo de perdê-lo.

Também nos afastamos do Princípio Eterno da Harmonia porque perdemos a fé nos outros. Começamos a acreditar que "se é para ser, só depende de mim". Às vezes nos alienamos, mas, se você confia nas leis divinas, sua fé e sua coragem retornarão a você. A ajuda virá, e as circunstâncias da sua vida melhorarão.

Quando as pessoas sentem-se sós e impotentes, podem se voltar para a fraude, a manipulação e o materialismo para sentirem-se melhor, mas isso nunca funciona. O medo, a raiva e a depressão podem acabar gerando doenças físicas. Não se podem curar sentimentos dolorosos com poder sobre os outros ou tornando-se mais rico e mais admirado. Tenho aconselhado celebridades e pessoas extremamente ricas, e, acredite-me, fama e fortuna não geram bem-estar. São mais comumente uma maldição e exacerbam os problemas que já temos. Tenho visto famílias usarem suas fortunas para atormentarem-se uns aos outros, constrangendo-se nos jornais, porque acreditam que se sentirão melhor se tiverem mais poder que as pessoas de quem têm raiva. Em vez de adquirir poder, elas destroem relacionamentos, isolam-se e ficam profundamente infelizes. O poder real está em viver com harmonia, em alinhamento com o plano de Deus.

Globalmente, estamos em desequilíbrio, em especial com nossas energias masculina e feminina. Antigamente, os humanos adoravam deuses e deusas. Reconheciam o poder do sagrado feminino, a força criativa e receptiva. Todas as culturas do mundo já acreditaram em suas próprias deusas: figuras de mulheres foram deificadas tanto quanto as figuras masculinas e eram altamente estimadas. Isis, por exemplo, era a deusa mãe do Egito, Ilmater era a deusa criadora da raça Finnish, "Mãe Terra" era o útero do qual os nativos americanos acreditavam vir toda a humanidade e Danaan era o sustentáculo dos primeiros Celtas. Na Babilônia, a deusa Astarte era vista como criadora do homem e da mulher. Similarmente, Rhea, deusa grega, era mãe de Zeus e dos primeiros deuses olímpicos, e os romanos acreditavam que Juno era a rainha dos deuses. Os hindus reverenciam Aditya como arquiteta da vida humana e esposa de Vishnu. Os chineses viam Dou Mou como a deusa que dera à luz os primeiros governantes do mundo, e sul-americanos se prostraram diante da deusa criadora, Bachue. Pessoas da Ásia antiga seguiam Si Deak Parujar, criadora da humanidade, e Iemanjá se tornou uma poderosa deusa das águas dos africanos e seus descendentes.

Mas a energia masculina começou a ser superestimada, e as divindades femininas saíram de cena ou passaram a ocupar o posto de deuses menores. Os homens deixaram de respeitar as mulheres e de reverenciar sua habilidade de gerar a vida. Eventualmente, um homem tem mais voz sobre o destino de seus filhos, mesmo que a parceira os tenha trazido ao mundo e cuidado deles quando bebês. Tribos começaram a acreditar que precisavam de mais do que já possuíam para sobreviver. Em vez de viverem em harmonia com o plano divino, declararam guerra uns aos outros. Os homens que podiam se tornar guerreiros eram mais respeitados que as mulheres que davam à luz crianças. As consequências continuam sendo o caos, a fome e a guerra. Sempre que as mulheres e a energia feminina são menos respeitadas, encontramos um grande sofrimento. Somos designados a equilibrar essas duas energias complementares. Só assim deixaremos de gerar tanta dor no mundo.

Os Benefícios da Vida de Acordo com a Lei da Harmonia

Viver em harmonia nos fortalece, porque, quando estamos harmônicos, não sentimos a necessidade de sofrer indefinidamente para que nossa vida funcione. Aceitamos as coisas como são, confiamos que vão melhorar contanto que vivamos em alinhamento com os Princípios Eternos e encontremos coragem para curar o que precisa ser curado. Mantendo-nos conectados ao Divino em vez de nos separarmos de Deus, temos acesso a todas as fontes criativas sagradas, à força e ao amor.

Muitas pessoas hoje cuidam de outras e ainda tentam educar crianças, fazer do mundo um lugar melhor, ser bons amigos e bons companheiros. Elas têm expectativas muito altas em relação a si mesmas. Se não tiverem cuidado, acabarão esgotadas emocional e fisicamente. Você não pode dar e dar, sem se reabastecer. Quando não há equilíbrio entre dar e receber, abre-se espaço para a disfunção e a doença. O alinhamento com a harmonia restaura a coragem, a força e a confiança no plano divino. Pedindo a ajuda de Deus e estando aberto ao que vem de sua assistência, você pode aliviar o peso da vida e voltar a um estado de harmonia e equilíbrio.

Carma familiar e carma global também afetam nossa harmonia. Podemos tentar fazer tudo certo e viver de acordo com a lei divina, mas algo ruim ainda pode acontecer conosco devido ao carma que compartilhamos com outras pessoas. A Lei da Totalidade nos mantém conectados aos outros. Não temos controle sobre inundações, terremotos ou qualquer outro desastre natural. Mais e mais tais eventos se passam em lugares improváveis — não faz muito tempo tornados foram presenciados em Nova York —, e os desastres estão se tornando mais intensos. A crise financeira global, assim como o aquecimento global, serve para nos acordar quanto ao nível de desequilíbrio atingido pela raça humana.

Quando somos afetados por grandes tragédias fora de nosso controle pessoal, muitas vezes nos sentimos vítimas desses terríveis acontecimentos. Ninguém merece sofrer, mas como seres humanos estamos todos conectados; portanto, se somente uma pessoa gera desarmonia, afeta outras pessoas, até mesmo todo o planeta.

A boa notícia é que, vivendo de acordo com a Lei da Harmonia, você também pode afetar os outros, o mundo, de maneira positiva. Mesmo que não possa resolver pessoalmente o problema do aquecimento global, sua decisão de reciclar sua sobra de comida contribui para a saúde do planeta e gera bom carma. Recolhendo o lixo que alguém deixou cair e gastando um pouco mais de dinheiro para comprar produtos locais em vez daqueles que viajam longas distâncias em caminhões, tudo isso contribui para equilibrar novamente o mundo, levando-o a mais harmonia. Aumentando a confiança e não entrando em pânico por causa de dinheiro, pode ajudar a resolver a crise financeira. E sempre que você faz uma pequena tentativa de harmonizar com outra pessoa na sua comunidade ou no mundo, está curando a si mesmo e a outros simultaneamente.

Escolhendo viver em harmonia e estando conectado com os outros em vez de se isolar, você também acaba curando sua sensação de impotência e alienação. É capaz de reconhecer que tem um papel importante, mesmo que pequeno, na ajuda aos outros. O Universo o apoiará sempre que escolher criar harmonia e cultivar sua conexão com os outros e com Deus.

Viver em equilíbrio permite que você tenha uma percepção diferente das coisas. Você deixa de pensar que a vida é um jogo que deve vencer acumulando mais poder, posses e amigos influentes. Você confia que tem o suficiente para suas necessidades e se responsabiliza pela geração de felicidade, independentemente de sua sorte ser boa ou má momentaneamente. Reconhece que, mesmo quando sofre uma perda, algo de novo e maravilhoso chegará à sua vida, porque essa é a natureza do Universo. Algumas coisas morrem, mas outras nascem. Não faz muito tempo uma mulher chamada Lindsay perdeu o pai, Sam, de câncer. Enquanto ela estava no leito de morte dele, uma mulher que frequentava a mesma igreja que Lindsay deu à luz um bebê. Quando Lindsay foi à igreja pela primeira vez depois do enterro, conheceu a mulher depois da missa, viu o bebê e soube que a mãe escolhera o nome Sam. Naquele momento, soube que seu pai lhe mandara uma mensagem para lembrá-la de que para toda morte há um nascimento, porque o equilíbrio faz parte do plano divino de Deus.

A vida segue em ciclos, desde os ciclos do dia, do ano, aos ciclos de dez anos em nossas vidas. Esquecemos disso porque vivemos num mundo materialista que nos diz que não somos afetados pelos ciclos naturais, somente precisamos usar nosso poder da vontade para estar no comando de nossas vidas. Somos encorajados a alcançar mais sucesso e adquirir mais bens materiais, sem parar para descansar ou refletir. Propagandas e a mídia dirigem nossa atenção para tudo que é novo. Somos informados das novas tendências em tudo, de educação à cozinha, e levados a assistir aos novos programas de tevê na mais moderna tela plana digital. Como nos sentimos isolados e solitários, seguimos essas tolas prescrições. Desejamos nos sentir conectados com os outros, parte de algo maior que nós. Mas tomar parte no modismo não é tão satisfatório quanto a conexão com os outros através da força do amor.

Se conversar com pessoas mais velhas e aprender mais sobre história, ou se comunicar com pessoas de outras culturas, você se descobrirá conectado com toda a humanidade pelo coração ou pela alma. Perceberá que as pessoas não são tão diferentes no final das contas e não precisará que as pessoas tenham a mesma opinião ou o mesmo gosto que você para ter a sensação de pertencimento.

Também ajuda ter contato regular com a natureza, porque ela lhe lembrará os ciclos da vida. Perceba como as flores florescem todo mês de março, e quais delas florescem algumas semanas depois. A natureza restabelece nosso senso de bem-estar porque seus ciclos nos lembram que a saúde e a alegria podem voltar a nós, e que perdas são substituídas por algo novo em nossa vida ou quando o que imaginamos perdido reaparece.

A música é uma ferramenta maravilhosa para nos trazer de volta à harmonia. Ouça músicas que o alegram e fazem lembrar momentos felizes do passado. Descubra novas músicas para que possa ter novas e maravilhosas lembranças. Uma de minhas clientes, Suzanne, é mãe solteira. Ela teve um Natal difícil cuidando da mãe. Levava-a ao hospital com regularidade enquanto a filha esperava pacientemente no banco de trás do carro. Em vez de sentir tristeza por passar tanto tempo no hospital assistindo ao sofrimento da mãe, Suzanne cantava músicas de Natal. Uma delas, particularmente, fazia com que ela, a mãe e a filha rissem. Cantavam juntas repetidamente. No Natal seguinte, depois da morte da mãe, Suzanne colocou o mesmo CD e ela e a filha escutaram a música lembrando como eram felizes cantando aquilo no ano anterior. Estavam tristes também, mas sentiram-se conectadas à mãe de Suzanne através daquela música.

Cantar é uma maneira maravilhosa de gerar a sensação de harmonia, assim como tocar um instrumento. Através da música você pode se libertar da raiva, do pesar, do ciúme, da frustração e até mesmo perder a noção do tempo se elevar sua vibração e entrar em sintonia com a positividade. Sempre que você cria sentimentos positivos, sintoniza o plano divino e gera harmonia.

Se está em conflito com alguém, tenha em mente que não pode resolver nada até criar harmonia dentro de si mesmo. De outra forma, você é incapaz de sentir compaixão e amor por outra pessoa, a qual pode não estar querendo se desculpar, fazer concessões, ou mudar seus métodos. A única forma de aliviar seu sofrimento é obedecendo aos Princípios Eternos, inclusive a Lei do Amor: você precisa amar tal pessoa incondicionalmente. Quando o faz, você não sente a sobrecarga da raiva nem do ressentimento, caso o outro não queira estar em paz com você. Colocando-se em estado de paz, você se fortalece para o confronto e sabe que pode enfrentar a outra pessoa com amor.

Nunca fique em silêncio se está em conflito com alguém. Essa resposta é um sinal de orgulho excessivo, ou do que os gregos chamavam de *hubris*. Primeiro, é mais difícil trazer de volta a harmonia e o equilíbrio e experimentar a compaixão por si mesmo e pela pessoa com quem está em conflito sempre que você deixa algo não resolvido. Segundo, seu silêncio pode evitar a ajuda para que essa pessoa volte a um estado de harmonia com você. Contanto que aceite que suas palavras podem não fazer diferença para a outra pessoa, quase sempre é uma boa ideia levantar uma questão difícil. Se o outro reagir mal, crie harmonia para você mesmo. Seja compassivo e lembre-se de que o outro está criando o próprio sofrimento quando escolhe desobedecer a Lei da Harmonia.

Quando você está sofrendo, mas não sabe onde procurar ajuda, peça orientação divina e seja paciente. A divindade sempre intervém de alguma forma, apesar de não necessariamente como e quando você espera. Enquanto escrevo este livro, pessoas em todo o mundo sofrem terrivelmente devido à crise econômica. Todos devemos orar pela intervenção divina que virá, inevitavelmente. Estamos começando a nos dar conta de que precisamos de novas lideranças e que temos de fazer a nossa parte para melhorar o mundo. Mesmo os melhores líderes não podem resolver problemas se não tivermos o anseio de ajudar. Precisamos parar de colocar os nossos desejos e a nós mesmos na frente dos outros, porque isso gera desarmonia. Quanto mais harmonia em nossas vidas, e quanto mais agirmos em conformidade com os Princípios Eternos, mais rapidamente a intervenção divina chegará. Como um cantor sustenta uma nota, temos que trabalhar para nos mantermos alinhados a fim de que não percamos a harmonia com o Divino.

A Lição da Lei da Harmonia

Harmonia e paz são divinas.
O conflito, a competição e a guerra são criados pelo homem.

A harmonia faz com que tudo floresça. A vida da sua família melhora, sua abundância aumenta, e sua necessidade de controle desaparece. Em vez de resistir à vida, você é capaz de se entregar ao plano divino. Torna-se uma espécie de violino muito bem afinado numa orquestra sublime.

Mas no mundo dos homens não queremos nos entregar ao sacrifício. Acreditamos ser um sinal de fraqueza termos um compromisso com os outros. Vemos a paz como algo adorável, mas frágil e fraco, e tentamos resolver nossos problemas com guerras ou forçando situações e criando conflitos.

A harmonia nos assusta porque não acreditamos que podemos viver em paz. Temos medo de que se aproveitem de nós se baixarmos a guarda. Existe muita gente perturbada e cruel no mundo, mas se permitirmos que nosso medo delas nos desequilibre nos deixando em estado de alerta e suspeita, desistimos de algo muito precioso: nossa paz interior. Mas a verdade é que não precisamos nos preocupar com um ataque de alguém porque já permitimos que nossos pensamentos e nossas emoções negativas nos prejudiquem — destruindo nosso próprio senso de harmonia.

Quando perdemos a fé na Lei da Harmonia, nos entregamos à competição para ganharmos o que pudermos de um mundo no qual sentimos que não podemos confiar em ninguém. Competir com os outros para motivar-se e crescer, dirigindo sentimentos positivos a eles, tudo bem. Mas isso é muito diferente de agir por ciúme ou inveja, ou insultar as pessoas para insuflar o próprio ego. Se você compete para se sentir poderoso e dominar os outros, gera discórdia e sofrimento.

Se conseguir encontrar coragem para acreditar na harmonia e no plano divino, elevará seu nível de consciência e começará a vê-la em ação na sua vida. Se deixar de lado a resistência aos Princípios Eternos, poderá não só dizer que gosta de harmonia e paz, como experimentá-las na sua vida. Você pode tentar parar de competir ou de controlar os outros e começar a aceitar as pessoas como elas são.

Harmonia permite-nos a sensação de companheirismo em vez de competição e isolamento. Ela nos impede de julgamentos. Julgar tem base nas sensações de escassez e desconexão: enxergamos fontes limitadas no mundo, sentimos que não podemos possuí-las sem competirmos com os outros e tentamos conquistar poder prejudicando outra pessoa. Quando julgamos os outros, ignoramos nossas próprias falhas. Somos hipócritas. É engraçado como nunca parecemos perceber que estamos fazendo exatamente aquilo pelo que julgamos alguém. Talvez nossas falhas pareçam um pouco diferentes, ou as exibimos em graus diferentes, mas nosso julgamento ainda assim é hipócrita. Separarmo-nos dos outros dizendo "Não sou como ele, sou uma pessoa muito melhor" gera desarmonia e desconexão, em lugar de equilíbrio, harmonia e uma bela sinfonia.

Aprenda a dizer "Deixe nas mãos de Deus" quando as coisas não acontecem como você gostaria. Aprenda a aceitar os outros como são e depositar confiança na ordem divina. Se o fizer, sairá de um estado de desarmonia e voltará à paz e ao equilíbrio.

Capítulo 6

O SEXTO PRINCÍPIO ETERNO:

A Lei da Abundância

Abundância é uma energia que manifesta riqueza material e outras, mais importantes, formas de fortuna.

"A abundância e a falta existem simultaneamente em nossas vidas, são realidades paralelas. É sempre nossa escolha consciente o jardim secreto de que cuidaremos... Quando escolhemos nos fixar no que está em falta em nossa vida, porém gratos pela abundância que nos rodeia — amor, saúde, família, amigos, trabalho, as alegrias da natureza e as atividades que nos dão prazer —, o terreno baldio da ilusão desaparece e experimentamos o Céu na Terra."

— Sarah Ban Breathnach

O Universo foi desenhado de maneira que todos nós tivéssemos tudo de que precisamos. Jesus disse que deveríamos atentar para os lírios no campo, que não têm que trabalhar e, ainda assim, colecionam esplendor. O luxo e as moedas de ouro não são riquezas genuínas, e a abundância verdadeira não é algo que você precise labutar e suar para alcançar. Abundância não é algo que se pode perder ou que pode ser tirado de você. É um estado de energia, como a alegria ou o amor. Você tem o poder de criar esse estado a qualquer momento, sentindo-se grato por todas as bênçãos que tem, e dando aos outros mesmo quando isso pede sacrifício.

Sempre que você é grato e generoso, alinha-se com a Lei da Abundância, e o Universo responde lhe oferecendo abundância. Sua riqueza material e as oportunidades para ganhar dinheiro aumentam para se equiparar ao seu estado de abundância.

As ideias limitadas, produtos da criação do homem, sobre riqueza e abundância podem gerar raiva e vitimização, caso você não tenha a situação financeira que acha que merece. Quando você teme não ter dinheiro suficiente para proteger-se de sofrimentos, é natural que se preocupe. Já tive vários clientes ricos que tinham certeza de que podiam perder sua fortuna a qualquer momento, mesmo que isso parecesse quase impossível dada a quantidade de investimentos e propriedades que possuíam. De certa forma, sua riqueza os aprisiona, porque impede que experimentem a sensação de alegria e segurança sem dinheiro. O pensamento de perder "tudo" é devastador para eles. Não conseguem imaginar a existência sem sua grande fortuna.

Tendo sido pobre, eu sei como é não ter comida ou água encanada em casa. Mesmo assim, como os lírios do campo, minha família e nossos vizinhos eram abundantes de amor do senso de comunidade. Mesmo o medo do governo comunista não foi capaz de enfraquecer nossa sensação de abundância. Nossas fontes financeiras eram escassas, mas éramos criativos e adaptáveis, e encontrávamos meios de alcançar nossas metas.

Somos feitos para ter e aproveitar tudo de que precisamos. No entanto, muitas pessoas estão fora do alinhamento com o Princípio Eterno da Abundância e muitas se tornaram temerosas, gananciosas e mesquinhas. Quando olhamos a nossa volta para a dura realidade do mundo feito pelos homens, achamos difícil acreditar que podemos ter tudo o que desejamos sem que alguém receba menos do que merece — e não queremos ser a pessoa que não tem o suficiente! Nossa sensação de escassez nos leva a buscar ser o número um à custa dos outros, a acreditar que as oportunidades são limitadas e que só existe um pequeno montante de riqueza a ser possuído.

Criatividade e Abundância

O estado energético da abundância é expansivo, não constritivo. Abre você para um nível mais profundo de criatividade — criatividade divina —, permitindo que perceba infinitas possibilidades. Deus tem um número infinito de ideias para criar harmonia, beleza e abundância sem limites para nos conceder. Deus renova continuamente as fontes da criatividade!

Como vivemos em estado de escassez, esquecemos que podemos atrair a força criativa divina a qualquer momento. Ficamos cegos a todas as muitas maneiras de transformar nossas vidas para melhor. Pense na abundância da luz solar que chega ao nosso planeta. Ela é o combustível de toda a vida na Terra; por que não seríamos capazes de usá-la para encher o tanque de carros e gerar eletricidade para os lares? Podemos não ter tecnologia para fazer com que isso aconteça hoje, mas por que não focamos nosso objetivo na energia solar e investimos tempo e dinheiro em convertê-la? Porque nosso medo e nossa mentalidade de escassez nos impedem de visualizar uma vida sem combustíveis antiquados! Criar um estado energético de abundância abre nossos olhos e instiga nossa criatividade.

Qualquer que seja o problema, você pode encontrar a resposta dentro de si mesmo comunicando-se com Deus, mas, se é pessimista e negativo, bloqueia a Fonte Divina e perde sua energia construtiva. Tudo o que você precisa fazer é apreciar a abundância que lhe foi dada em vez de se fixar somente no que falta em sua vida.

A maioria das pessoas acredita que não tem dinheiro suficiente. Mas o dinheiro é somente uma forma de energia com a qual trabalhamos, movendo-o de um lugar para outro. Você não pode contar que ele estará lhe esperando, mas pode contar com o poder da abundância que alimenta sua criatividade e sua elasticidade. A Lei da Abundância combinada à Lei da Atração (que atrai a abundância até você) e à Lei da Manifestação (que permite que você aja de maneira a gerar riquezas) ajuda você a criar uma vida preenchida, alegre e saudável.

O estado de abundância altera nossas percepções. Nos fixamos no que temos em vez de no que não temos. Nos Estados Unidos temos muito dinheiro e muitos recursos. Também lidamos com muita solidão, violência e sofrimento, porque nossos valores estão fora de alinhamento com os Princípios Eternos. Estamos bloqueando a fluência apropriada da abundância.

Quando você tem pouco dinheiro, percebe melhor o poder de um pedaço de pão, e é mais fácil estar consciente da presença de Deus e seguir os Princípios Eternos. Buda renunciou à sua riqueza para buscar a iluminação, enquanto Jesus disse ser mais fácil um camelo passar pelo buraco de uma agulha do que um homem rico chegar ao céu. Esses dois grandes mestres compreenderam que é difícil ser rico sem se apegar à riqueza e sem dar a ela tanta importância.

As pessoas no meu país, os romenos que sofreram tanto e tinham tão pouca comida, dinheiro e liberdade, têm um respeito enorme às artes. Muitas delas aprenderam por experiência que a música e a arte nos conectam com o poder curador do Divino. Grande arte transforma a frequência do corpo, eleva sua vibração, mas nos Estados Unidos, onde a maioria dos importantes artistas do mundo aprimorou sua técnica, estamos cortando programas de arte nas escolas. Nossas prioridades se tornaram completamente comprometidas.

Aprender como outras pessoas vivem e pensam nos ajuda a ver com mais clareza. Quando aprofundamos nossa compreensão da experiência humana, cultivamos a noção de abundância porque estimulamos nosso senso de conexão com o divino e a lei divina. Arte, poesia, literatura, música e mitologia nos ajudam a enxergar além de nossa problemática atual, e perceber tudo o que temos em comum com outras culturas e nações. Não é tão importante que identifiquemos os trabalhos específicos de Toulouse-Lautrec, o poeta sufista Rumi ou do músico Louis Armstrong, como o é apreciar sua capacidade artística. Quando aprendemos a apreciar a beleza do nosso mundo, enxergamos o potencial da raça humana e reconhecemos nossa humanidade comum, a qual nos remete à Lei da Totalidade.

Se você tem filhos, exponha-os às artes. Você pode se surpreender com o quanto eles são abertos à apreciação de tudo, desde a música popular dos anos 1920 às esculturas de Rodin. Crianças não se intimidam diante de sua falta de conhecimento, portanto, experimentam a arte e fazem perguntas com avidez. Em contrapartida, adultos muitas vezes se constrangem por não saber qual o livro "imperdível" do ano ou o nome do artista mais "quente" dos musicais da atualidade. Aprenda com as crianças: não julgue a si mesmo e mergulhe na arte, na música e na literatura. Você será lembrado de sua conexão com as outras pessoas e com Deus, o que o ajudará a alinhar-se com a Lei da Abundância.

Abundância sem Riqueza Material

Abundância tem a ver com estar alegre sem se importar com o que você possui, sem se importar com as circunstâncias. Quando fui à Romênia recentemente, decidi visitar alguns monastérios na zona rural, lugar gloriosamente lindo. Vi muita alegria no rosto das freiras que encontrei. Uma delas tinha se graduado comigo na faculdade. Quando conversei com ela, dei-me conta de que tivemos destinos bastante diferentes: eu fora capaz de experimentar fama, fortuna e sucesso na carreira enquanto ela despendera sua vida inteira no monastério, possuindo somente as roupas do corpo. Ela me pareceu tão saudável, feliz e vibrante — até pulou uma cerca para pegar frutas frescas para mim, saltando como uma adolescente, coisa que eu certamente não sou capaz de fazer!

Essa mulher nunca ansiou por uma cozinha maior ou uma conta maior de investimentos. Tudo que sabe é que ama Deus e é feliz despendendo seus dias rezando pelos outros, manuseando a horta e o jardim, e apoiando o trabalho da igreja pelos pobres. Fiquei hipnotizada. Ela tem uma abundância de vitalidade, de saúde e de amor, assim como uma relação poderosa com Deus. Ela não precisa de nada mais e não se esforça para "consertar" sua vida. Se tem objetivos, estes são provavelmente bastante simples: sentir-se ainda mais próxima de Deus, ver seu jardim crescer mais florido, ajudar os outros ainda mais do que o faz agora. Ela é verdadeiramente contente e cheia de alegria, que transborda e toca as pessoas à sua volta.

Claro, alguns romenos têm raiva de que o colapso do comunismo não encaminhou o país para uma prosperidade ao estilo americano, mas essa não é a atitude comum do país. A maioria dos romenos só deseja uma vida decente, comida na mesa e um teto sobre suas cabeças. Valorizam a amizade e a comunidade. Quando estava no campo, alguns moradores do local descobriram que minha família e eu estávamos visitando o lugar, vindos dos Estados Unidos, e insistiram que fôssemos à sua casa para o almoço. Nos ofereceram toda a comida que tinham e pareceram orgulhosos e felizes por poderem compartilhar o pouco que tinham com estranhos. Nos Estados Unidos, não importa o quanto você tenha na sua conta bancária, rapidamente nos entregamos ao medo e à desconfiança, o que nos empurra para fora do estado de abundância.

Quando jovem, eu era uma aclamada cantora popular da Romênia. Minha banda e eu tocávamos em estádios para 10 mil fãs ardorosos que nos jogavam flores para demonstrar sua apreciação. Aqueles foram dias maravilhosamente felizes para todos nós. Éramos jovens e tínhamos muita energia, fazíamos música, criávamos harmonia e inspirávamos outras pessoas para que acreditassem em seus sonhos. Não possuíamos jatinhos ou roupas de designers, nem precisávamos disso. Na verdade, eu mesma costumava costurar minhas roupas. Meus vestidos de lantejoulas pareciam lindos na tevê, mas, de perto, os pontos eram grosseiros e podia-se perceber que eu não era exatamente uma exímia costureira. Nunca achei que merecia uma vida fácil e roupas caras, porque nunca havia conhecido ninguém que tivesse tais coisas. Com aqueles modelitos caseiros, eu me sentia rica.

Na verdade, quando deixei a Romênia para me apresentar nos Estados Unidos pela primeira vez, só tinha oitenta dólares no bolso. Gastei sessenta num perfume que alguém estava vendendo no aeroporto, porque nunca tinha tido a chance de ter um artigo de luxo e queria saber como era essa experiência. Quando cheguei aos Estados Unidos com meus vinte dólares, fiquei chocada ao descobrir que o produtor responsável pela turnê de artistas europeus mentira sobre a quantia prometida. Apesar de não saber como teria o suficiente para comer, depois de tantos anos vivendo na pobreza, tinha fé inabalável de que teria tudo de que precisava. Afinal, eu sempre encontrara uma maneira de comer, mesmo tendo crescido pobre e experimentado o milagre de sair da Romênia. Por que não confiaria no Universo? Eu vibrava abundância, oportunidades, amor e apoio, e, finalmente, a riqueza veio a mim no tempo certo.

Uma Atitude Saudável em Relação à Riqueza e à Abundância

Muitas pessoas vivem em estado de escassez. O foco em conquistar o que quer que pensem lhes dará segurança, paz e alegria. Muitas vezes meus clientes me dizem: "Se pelo menos eu tivesse dinheiro!" Eles acreditam genuinamente que a falta de dinheiro é a única coisa que se interpõe entre eles e a vida que desejam para si. É verdade que dinheiro pode comprar algumas coisas bastante importantes como comida, roupas e abrigo, mas quase todos os americanos têm acesso a isso. Mesmo assim estão infelizes. Apesar de haver muita gente empobrecida nos Estados Unidos, este é um país rico.

As pessoas podem acreditar que são pobres porque se debatem com dívidas de cartões de crédito e têm uma casa de um banheiro só. Mas conheci gente que vive em condições quase inumanas e tem um espírito incrível. Nos Estados Unidos, os pobres estão muitas vezes em melhores condições que muita gente no mundo. Não estou dizendo isso para diminuir seu sofrimento de maneira alguma, mas para indicar que ninguém nos Estados Unidos carece de recursos. Infelizmente, quando vivemos em estado de escassez, não somos capazes de perceber e usar a abundância disponível para nós.

A pobreza de não conhecer os Princípios Eternos é muito pior do que a pobreza de ter pouca comida e nenhum acesso a atendimento médico — e digo isso como alguém que cresceu pobre e teve que ser hospitalizada quando criança por quase um ano porque os medicamentos para asma não eram disponíveis na Romênia. Ainda me lembro de quão assustador era tentar respirar e não conseguir encher meus pulmões. Ainda assim, eu era rodeada de pessoas que tentavam viver de acordo com a lei divina. A pobreza que experimentei era simplesmente financeira. Eu era rica de amor.

Se mais pessoas, inclusive aquelas que têm muita riqueza material, pudessem viver de acordo com a Lei da Abundância, poderíamos exterminar muito do sofrimento do mundo. Nossa ganância e nossa mentalidade de "ser o número um" anda lado a lado com o medo de que nunca teremos o suficiente para nos sentirmos realmente seguros. Uma desculpa frequente para não investirmos mais dinheiro em educação e programas para crianças pobres é "Não temos dinheiro suficiente porque os impostos são muito altos". Ainda assim, se tememos que um país nos ataque, encontramos e gastamos milhões de dólares para declarar guerra! Permitimos que nosso medo dite nossos gastos em vez de admitirmos que o amor nos guie.

Certamente não há nada errado em desejar ter mais dinheiro para fazer coisas pelos que você ama. Queremos facilitar a vida deles e dar aos nossos filhos um futuro melhor, oferecendo a eles boa escola e aulas particulares que os ajudarão a desenvolver seus talentos. Mas nos Estados Unidos o foco em ter dinheiro e mais posses se tornou algo completamente fora de sintonia com nossas necessidades reais e a definição divina de abundância. Veja como os compradores lutarão uns com os outros nas lojas na época do Natal para garantir que terão a mais moderna tevê de tela plana em estoque; é um absurdo! Quando escolhemos juntos viver de acordo com a Lei da Abundância, todos têm mais do que precisam.

E apesar de ser verdade que nos Estados Unidos qualquer um pode sair da pobreza, isso não significa que alguém é pobre porque tem falhas de caráter. As pessoas caem na pobreza por doenças mentais ou físicas, problemas psicológicos que os sobrecarrega, catástrofes financeiras, e uma série de outros problemas relativos ao carma. Mais uma vez, não podemos saber a combinação complexa de carma pessoal, familiar e global de uma pessoa. Deus não quer que julguemos uns aos outros. Ele quer que cuidemos uns dos outros. Jesus dividiu pão com prisioneiros, prostitutas e os mais odiados coletores de impostos. Ele disse à multidão pronta a atirar pedras na adúltera que ele que não tinha pecados atiraria a primeira, querendo dizer que nenhum de nós tem o direito de julgar o outro.

Dinheiro, Poder e Fama

Quando não compreendemos a natureza da abundância, ou damos valor ao que é mais importante na vida, desejamos riqueza material, sacrificamos nossa integridade e compaixão em nome dela. Riqueza pode ser uma força na ajuda aos outros. Mas se tememos perder nosso poder, nos tornaremos gananciosos e acumularemos riquezas. Depois o dinheiro nos corrompe ou começa a ir embora.

As pessoas associam normalmente a fama ao dinheiro e ao poder. Assim como o dinheiro é temporário, a fama pode ser transitória. O poder da fama pode facilitar a ajuda aos outros, mas se somente a usarmos para alcançar mais glória e atenção para nós mesmos, teremos a sensação de escassez.

As pessoas atingem certo grau de riqueza e continuam sentindo-se vazias, tentam acumular ainda mais e desapegam-se cada vez mais de Deus. Uma cliente minha já tinha dinheiro suficiente e processou os avós por tirarem-na de seu testamento. Apesar de já ser uma das pessoas mais ricas dos Estados Unidos, quanto mais tinha, mais desejava ter. Outras pessoas ricas são convocadas a ir em outra direção porque reconhecem que o materialismo não faz bem a elas. Às vezes, é uma doença e/ou uma perda terrível que os acorda e impele a descobrir sua relação com Deus para que se alinhem à Lei da Abundância.

Por que Algumas Pessoas não Têm Dinheiro Suficiente e Outras Têm Demais

Muitas pessoas se deixam escravizar pelo materialismo. Algumas até mesmo acreditam que aqueles que têm dinheiro são abençoados por Deus e os que não têm estão fora da lista agraciada pelo Divino. Elas não reconhecem que, obedecendo às leis feitas pelos homens, em vez de alinharem-se com os Princípios Eternos, os seres humanos criaram uma distribuição de riquezas materiais injusta. Fomos nós, não Deus, quem criou esse desequilíbrio.

A abundância é uma forma muito positiva de energia, disponível para todo mundo o tempo todo. Quando vibramos abundância, o Universo responde nos trazendo circunstâncias que refletem nossa riqueza interior. No entanto, podemos ser pegos pela crença de que riqueza é o mesmo que dinheiro ou segurança financeira, quando não é. Outro fator esquecido é que a Lei do Carma e os outros Princípios Eternos têm um efeito na atração e manifestação da riqueza, ou não. Não é tão simples quanto "Acredite em Deus e em si mesmo, seja positivo, faça a coisa certa e você terá todo dinheiro que deseja".

Se você tentar manter uma vibração elevada, gerando sentimentos de gratidão e abundância, então, sim, é provável que atraia e manifeste dinheiro. Mas nem todos nós precisamos de muito dinheiro para termos uma vida feliz, fazendo o que viemos fazer nesta terra. Sua alma não escolheu encarnar para poder apreciar bons vinhos, casas e carros luxuosos, joias caras! Você pode acabar possuindo essas coisas como parte da jornada, mas não apreciará ou usufruirá delas, necessariamente. Muitos de meus clientes ricos têm medo de que outros roubem seu dinheiro, portanto tornam-se desconfiados, isolados, solitários e infelizes. Focam demais em si mesmos e em seus problemas, e não ajudam aqueles menos afortunados. O que adianta ter milhões de dólares se não tem amigos, não se acha capaz de fazer algo para ajudar o mundo, e a sensação de não ter propósito?

Ao mesmo tempo, algumas das pessoas mais felizes que conheci são muito pobres. Trabalham arduamente e também geram positividade e alegria. Sentem orgulho por estarem fazendo o melhor a cada dia de trabalho. Sabem que são importantes e que a maneira como interagem com os outros faz do mundo um lugar melhor. Despendem tempo cuidando dos pais idosos, ajudando os filhos com o dever de casa, ou dando apoio a outras pessoas. Sabem que são amados, apreciados e que fazem a diferença.

Cada estilo de vida tem seus prós e contras. Nem todos nós devemos ter muito dinheiro, apesar de todos devermos experimentar a abundância. Madre Teresa talvez não fizesse seu importante e compensador trabalho se tivesse que administrar uma carteira de investimentos, muitas casas e muitos empregados. Bill Gates não faria o trabalho dirigido à aids que faz se não tivesse muito dinheiro. Precisamos abandonar nossa ideia simplista de que a quantidade de dinheiro que temos determina nossa felicidade e se podemos ou não tornar o mundo melhor.

Nosso carma interfere enormemente na fluência de dinheiro em nossa vida (lembre-se: todos nós temos carma individual, assim como familiar e global, que compartilhamos com outros). Se nos tornamos gananciosos, nossa riqueza provavelmente nos escapará. Não faz muito tempo, quando estive na Romênia, me pediram que previsse quem ganharia a Copa do Mundo. Eu não acompanho esportes, mas, no passado, previ corretamente a maioria dos resultados esportivos. Eu tinha uma sensação muito forte de que o time soviético ganharia esse campeonato e não havia razão alguma para duvidar de minhas habilidades intuitivas. Para meu grande choque, os soviéticos perderam. Muita gente que perdeu dinheiro em apostas me mandou mensagens e expressou sua raiva através de e-mails para o programa de TV no qual me apresentara. Me senti muito mal e pensei bastante em como isso poderia ter acontecido. Acabei me dando conta de que, como as pessoas usaram meus talentos intuitivos para gerar lucros, criaram carma negativo. Atraíram a resposta errada como resultado de sua baixa vibração, e eu fui a condutora. (Apesar de acreditar nas minhas previsões, nunca apostei em esportes ou qualquer outra coisa — e não jogo na loteria nem tento intuir os números certos.) Quando percebi que aquelas pessoas estavam usando minhas previsões para sustentar sua ganância, compreendi por que Deus me enganara de certa maneira. Prometi nunca mais prever quem ganhará um campeonato esportivo. Não quero participar da criação de carma negativo.

De maneira parecida, uma pessoa que telefonou para a Fox me pediu que previsse que ações estariam bem no mercado futuro. Disse a ele que se me desse uma lista das ações eu poderia sintonizar minha intuição com cada uma delas e dizer quais me pareciam melhores ou não. Mas, como expliquei a ele, não devemos focar em ações, porque em breve não teríamos mais mercado de ações. Nossas ideias sobre dinheiro mudarão dramaticamente nos próximos anos. É hora de começarmos a pensar de maneira diferente sobre o que é a riqueza e em como fazê-la crescer.

Quando as pessoas recebem muito dinheiro inesperadamente, quando ganham, por exemplo, na loteria ou herdam uma grande quantia, devem usar a abundância para gerar carma positivo. Mas se cederem à ganância e se tornarem mesquinhas, usando o dinheiro de maneira egoísta, logo se verão na mesma situação financeira em que se encontravam antes de receberem o dinheiro. Talvez o que os ganhadores da loteria atraiam não seja somente dinheiro, mas a oportunidade de encarar seu carma negativo e trabalhá-lo.

Receber dinheiro inesperado que não trabalhamos para ganhar pode criar uma mentalidade de escassez. Sentimos culpa e começamos a distribuir para qualquer pessoa sem pensar no poder do dinheiro. Mas, não assumindo a responsabilidade de gastar o dinheiro sabiamente, geramos carma negativo.

Podemos herdar dinheiro que tem carma negativo associado — por exemplo, uma fortuna construída através da exploração e do sofrimento de outras pessoas. Esse tipo de dinheiro "contaminado" carrega energia negativa e pode gerar mais infortúnio para quem o recebe que a falta dele. Se você reconhece que sua riqueza recém-descoberta foi gerada por alguém que feriu ou explorou outra pessoa, use o dinheiro para consertar o erro de alguma maneira. Uma revisora que conheço ficou muito chateada quando trabalhou num livro que sentiu que encorajava atitudes de ódio e até mesmo violência contra os gays. Escreveu um bilhete para o responsável da editora que lhe dera o trabalho, sugerindo que considerasse a possibilidade de questionar o autor quanto ao que escrevera. Mas como revisora ela não tinha autoridade para retirar do livro as partes ofensivas. Quando recebeu seu pagamento, mandou uma contribuição generosa a uma instituição de caridade que ajuda vítimas de violência antigays.

O dinheiro é uma força poderosa que pode piorar uma situação ruim ou transformá-la dramaticamente se a pessoa fizer as escolhas certas e souber usá-lo de maneira sábia. Mesmo pequenas quantias dadas com amor, compaixão e generosidade podem fazer a diferença no mundo. Quando seus discípulos descobriram que uma mulher deixara somente uma moeda na caixa de caridade do templo, Jesus assinalou que ela era muito pobre, portanto sua doação era ainda maior do que a dos ricos que haviam dado grandes somas.

O cinismo e a desconfiança, a busca implacável pelo primeiro lugar, a preocupação com a possibilidade de não ter o suficiente amanhã se der dinheiro hoje são atitudes que não geram alegria nem segurança. Existem pessoas que vivem com dores crônicas, mas encontram alegrias diárias na vida. São mais felizes do que alguém que está constantemente no consultório de um cirurgião plástico.

A Abundância Muda de Forma

Outra razão pela qual as pessoas não têm dinheiro, independentemente de sua intenção clara e consciente de gerar riquezas, e apesar de sua gratidão por tudo que têm, é que a mudança é inevitável. A abundância muda de forma, e temos que aceitar que nem sempre se mostra da maneira exata que desejamos. No entanto, podemos trabalhar com a abundância que temos para transformá-la em outro tipo de riqueza. Por exemplo, uma abundância de talento e entusiasmo pode levar a trabalhos que gerem muito dinheiro.

Repito, a criatividade tem um papel importante na Lei da Abundância. Mantendo-nos em estado aberto e criativo, nos conectamos a um reservatório infinito de escolhas e oportunidades. Se o que você faz não está dando certo para você, deixe de lado os temores e corra riscos. Depois de viver neste país por alguns anos, descobri tristemente que não havia muita chance para a minha música aqui. Sendo uma cantora popular não mais na casa dos 20 anos, encontrei muitas portas fechadas. Eu sabia que tinha abundância em minha vida, mas precisava estar aberta para suas outras formas, a fim de que encontrasse novas oportunidades para mim. Segui adiante e ganhei dinheiro como intuitiva metafísica, terapeuta e conselheira de casais, autora e designer de joias. Adorava meu trabalho e nunca me permiti ficar deprimida ou acreditar que, como minha carreira musical chegara ao fim, meu tempo havia passado. Sempre podemos reinventar nossas vidas se somos positivos, abraçamos a abundância e trabalhamos duro. Para alinhar-se com a Lei da Abundância, você precisa estar de olhos abertos para enxergar seus presentes e suas bênçãos, e depois trabalhar com eles.

É difícil ter a sensação de abundância quando experimentamos perdas. Podemos nos perguntar para onde ir em seguida, e o que fazer agora. Tudo passa e tudo muda. Qualquer que seja o vazio em sua vida, você não se sentirá vazio para sempre. Se conseguir abandonar seus temores e se lembrar de que a abundância muda de forma, descobrirá seus recursos. Tenha fé de que, se conectando com Deus e alinhando-se com o Princípio Eterno da Abundância, você sintoniza uma infindável gama de recursos e muda sua vibração.

Reivindicando Nosso Direito à Abundância

Às vezes as pessoas se fecham para a abundância porque sentem que não merecem riqueza e felicidade. Venho de um lugar onde a maioria das pessoas é pobre. O comunismo supostamente nos faria iguais. Quando cheguei à América, fiquei chocada ao ver tanta riqueza e tanta pobreza no mesmo lugar — não havia gente vivendo na rua no lugar de onde venho. Fui criada sob a crença de que somos todos iguais e merecemos o mesmo. Ser uma cantora famosa me trouxe certos privilégios: em 1979 era muito difícil encontrar geladeiras na Romênia. Por sorte, eu tive um trabalho como cantora numa fábrica de refrigeradores e permitiram que eu comprasse uma para minha família. Fiquei maravilhada! Ainda assim, senti culpa, também. Não achava que merecia uma geladeira quando tanta gente vivia sem.

Aqui nos Estados Unidos as pessoas frequentemente acreditam que, se têm mais do que outras, deve ser porque se esforçaram mais, por isso têm maior merecimento. Mas é claro que não é bem assim. As pessoas que não se sentem bem consigo mesmas, ou que são muito sensíveis às necessidades alheias, podem ter dificuldade em sentirem-se confortáveis com a riqueza material. Sentem-se culpadas e acham que não merecem as riquezas disponibilizadas para elas. Deus não quer que tenhamos culpa ou que nos sintamos desconfortáveis. Quer que aproveitemos o luxo de possuir riquezas, seja um salário que nos permite tirar férias nos melhores hotéis ou pagar as contas básicas e ainda ter dinheiro para poupar para o futuro e comer num restaurante de vez em quando.

Você não ajuda ninguém sentindo-se mal e envergonhado devido à sua riqueza. Aproveite a abundância, mas compartilhe-a, não acumule. Não crie sentimentos negativos pensando "Eu não mereço isso". Deus quer que você tenha dinheiro por uma razão: explorar as possibilidades.

No entanto, se você se torna ganancioso e não aprecia a riqueza que possui, gerará desequilíbrio. Nenhuma quantia de dinheiro substitui o carma negativo que você gera. Não devemos ter mais do que precisamos nem ser mesquinhos. Se acumulamos demais, recusando-nos a compartilhar, o Universo trará algo negativo para nossas vidas para que recuperemos o equilíbrio. Como dizem, Deus dá com uma das mãos e tira com a outra.

Gerando Abundância

Uma fonte inesgotável de abundância, saúde, segurança, alegria e criatividade está disponível para nós, mas temos de viver sob os Princípios Eternos para mantermos o acesso à fluência de riquezas que Deus quer despejar em nossas vidas.

Reze a Deus, peça bênçãos e veja Deus em tudo que você faz. Inspire-se convidando Deus a entrar em sua vida. Respire profundamente e permita que seus pensamentos e sentimentos mudem. Ficamos mais positivos quando abandonamos os temores e nossos limitados padrões de pensamento. Não geramos abundância sem a ajuda de Deus, sem sintonizarmos o reservatório do Universo e sem nos alinharmos aos Princípios Eternos. Somos como uma bateria que precisa da recarga da energia divina para que mantenhamos o estado de abundância.

Você pode achar que está se sentindo bem, mas se também não estiver sendo generoso e grato, não se encontra em estado de abundância, e logo as circunstâncias de sua vida irão mudar. O que não apreciamos nos escapa. O que não oferecemos perde valor.

Tenha o que tiver, sejam posses, dinheiro investido, um salário regular, ou uma relação próxima com seu filho, é importante sentir-se grato e expressar esse sentimento todos os dias. Faça um ritual e dedique alguns momentos de seu dia ao silêncio, de olhos fechados, e fixe-se na sensação de riqueza que você experimenta ao olhar para o rosto amoroso de seu filho, ou ao ver-se recebendo seu pagamento e depositando-o na caixa do banco. Se você tem uma vista bonita da janela de sua casa, sente-se e aprecie, rezando por gratidão ao lindo mundo em que você vive.

Se está com dificuldades financeiras, trabalhe suas questões cármicas relativas ao dinheiro para que possa ter mais facilidade em alinhar-se com a abundância.

Pense em trabalhar de maneira inteligente. Pare de dar a quem não aprecia seus esforços e não se deixe enganar pela ideia de que basta fechar os olhos e desejar o dinheiro que ele aparecerá em sua vida. Reconheça e agradeça por suas riquezas e você deixará de ter sentimentos de temor e ansiedade em relação ao dinheiro. Só então você atrairá riqueza em vez de repeli-la. Na zona rural romena, as pessoas que têm pouco dinheiro podem respirar ar puro e limpo, andar por florestas tranquilas e sentir a fragrância de centenas de flores selvagens que salpicam as colinas e os vales. Quer maior riqueza que isso?

Se sua casa não tem beleza natural e você não tem dinheiro para decorá-la, pode limpar e arrumar o que tem. Arrume as coisas de maneira bonita. Pintura é algo barato e você pode encontrar móveis de baixo preço em brechós e até mesmo na rua, em caixas de entulhos de um bairro rico. Uma amiga adora a mesa e as cadeiras de fórmica dos anos 1950, que fazem com que se lembre da infância e dos prazeres simples vividos por sua família. Encontrou a mesa na rua e comprou as cadeiras por vinte dólares no bazar da igreja. Quando recebe visitas para jantar, adora contar a história de quando deu de cara com a mesa numa esquina numa noite chuvosa em que se sentia triste. "Foi como se Deus a tivesse colocado ali como um presente especial para me alegrar!", ela costuma dizer.

O que quer que você tenha, não importa se muito ou pouco, sempre reserve um tempo para sentir-se grato. Reze em agradecimento, diga coisas afirmativas que expressem seu prazer na abundância e mantenha um diário de gratidões. A gratidão ajuda a corrigir a crença distorcida na qual caímos de vez em quando: "Não tenho o suficiente!" Perdemos muito tempo e energia nos preocupando com dinheiro, mas não paramos para apreciar a comida que temos na despensa ou na geladeira, nem o fato de que podemos ir ao supermercado e comprar mais comida. Esquecemos que mesmo com pequenas doenças a maioria de nós goza de saúde excelente. Se você tem todas as faculdades mentais, lembre-se de quantas pessoas sofrem de demência ou danos cerebrais. Agradeça por ser capaz de confiar na sua memória e nas suas habilidades cognitivas. Se você tem roupas apropriadas, transporte eficiente, emprego estável, amigos que se preocupam com você e uma família que o ama, você tem muita sorte. Se não gosta do que está acontecendo na sua cidade ou nos Estados Unidos, agradeça porque pode reclamar com o governo sem ir para a cadeia. Agradeça por poder votar em outro representante, ou até mesmo candidatar-se, caso os eleitos não atendam à sua necessidade — sem ser arrancada de casa e presa no meio da noite.

Se você tem dificuldade de sentir que vive em abundância, olhe para aqueles que não estão tão bem e pergunte-se: "Estou sofrendo de verdade?" Sêneca, filósofo grego, disse que se você realmente quer ser feliz, é melhor olhar para trás e não para a frente. Faça uma visita a um país ou bairro pobre para um teste de realidade. Não se compare a quem tem mais dinheiro que você. Olhe para os menos afortunados e pergunte-se: "O que eu posso fazer para melhorar um pouquinho a situação deles?" Você pode se surpreender com quão potente e feliz pode se sentir simplesmente por fazer uma coisa por alguém.

O Ato de Doar e a Generosidade

Quando você sente abundância genuína, tem urgência em compartilhá-la com os outros. Se tem riqueza, mas teme doar parte dela, precisa deixar de lado sua sensação de escassez. Se você recebe dinheiro inesperadamente, dê ao menos um pouco àqueles menos afortunados. Assim que decidir o montante de um cheque, aumente o valor ao ponto que o deixa um pouco desconfortável. Dê sem pensar se vai ser reconhecido. Dessa maneira, você aprenderá a parar de equacionar abundância e dinheiro, e começará a experimentar abundância verdadeira: o sentimento maravilhoso de segurança de ter mais que o suficiente para dar e a alegria de compartilhar o que tem com os outros. Algumas pessoas acreditam em repartir, mas acho que é melhor você se perguntar quanto realmente pode dar em vez de automaticamente pensar que tem que dar somente um valor específico.

Sempre que vir alguém sofrendo, ajude se puder. Sacrifique tempo e dinheiro em benefício alheio. Peça a Deus que abençoe essa pessoa e faça uma oração de agradecimento por sua própria boa fortuna. Se estiver andando na rua e alguém está sem casa, ou está numa cadeira de rodas, reze por ele. Olhe-o nos olhos, sorria ou diga olá, mesmo que não possa fazer mais nada. Dar amor a alguém é um presente maravilhoso, e se você pode ajudar uma pessoa de alguma maneira, é ainda melhor. Em sua comunidade, trabalhe para uma organização ou um banco de alimentos, ajude a distribuir sopa gratuita, ou ofereça-se como voluntário para aulas particulares depois do horário escolar. Ajude um asilo — você pode dar aulas, entreter ou encher as estantes com bons livros. Crie um fundo para gerar dinheiro e chamar atenção para o problema de sua comunidade. Você conhecerá pessoas e todos compartilharão alegria enquanto trabalham juntos para fazer do mundo um lugar melhor.

Toda manhã, pergunte-se: "Que bem posso fazer hoje e me dará a sensação de poder influenciar positivamente o mundo e ajudar pelo menos uma pessoa?" Não se apegue a elogios e reconhecimento. Agora, alguém passando necessidade pode se aproveitar de você se não der ouvidos à sua intuição em relação a quem está ajudando ou se tentar se meter no carma alheio. Deixe de lado a sua autoimagem de grande salvador e verá com mais clareza como pode ajudar as pessoas sem criar mais carma negativo para si mesmo ou para elas. Tome cuidado para não se prender a velhos padrões de comportamento que não servem ao seu crescimento espiritual.

Quando aceitamos que o Universo se arruma através da Lei do Carma, aceitamos que às vezes nossa confiança será traída. Não permitimos que a atitude do outro nos impeça de ajudar o mundo. Viver em abundância requer que confiemos na totalidade, na humanidade. Isso pode ser difícil considerando-se que existe muita gente que não merece confiança, gente agindo com base na insegurança e no medo de não ter o suficiente. Como indivíduos, e como parte de um todo maior, devemos estar cientes de que existem pessoas cujas almas são novas neste mundo e que estão, portanto, num nível muito baixo de evolução. Podemos nos proteger delas sem culpá-las ou julgá-las. Se desejamos ser generosos, podemos ajudá-las a reconquistar sua própria capacidade de confiar.

No livro *Os Miseráveis*, de Victor Hugo, um padre flagra um ladrão que acabara de escapar da prisão. Ele diz ao ladrão que leve toda sua prataria, mas que a use para viver honestamente, cuidando do próximo. Esse extraordinário ato de generosidade ensina ao ladrão que existe bondade no mundo. Ele reconquista sua capacidade de confiar nos outros, afasta-se do crime e desespero, e prospera. É assim que devemos viver — sem ter tanto medo do sacrifício e reivindicando nosso poder de fazer o bem.

Pode ser difícil enxergar que fazemos a diferença quando escutamos o noticiário e as últimas histórias terríveis de sofrimentos. Tente não assistir ao jornal! Leia em vez disso e, mesmo assim, evite ler as histórias muito negativas. Faça o que pode para ajudar o mundo e confie que você inspirará outros para que se doem também. Quanto mais de nós agir generosamente, mais perto a humanidade chega de uma virada quântica para uma maneira mais amorosa de interação.

Permita que a divindade flua através de você e esteja pronto para receber a graça de Deus. Se não for grato e não estiver aberto ao que o Universo traz, acreditando em vez de achar que o que tem não é suficientemente bom, você afastará o que pode colocá-lo para cima, inclusive pessoas que lhe querem bem.

Espiritualidade e Sacrifício

O elemento do sacrifício está em falta em muitas buscas espirituais de hoje em dia. Muito frequentemente as pessoas se fixam na sensação de bem-estar consigo mesmas em nome da espiritualidade. Você pode escalar Machu Pichu, visitar templos sagrados na Índia, ou ir a um *ashram* para meditar durante dias, e isso pode acordá-lo para sua espiritualidade. Mas você pode fazer a mesma coisa sendo grato e experimentando a abundância que já tem em sua vida. Conheço pessoas que fizeram viagens espirituais bastante caras e não mudaram nem um pouco, e outras que desenvolveram uma relação muito mais profunda com Deus sem gastar um tostão.

A espiritualidade nos dá uma sensação de equilíbrio e contentamento que muito frequentemente é chamada de graça. Quando estamos verdadeiramente em contato com nossa espiritualidade, parece que tudo está bem no mundo. Aceitamos o que não podemos mudar e temos coragem de mudar o que podemos. Fazemos o que for preciso e nos entregamos sem cálculos ou reclamações.

Em contrapartida, se nosso trabalho de caridade tem a ver com frequentar festas sofisticadas e ter nossa fotografia nas colunas sociais, ou com a competição para ser a pessoa mais admirada e poderosa em nossos grupos voluntários, não estamos dando e sacrificando. Estamos barganhando. Trocamos nosso sacrifício por uma paga específica e bloqueamos a fluência da abundância em nossas vidas.

Você não precisa esperar por um evento traumático para se aproximar de Deus e entrar em contato com seu lado espiritual. Foque na abundância agora, doando-se generosamente para que possa apagar seu carma negativo.

O Poder da Abundância

Quando experimentamos a abundância, nossa sensação de falta desaparece. Nossos problemas não nos parecem tão esmagadores e não sentimos a urgência de ter mais em nossas vidas. Achamos mais fácil criar bom carma. Nos tornamos até mais saudáveis, sábios e pacientes conosco e com os outros quando aceitamos os altos e baixos da riqueza material. Somos mais capazes de dar e mais desejosos de nos sacrificar por um bem maior.

Americanos trabalharam arduamente e fizeram muitos sacrifícios para alcançarem a prosperidade que usufruíram depois da Segunda Guerra Mundial. Essa riqueza foi perdida quando cedemos ao medo e nos tornamos obcecados com sucesso pessoal acima do bem-estar alheio. Empresas ficaram com a visão mais estreita, atentando somente para o lucro final. Nosso país ficou míope também, focado em "O que existe aí para nós?" quando lida com outros países.

Alcançamos um ponto em que parece que temos que ser pelo menos um pouco desonestos para vencermos e avançarmos nos negócios e na política. Não é preciso ser dessa maneira. A divindade nos colocará novamente nos trilhos. Apesar de ter havido momentos desde os anos 1950 em que começamos a nos mover na direção do Princípio Eterno da Abundância, agora mais que nunca estamos precisando focar no que é bom para todos. Existe pagamento cármico para a ganância, mas não gostamos de assumir a responsabilidade por nossos erros advindos dela. Você não tem que se responsabilizar pessoalmente por acontecimentos dos quais não participou, mas pode expressar amor, compaixão e generosidade para com aqueles que sofreram devido às ações de seus vizinhos — ações que podem ter beneficiado você de alguma maneira transversa. Jesus não disse: "Cuidem dos pobres, doentes e encarcerados a menos que não sejam pessoalmente responsáveis por sua circunstância." Ele simplesmente disse: "*Faça-o!*"

Lembre-se da Lei da Totalidade e da Lei do Carma. Se tem de sacrificar um pouco por alguém que está sofrendo por algo que não é falha sua, você gera bom carma que beneficia a todos, inclusive a si mesmo. Atitude afirmativa é um bom exemplo do que se requer de nós: sacrifício pelo bem maior. Você pode perder uma boa oportunidade de trabalho ou a vaga numa universidade devido a atitudes afirmativas, mas quando apoia a intenção de criar oportunidades iguais para todos, uma oportunidade ainda melhor aparecerá para você como resultado.

Não há como dizer qual a quantidade certa de riqueza para ninguém em particular. Viver equilibradamente significa que qualquer montante de dinheiro que você tenha deve ser usado para o bem maior. Você não precisa pensar muito sobre dinheiro nem dar atenção demais a ele. Não se preocupe com a maneira como os outros gastam dinheiro, porque todos nós temos valores diferentes. Tenho uma cliente em Nova York que comprou um cavalo que é cuidado na Carolina do Norte. Ela visita o animal a cada três meses. Alguns podem achar que ela fez uma bobagem, mas ter um cavalo era o sonho da vida inteira dessa mulher, e ela dá valor verdadeiro ao cavalo. Ele lhe dá tremenda alegria e a ajuda a manter a vibração de abundância.

Todos queremos coisas diferentes, mas temos que permitir que todos tenham abundância. Devemos evitar a ganância e o desejo de possuir mais do que a nossa parte. Mesmo que aos pouquinhos, podemos nos livrar de nossa mentalidade de acúmulo e ganância. Uma vizinha se apegou a algumas roupas bonitas e caras que sua filha usara quando bebê, porque tinham grande valor sentimental. Depois ela ouviu de uma amiga a história de uma mãe solteira que estava lutando para ganhar a vida enquanto cuidava do bebê recém-nascido com cólicas. Minha vizinha se deu conta de que essa jovem mãe realmente apreciaria as roupas e deu-as à amiga para que passasse adiante. Quando soube que a jovem mãe se alegrou com o presente inesperado, ficou com o astral altíssimo e sentiu-se mais abundante do que jamais se sentira apegando-se às roupas ou vendendo-as. Ela só queria alguém que apreciasse as roupas de bebê tanto quanto ela.

A Lição da Lei da Abundância

Dar e sacrificar são divinos.
A ganância e o egoísmo são criações do homem.

O verdadeiro poder da abundância é a habilidade de doar coisas e um pouco de nós mesmos. Se queremos viver em abundância, precisamos aprender a dar e sacrificar.

Vivemos numa cultura materialista na qual somos encorajados a valorizar o dinheiro acima da abundância genuína e a acreditarmos que riqueza e influência nos protegerão contra a infelicidade. Muitas pessoas só se preocupam em acumular fortuna e conquistar poder sobre os outros para que possam sentir que não têm nada a temer. Tornam-se gananciosas, egoístas e viram as costas para a fonte de poder e segurança única e final: o Divino. Tristemente, elas não percebem que a abundância é um estado tão energizante que erradica o medo. Abundância nos dá força e vigor para continuarmos vivendo, amando e sendo compassivos mesmo quando nossas circunstâncias são extremamente desafiadoras. Ela elimina o vazio interior que tantas pessoas tentam preencher alcançando e conquistando mais coisas.

Preocupar-se com o sucesso pessoal acima de tudo tem levado à mentalidade de subvenção e de cortes. Não há escapatória para o carma. Se pegar mais do que é seu por direito, você literalmente não vai escapar de forma impune. Um de meus clientes costumava se gabar devido ao pouco que pagava de impostos porque tinha um contador muito esperto. Ele tinha um estilo de vida de gente muito rica e, apesar de seu primo ter-lhe emprestado um bom dinheiro para abrir um negócio que falira, ele não via necessidade de pagá-lo. Quando sofreu auditoria da Receita Federal e teve que pagar multas por movimentações financeiras que não conseguia justificar, ele ficou em choque, mas não surpreso. Foi um revide cármico. Egoísmo e traição nunca valem a pena.

De quanto você precisa, na verdade? A Lei do Amor e a Lei da Abundância estão interligadas. Se você vive em escassez, seus relacionamentos serão condicionados, porque você atrairá pessoas interessadas somente no que podem ganhar de você. Mas se viver em abundância, ficará maravilhado com a quantidade de pessoas amorosas, cuidadosas e generosas que aparecerá na sua vida.

Se sua vida não está dando certo, se você tem dinheiro mas não alegria e pouco amor, você não está alinhado com a abundância. Está vivendo em estado de escassez e sob o perigo de acreditar que sua única responsabilidade na vida é você mesmo. Se adotou essa atitude, está bloqueando a abundância verdadeira que merece.

Em estado de abundância reconhecemos que estamos bem e que nossos recursos são sempre adequados. Sabemos que sempre existe bastante para todos quando estamos alinhados com a Divindade. Não sentimos a necessidade de correr atrás de dinheiro ou poder, nem de suportar pessoas abusivas para tentarmos manter um trabalho, um relacionamento ou uma situação. Podemos fechar a porta para eles sabendo que outra se abrirá.

Abra-se para a fonte divina da abundância e da criatividade, e sua energia mudará completamente. Você desejará dar aos outros e até mesmo fazer sacrifícios, independentemente de lhe retribuírem ou elogiarem por isso. Você descobrirá os muitos presentes que tem a oferecer ao mundo e encontrará oportunidades para aperfeiçoá-los e usá-los em benefício próprio e de outras pessoas, até mesmo estranhos. Então, você começará o trabalho sagrado da cura.

Capítulo 7

O SÉTIMO PRINCÍPIO ETERNO:

A Lei da Atração

O Universo trabalha conosco para trazer-nos aquilo de que precisamos.

Um dos Princípios Eternos mais falados é a Lei da Atração. Não sei dizer quantas vezes meus clientes já me disseram: "A Lei da Atração não funciona comigo, e eu não entendo por quê." Existem dois aspectos fundamentais para que se compreenda como este Princípio funciona. Primeiro, esta lei divina interage com todas as outras. Segundo, muitas vezes há um enorme espaço entre o que seu consciente deseja e o que seu subconsciente quer atrair. É o subconsciente que mais influencia nossa vibração e o que trazemos para nossa vida.

A Lei da Atração e Outros Princípios Eternos

Assim como você não pode compor uma sinfonia com uma nota somente, não se pode criar uma vida feliz e preenchida usando só um dos Princípios Eternos, Divinos. Eles agem juntos, influenciando uns aos outros.

Tive uma cliente linda, brilhante, maravilhosamente bem-educada e financeiramente estável. Ela dizia com frequência que desejava se casar com um homem poderoso e atraía muitos bilionários, mas tinha tantas questões psicológicas mal-resolvidas em relação aos homens que todo parceiro acabava traindo-a. Ela era incapaz de controlar o próprio medo e o ciúme quando se tratava de homens. Portanto, enquanto seu consciente insistia que ela queria um amante fiel, seu subconsciente tinha ideias bem diferentes. Sabia que ela realmente precisava resolver seu carma relativo a homens e poder, e as experiências de traição eram oportunidades para aprender suas lições. O Universo respondeu à forte intenção criada por seu subconsciente. Deus queria que ela fosse feliz num relacionamento e sabia que isso não aconteceria enquanto ela se apegasse à desconfiança em relação aos homens e à necessidade de estar no controle de uma parceria. A Lei do Carma, trabalhando em comunhão com seus desejos inconscientes, ditava o que ela atrairia. O Universo respondia trazendo-lhe exatamente aquilo de que precisava — o tipo de homem que a faria sofrer o suficiente para querer mudar. Foi isso que a trouxe ao meu consultório, onde ela começou a encarar suas questões e a resolver seu carma.

Se você está pensando agora "Mas eu não mereço sofrer!", não conclua que o Divino quer vê-lo infeliz. Não é uma questão de o que você *merece*, mas do que você atrai subconscientemente. É como se você colocasse sem saber um anúncio pessoal que diz: "Procura-se homem infiel, manipulador, desonesto e sedutor para me ajudar a resolver minhas questões relativas à falta de valor e confiança", ou um anúncio de classificado mais ou menos assim: "Procura-se: uma oportunidade de aprender como me sentir bem comigo mesma sem ter dinheiro." Deus responde aos anúncios que seu subconsciente programou.

A única maneira de encerrar um padrão de atração de situações negativas na sua vida é se tornar consciente dele e mudar seu carma para que você transforme as intenções de seu subconsciente. Lembre-se: o subconsciente guarda todas as memórias de suas experiências passadas nesta vida e nas anteriores. O lado direito do seu cérebro, trono do subconsciente, está sabendo de todos os seus carmas não resolvidos que precisam de atenção. Apesar de você não resolver completamente todas as suas questões psicológicas e curar todo carma nesta vida, quanto mais estiver consciente deles e trabalhar ativamente para resolvê-los, mais chances terá de mudar sua vibração e atrair o que deseja conscientemente.

Tenha em mente que o carma possui diferentes camadas. Existe carma do dinheiro, da saúde e o emocional. Talvez você não tenha nenhuma questão cármica relativa ao dinheiro, logo sua situação financeira é estável, mas você pode ter questões relativas ao seu corpo, à saúde e às emoções que fazem com que você atraia doenças. Todos nós estamos expostos a toxinas no ambiente, mas nem todo sistema imunológico responde sucumbindo, gerando doenças ou deixando de funcionar e permitindo que patogenias assumam o controle. Duas pessoas com genética e estilo de vida semelhantes podem ter relações diferentes com saúde, se uma delas tem carma não resolvido nesta área (talvez até mesmo de outra vida), mas a outra não.

No momento em que você trabalha seu carma, muda sua vibração num nível celular e esvazia seu campo energético de parte do resíduo tóxico que faz com que ele fique lento. No entanto, se você não limpou completamente esse resíduo, ele começará a crescer novamente, como um câncer. Você pensará que superou sua raiva da negligência de seus pais na infância, mas quando seu chefe estiver muito ocupado para lhe dar assistência excessiva num projeto importante, você reagirá com exagero, porque negligência ainda é uma questão para você. É como manter a poeira longe de uma casa grande! Mas aos poucos você muda aquilo que seu subconsciente atrai, alinhando-o mais com o que seu consciente deseja.

Atração e Totalidade

Por causa da Lei da Totalidade, estamos conectados uns aos outros através de nosso subconsciente. Grupos de pessoas compartilham carma que atrai situações comuns a elas. Neste momento, os Estados Unidos estão lidando com um carma malresolvido relativo ao dinheiro. Muita gente gananciosa atraiu e manifestou problemas financeiros. Mesmo pessoas que têm um carma financeiro bem resolvido estão presas aos problemas econômicos causados por grupos maiores. Cada um de nós deve trabalhar para curar esse carma, mesmo que, individualmente, não contribuamos para a negatividade criada. Em vez de termos raiva ou ressentimento, devemos ver aí uma oportunidade para gerar bom carma para nós enquanto ajudamos outras pessoas a resolver nosso carma grupal.

A Lei da Totalidade, trabalhando juntamente com a Lei da Atração, faz com que arrastemos para nossa vida pessoas que compartilham as mesmas questões cármicas, psicológicas. Essas questões podem se manifestar de diferentes maneiras. Nem sempre reconhecemos por que estamos atraindo determinadas pessoas até que as conhecemos melhor. Uma cliente minha descobriu que o parceiro romântico com quem acabara de romper era alcoólatra. Ele lhe disse que ela deveria começar a pensar no alcoolismo na própria família, porque descobrira no AA que muitas vezes mulheres que atraem alcoólatras têm um parente com o mesmo problema. Quanto mais falávamos no assunto, mais ela intuía que um dos pais fora um alcoólatra silencioso. Falou sobre isso com uma amiga muito chegada da época de colégio e ela disse: "Bem, acho que isso faz sentido. Todas as nossas grandes amigas têm pai, mãe ou irmão alcoólatra."

Minha cliente achou tudo muito incomum, mas expliquei que é na verdade bastante comum. Essas seis amigas tinham personalidades bastante diferentes, mas eram atraídas umas às outras por uma questão cármica compartilhada. Apoiavam-se tanto que foram capazes de se ajudar e tratar de seu carma coletivo.

Atração e Abundância

A Lei da Abundância também trabalha com a Lei da Atração. Trazemos para nossas vidas aquilo de que o subconsciente precisa, mas se aprendermos a reconhecer o que a abundância realmente significa, tornamo-nos capazes de começar a atraí-la conscientemente.

Ao longo dos anos fui descobrindo que não importa para onde eu vá, as pessoas no mundo todo querem basicamente as mesmas coisas: amor, relacionamentos estáveis, uma boa vida e dinheiro suficiente para que não vivam em sofrimento. Todos têm diferentes ideias sobre a quantidade de dinheiro necessária.

O que você realmente quer? Você seria mais feliz com menos "coisas"? Pense sobre tudo que você tem guardado na garagem, no porão e nos armários. Você sabe ao menos o que possui? Quantos brinquedos habitam o quarto do seu filho? Quando vai a um restaurante fast-food e come uma refeição "feliz", o brinquedo que vem junto realmente faz sua criança feliz, ou acaba debaixo do banco do carro junto com meia dúzia de brinquedos baratos que o divertiram por dois minutos?

Quantas vezes você comprou algo para afastar uma emoção negativa e não porque realmente precisava ou valorizava aquilo?

Quando olhamos de perto para o que desejamos, percebemos que nossos sentimentos de desejo e de falta nos impedem de atrair riqueza material, ou fazem com que a atraiamos de uma maneira que nos faz sofrer. Podemos ter tanta riqueza que nos sentimos presos, ou descobrimos que nossos amigos e familiares ficaram com ciúme por não poderem acompanhar nosso estilo de vida.

Falta e insegurança nos levam ao desejo e ao sentimento de que não podemos ser felizes ou resolver problemas a menos que tenhamos mais riqueza. Não estou dizendo que é possível atravessar a vida sem nenhum desejo, nem que é fácil deixar de lado nosso medo ou desesperança quando estamos lutando dia a dia para pagar as contas. Mas não podemos deixar que nossos desejos nos deem a dolorosa sensação de falta. O momento em que começamos a abraçar a abundância verdadeira é aquele em que começamos a mudar nosso estado de abundância financeira.

O dinheiro pode fazer com que a vida seja confortável e pode dar a falsa sensação de segurança, mas não existe segurança verdadeira no mundo material. Na verdade, quando você sente a conexão com o Divino, sentimentos de esperança e abundância estão à sua disposição, não importa o que aconteça a sua volta. O que você quer atrair começa a mudar. Você percebe que não precisa realmente de uma casa grande e, apesar de um carro melhor, mais confiável, ser útil, você nota que já tem aquilo de que precisa. Se usar a Lei da Atração para conquistar mais poder e mais símbolos de riqueza, só para promover a si mesmo uma falsa sensação de segurança, estará perdendo esse Princípio Divino. Deus quer que atraiamos abundância. Esteja aberto para quando e como Ele responder suas preces.

Atração e Harmonia

Mesmo quando conseguimos o que desejamos, pode ser que não seja tão gratificante e maravilhoso quanto imaginamos que seria. As pessoas se desiludem quando a paixão diminui e enxergam seus parceiros de maneira mais realista. Tive clientes que atraíram muito dinheiro, depois deram-se conta de que ele não era a chave mágica para sua felicidade e até mesmo lhes trazia novos problemas.

Sempre que ganhamos muito dinheiro sem trabalharmos por isso, um desequilíbrio é gerado e a Lei da Harmonia entra em cena. Assim como existe o dar e o receber nos relacionamentos pessoais, eles também existem na nossa relação com a abundância. Se recebemos demais, supostamente damos mais, ou o Universo corrige o desequilíbrio por nós. Por isso é tão importante ver o dinheiro como uma forma de energia que devemos compartilhar com outros. Ele fará com que você se fixe em coisas de que não precisa e isso o sobrecarregará. Você não terá tempo para o que é importante.

Atração e Sabedoria

Quando estamos alinhados com a Lei da Sabedoria, sentimos gratidão pelo que temos neste momento, em vez de raiva, ressentimento ou tristeza pelo que não temos. A mais alta vibração de gratidão atrai abundância para nós, enquanto as vibrações baixas do medo e da escassez atraem situações que nos forçam a trabalhar o carma não resolvido que cria tais sentimentos. Sabedoria significa saber o que apreciar, o que tem valor duradouro. Ela impede que demos ouvidos aos falsos valores do mundo dos homens que nos tentam a criar carma negativo, a diminuir nossa vibração e a atrair situações que farão com que nos corrijamos.

Atração e Amor

As pessoas naturalmente anseiam por parcerias românticas. Somos criados para desejar amar e experimentar a comunhão sexual com outra pessoa. No entanto, carma não resolvido sempre terá influência sobre o tipo de parceiro que atrairemos.

Quando você se alinha com a Lei do Amor, tem a sabedoria para aceitar que nunca atrairá um parceiro sem falhas que será eternamente doador e tratará você com a mais profunda gentileza em todos os momentos do dia. Tal pessoa não existe! Você deve amar as pessoas incondicionalmente, mesmo quando não gosta de seu comportamento.

Frequentemente, as pessoas tratam os relacionamentos como se fossem descartáveis. Se acham que não se dão bem com o parceiro, tornam-se raivosas e defensivas, até mesmo cruéis ou rudes, e começam a pensar: "Talvez eu precise atrair um parceiro melhor." Com o tempo, casais podem destruir o amor de um pelo outro porque não têm coragem de enxergar seu próprio comportamento e as próprias expectativas, e ajustá-los para fortalecer a parceria que já possuem.

Aconselhamento sobre como se comunicar amorosamente com seu parceiro, mesmo quando você está ferido ou raivoso, e sobre como construir intimidade e confiança podem ser encontrados em todo lugar: em livrarias, no consultório de um terapeuta ou conselheiro matrimonial, nas revistas e nos jornais e em programas de tevê. Ainda assim, com todos os conselhos disponíveis, as pessoas muitas vezes os ignoram ou não fazem uso deles. Permitem que seu carma não resolvido mantenha-os paralisados e presos ao mesmo nível de desenvolvimento emocional e espiritual. Depois, quando a atração inicial se esvai, as pessoas deixam que o relacionamento se despedace em vez de cultivá-lo. Todos os relacionamentos requerem que você deixe os desejos do ego de lado e cuide das necessidades do parceiro.

Anos atrás, quando as pessoas tinham menos expectativas de seus cônjuges, os casamentos eram mais duradouros. O desafio de hoje é valorizar o parceiro pelo que pode ensinar e prover. Ao mesmo tempo, você deve reconhecer que nenhum parceiro é capaz de consertar sua infelicidade. Você deve amá-lo e ter expectativas realistas. Não estou dizendo que você deve permanecer num relacionamento ruim, mas deve ser cuidadoso para não julgar rapidamente seu parceiro como vilão e a si mesmo como quem dá mais, ama mais e faz mais. Senão, sua relação se tornará amarga e você acabará atraindo um novo parceiro que tem as mesmas questões não resolvidas que o antigo. A única maneira de atrair um parceiro melhor é trabalhar em si mesmo e elevar sua vibração.

Atração e Manifestação

De acordo com a Lei da Manifestação, precisamos agir se queremos manifestar o que desejamos. Você pode passar horas recitando afirmações com ardor, mas seu cântico não produzirá os resultados que deseja se você não os seguir com ações. Atração é diferente da manifestação, porque a atração traz as coisas para você enquanto a manifestação permite que você faça com que aconteçam no mundo físico.

O Verdadeiro Segredo da Lei da Atração

Dizem que a Lei da Atração é um segredo mantido longe de nós pelas pessoas poderosas há séculos. Eu não acredito nem um pouco nisso. Acredito que o real segredo é que uma vez que você muda seu carma, o que deseja conscientemente também muda! Por exemplo, muitas pessoas desejam ser ricas. Se alguém recita afirmações sobre ser financeiramente bem-sucedido, fecha os olhos e visualiza-se rico, focando sua intenção em atrair milhões de dólares, tudo bem — não há razão para sentir vergonha desse desejo. No entanto, a questão é por que alguém desejaria ou precisaria de tanto dinheiro?

As pessoas enchem os workshops sobre Lei da Atração para aprender como atrair riqueza material. Algumas delas podem desejar grandes quantidades de dinheiro porque têm um sonho que gostariam de custear. Elas veem o dinheiro como o ingresso para seu anseio de salvar animais abandonados ou inspirar outros para que transformem seus sonhos em realidade. Se têm uma intenção pura de usar o dinheiro para o bem do mundo, conseguirão a riqueza e os recursos de que precisam. Mas se têm outras questões cármicas envolvidas, uma das duas coisas pode acontecer: ou não atrairão o que desejam, ou o farão, mas também atrairão problemas que farão com que encarem suas questões. Podem atrair um investidor rico dominador e abusivo. Terão os fundos para seus projetos, mas também terão que trabalhar questões relativas a figuras de autoridade cruéis.

Recentemente, li um livro de uma autora que promove workshops sobre a Lei da Atração. Não consegui deixar de perceber que ela não mencionou a doação aos outros, o amor incondicional e o serviço ao mundo com seus talentos como coisas cruciais para se atrair a abundância. Ela disse que Jesus estava errado ao dizer "Abençoados os mansos, pois eles herdarão a Terra". No meu ponto de vista, essa mulher não compreende verdadeiramente a Lei da Atração e como ela funciona com os outros Princípios Eternos.

Penso que a maioria das pessoas que deseja conscientemente a riqueza deseja-a pelas razões erradas. Elas não percebem que muito dinheiro também requer muita responsabilidade. Tudo tem um preço. Algumas celebridades ricas têm um entourage de empregados. Elas têm medo de desacelerar e descansar porque se preocupam com as pessoas que dependem delas para viver. É muita pressão, e algumas dessas pessoas não administram isso muito bem. As pessoas podem sonhar em ter uma mansão, mas não se dão conta de quanto trabalho e dinheiro são necessários para sua manutenção. Tenho muitos clientes ricos, e, acredite em mim, eles gastam muito tempo com seus contadores e consultores financeiros. Não há nada de errado em ter todas essas responsabilidades, mas ninguém pede conscientemente ao Universo que lhes promova reuniões com advogados e contadores! O dinheiro parece a solução fácil de todos os problemas, mas a solução verdadeira é resolver seu carma e atrair abundância genuína.

Se você tem um carma não resolvido relativo à riqueza e à abundância, não atrairá riqueza material ou ela chegará a você com restrições para que resolva seu carma. Se você não tem questões carmáticas malresolvidas em relação ao dinheiro, provavelmente ficará muito feliz com qualquer abundância que atrair, seja um milhão de dólares e um parceiro rico, ou um bilhete de loteria premiado com dez dólares e um parceiro romântico amoroso e gentil, mas temporariamente desempregado. Não faça mal uso da Lei da Atração para alinhar-se à ganância!

Como Trabalhar com a Lei da Atração

Todo mundo pode se beneficiar descobrindo seu carma não resolvido e tratando dele. Todos nós temos de nos esforçar para descobrir nossos padrões escondidos de comportamento negativo, especialmente quando a vida parece ir bem. Estamos aqui na Terra para resolver nosso carma, não importa se grande ou pequeno. Não estamos aqui para "nadar com a maré", felizes conosco mesmos, mas sem evoluir. Se nos enganarmos e acreditarmos que não temos nenhum trabalho a fazer nesta vida, ou que não é importante cuidar de nosso carma não resolvido, ele se fará conhecer atraindo problemas para nós!

Use Afirmações, Visualizações e Orações

Uma das maneiras mais poderosas de trabalhar com a Lei da Atração é através de visualizações. Afirmações e visualizações trabalham de mãos dadas com as orações.

Palavras, tanto ditas quanto não ditas, têm um poder tremendo e convertem nossos pensamentos e sentimentos em reações e realidade. Aquilo em que pensamos e que dizemos afeta o mundo a nossa volta. Isso não significa que existem certas palavras que impedirão que atraiamos o que queremos. "Eu quero me livrar das dívidas" não é tão afirmativo quanto "Estou ganhando mais dinheiro a cada dia", mas a palavra "dívida" não atrai dívida. Nem a palavra "quero". Quando você diz continuamente para si mesmo "Quero me livrar das dívidas, mas é muito difícil", você gera sensações de preocupação, medo e escassez que baixam sua vibração. Use palavras que criem emoções positivas. Essa é a ideia por trás das afirmações.

A visualização é uma ferramenta ainda mais poderosa a ser usada com a Lei da Atração. Por um lado, as palavras têm poder, elas são geradas e processadas pelo lado esquerdo do cérebro, o qual é limitado por nossas funções cognitivas e padrões estabelecidos de pensamento. Já as imagens, por outro lado, são a linguagem do lado direito do cérebro, onde toda nossa percepção subconsciente é capaz de encontrar a porta para a grande sabedoria e o inconsciente coletivo, além de encontrar instruções e respostas para os nossos problemas. Na verdade, se você meditar profundamente, pode encontrar imagens vindo à sua mente que vêm de outro lugar — a mente coletiva, capaz de romper com as regras de tempo e espaço.

Programas de neurolinguística usam palavras, imagens e emoções para a reprogramação do subconsciente, criando caminhos neurais no cérebro que se tornam novos mapas para o pensamento e o sentimento. Cada vez que você se imagina sentado à mesa da cozinha em frente ao cônjuge sentindo-se amado e amando, você reprograma seu subconsciente para reconhecer a sensação de estar vivendo um bom relacionamento com um parceiro romântico. Então, mesmo que você não esteja numa relação hoje, e todas as anteriores tenham sido pouco saudáveis, você é capaz de criar uma nova memória. Sim, é a memória de algo imaginado e não real, mas isso não importa para o seu subconsciente! Ele adiciona essa experiência à sua coleção de memórias, reprogramando seu cérebro para que se familiarize com a sensação de ser amado por um parceiro. Você pode transformar seu carma relativo aos relacionamentos simplesmente sentando-se sozinho, criando fantasias! Você pode usar imagens e palavras para imaginar-se atraindo qualquer coisa que deseje. Fazendo isso, você começará a mudar seu carma.

Orações também nos ajudam a atrair o que queremos. Orar nos potencializa e faz com que nos sintamos conectados com Deus. Quando rezamos, a porta para o Divino, a qual fica escondida em nosso subconsciente, se abre; e os sentimentos de amor e aceitação tomam conta de nós e a luz de Deus brilha no campo energético do nosso corpo. A luz curadora de Deus tem um poder tremendo para ajudar-nos a curar nosso carma, dando-nos coragem e esperança. Sempre que nos sentimos perdidos, com medo ou carentes, podemos rezar e Deus nos visitará e começará a curar nossas emoções de baixa vibração.

Algumas pessoas pensam que acessar o subconsciente, coisa que fazemos quando ativamos o lado direito do cérebro, nos abre à atração de espíritos malévolos. Em todos os meus anos de comunicação com o Divino e de permissão a outras energias, inclusive de pessoas que já morreram, eu nunca experimentei uma força sóbria, feia, invasora. Não é que as entidades negativas, de baixa energia, não estejam por aí. Elas estão, mas só se aproximam quando você gera energia negativa da qual elas possam se alimentar. Elas não podem lhe prejudicar muito. São os vivos, não os mortos nem espíritos malignos que realmente ferem as pessoas. Se você é muito negativo e atrai um campo de energia negativa que inclui algumas entidades de baixa vibração, elas sumirão assim que você começar a elevar sua vibração. E depois você começará a atrair energias mais positivas.

Desenvolva Sabedoria e Amor Incondicional por Você Mesmo

Se você se ama apesar de suas falhas, encontrará a coragem para ser honesto consigo mesmo sobre o carma que precisa resolver. Pode ser doloroso admitir que atrai gente que se aproveita de você, apesar de você estar fazendo isso subconscientemente. Não existe razão para se envergonhar do que se esconde em seu subconsciente porque todo mundo tem falhas e fraquezas. Se evita olhar para o lado escuro de si mesmo e escolhe se apegar à crença de que é uma vítima sem influência sobre as situações da sua vida, você perpetuará seu sofrimento. Lembre-se: a Lei do Amor requer que você tenha compaixão e perdoe a si mesmo.

Permita-se Receber

É sempre difícil para alguém que é naturalmente "doador" aceitar ajuda e abundância de outros. Se você está desconfortável com o fato de receber, trabalhe para resolver o carma que impede que receba e mantenha o que você recebe. Digamos que queira dinheiro conscientemente: você foca na intenção de aumentar sua renda e trabalha arduamente. Mas depois descobre-se desconfortável com a melhoria de sua situação. Começa a desperdiçar dinheiro, não o administra direito e deixa que escorra por entre seus dedos. Isso é o que acontece quando você precisa aprender a receber.

Pode ser que você seja destinado a ter muito dinheiro para que concentre a atenção em outras questões que precisa resolver em vez de se debater com as finanças. Ou talvez você precise entrar em contato com pessoas ricas para ajudá-las a resolver seu próprio carma. Vim para os Estados Unidos com pouquíssimo dinheiro, somente a promessa de alguma renda. Depois, aceitei que não seria uma artista popular e rica aqui, aceitei um emprego de recepcionista num consultório médico. Graças à sorte, fiz uma previsão para um dos pacientes do médico, que falou a Candice Bergen sobre minhas habilidades intuitivas. Fiz uma leitura e ela ficou tão impressionada que espalhou a notícia. Antes de me aperceber, celebridades e socialites estavam me procurando, e comecei a ganhar muito dinheiro. Fui capaz de ampliar minha educação e concluí duas graduações, para melhor ajudar meus clientes. Poderia ter ficado devastada por não ter a carreira de cantora que desejava, mas aceitei que tinha um destino diferente. Meu objetivo não era atrair dinheiro, poder ou fama. Recebi aquilo de que precisava para fazer o que estava destinada a fazer.

Também compreendi que o Universo não me abençoara com o dom da visão de futuro ou muito dinheiro só para que eu fizesse compras e comesse em lugares sofisticados, levando uma vida fácil. Ao mesmo tempo, confiei que havia uma razão para eu ter começado a vida pobre e uma razão para eu ter dinheiro agora. Só posso imaginar que sejam motivações do Divino, mas que, ao receber com gratidão qualquer abundância que adentre a minha vida, estou me alinhando com os Princípios Eternos. Você pode sentir desconforto com o que atrai, mas Deus quer que você aceite e trabalhe suas questões cármicas.

Abra seus canais para o que Deus quer que você receba, seja sob a forma e em que momento o destino decidir. O que você consegue pode não ser o que esperava. Pode ser bem mais compensador. E você pode conseguir exatamente o que quer, se isso for de fato o melhor para sua alma. O Universo não reconhece limites para aquilo que você pode atrair.

Bens materiais podem promover conforto terreno, e não há nada de errado com isso. Devemos apreciá-los, mas não devemos nos apegar a eles ou valorizá-los demais. Aproveitar a riqueza gastando-a em coisas de que não precisa, mas acha prazerosas, pode ser como uma parada para descanso na estrada. É útil dar uma trégua à busca constante pelo crescimento. Eventualmente, você deve voltar para a estrada para que viaje em direção ao seu destino: a resolução de todo seu carma pessoal.

Questione Suas Ideias sobre Felicidade e Abundância

Abra-se para diferentes maneiras de pensar sobre a felicidade. Por que você quer o que quer? Somos programados por nossos sistemas de crença e muitas vezes não paramos para questioná-los. A verdade é que o que parece importante em uma cultura não é muito valorizado em outra.

Veja os exemplos do casamento, da realeza, da presidência e das igrejas. Essas são todas instituições criadas por nós, porque pensamos que são absolutamente importantes para nosso bem-estar. Mas elas não nos ajudam necessariamente no alinhamento com as leis divinas. Assumimos que essas instituições durarão para sempre, mas a história já mostrou que não devemos contar com isso. Se colocarmos os Princípios Eternos em primeiro lugar, transformamos todas essas instituições para que sejam melhores ferramentas de ajuda e vivamos de acordo com as leis divinas. Eu acredito que virá o tempo em que não precisaremos de governos, realeza ou dinheiro, porque seremos capazes de nos organizar para gerar paz e estabilidade sem eles.

Para nos alinharmos com os Princípios Eternos, precisamos nos abrir. Precisamos examinar a extensão da experiência da espécie humana em vez de concluir que a perspectiva e as experiências de todo mundo são como as nossas. Nos Estados Unidos, aprendemos que filhas adolescentes naturalmente se rebelam contra as mães, que isso é "normal". Mas essa não é a norma na Europa, onde as filhas tendem a se tornar ainda mais próximas das mães na adolescência. Quando você tem a expectativa que os anos de adolescência de seu filho serão cheios de discussões e com pouca comunicação, você atrai e manifesta essa realidade. Seus filhos intuem essa suspeita e essa defesa em sua linguagem corporal e no seu tom de voz. Podem tornar-se jovens cheios de segredos, manipuladores e não confiáveis como resposta, fazendo com que todos sofram. Você atrairá a situação de conflito entre pais e filhos, porque gerou o pensamento negativo: "Meu filho adolescente e eu não nos damos bem."

Ter mais consciência de outras experiências faz com que você se abra para melhores possibilidades para si mesmo. Pode escolher rejeitar conscientemente ideias como "Adolescentes e pais sempre brigam", ou "Tenho que ter muito dinheiro para ser feliz" e descobrir ideias que atraem situações muito melhores para a sua vida.

A Lição da Lei da Atração

Bem-estar e contentamento são divinos.
Sofrimento e anseio são criações do homem.

Deus deseja que sejamos felizes, saudáveis e satisfeitos. Ele quer atender a todas as nossas necessidades e nos libertar da dor do anseio por aquilo que não temos. Tudo que Deus nos pede é que sigamos as leis divinas para que tenhamos clareza sobre o que realmente é necessário para nós.

Quando nos distanciamos de Deus, criamos uma sensação de medo. Tememos estar sozinhos e vulneráveis no mundo, portanto agarramos qualquer coisa que imaginamos que nos fará sentir um pouco mais fortes. Mas assim que satisfazemos nosso desejo, outro desejo aparece. A casa de quatro quartos não parece boa o suficiente; precisamos de uma de cinco. Nosso anseio constante por algo fora de nós mesmos nos faz sofrer. Mesmo quando conseguimos o que queremos, não ficamos felizes por muito tempo. Nossos sentimentos de escassez voltam e começamos a se acumular novamente.

Bem-estar e contentamento são estados de satisfação que só podemos alcançar quando vivemos de acordo com os Princípios Eternos. Tendo clareza sobre o que é mais importante na vida, você é capaz de enxergar que sempre existe amor, esperança e paz em sua vida se deseja abrir os olhos. Se você conseguir apreciar o que tem, sua perspectiva mudará. Você deixará de ver o que não tem e ficará maravilhado com tudo que Deus lhe provê. Então, se sentirá confiante de que o Universo está trabalhando para levar inclusive melhores circunstâncias para você no futuro. A confiança e apreciação vão elevar sua vibração, permitindo que você atraia o que lhe é mais necessário, o que o encaminhará para a grande felicidade. Experimente a sensação de bem-estar hoje e deixe que a Lei da Atração comece o seu trabalho.

Capítulo 8

O OITAVO PRINCÍPIO ETERNO:

A Lei da Evolução

A intenção de Deus é que evoluamos continuamente em direção a um alto nível de consciência.

Recentemente, houve um boom no interesse por videntes, médiuns, profecias relativas a 2012, medicina energética e pela resposta à pergunta: "Para onde vamos como seres humanos?" Temos muita curiosidade em relação ao mundo invisível e uma sensação de que estamos prestes a uma grande transição. Percebemos que o passo das mudanças acelerou dramaticamente, mas tememos o que essa transformação pode trazer. Temos medo do sofrimento e do desconhecido. O trabalho evolutivo pode ser árduo e às vezes doloroso, mas precisamos nos elevar a um nível mais alto de consciência antes que seja tarde demais.

As profecias antigas de muitas civilizações apontam para esta era como o momento em que a humanidade evoluirá ou perecerá enquanto passa por mudanças nas nossas experiências na condição de seres humanos neste planeta. Desde que escolhemos manifestar corpos físicos e criar a humanidade, tem sido a intenção de Deus que sobrevivamos. Deus sempre dirigiu nossa evolução. Ele deseja nos ajudar a evoluir a um estado mais elevado de consciência, tanto individual quanto coletivamente. Faremos isso resolvendo nosso carma e acordando as partes de nosso cérebro normalmente dormentes e pouco usadas. Mudaremos a maneira de pensar, sentir, viver e envelhecer, deixando para trás nossa identificação com o mundo dos homens quando lembrarmos nossa natureza eterna. Permaneceremos conscientes do fato de que somos almas imortais temporariamente utilizando a forma física para limparmos nosso carma.

Uma vez evoluímos para sobreviver à era do gelo e agora evoluiremos para sobreviver às mudanças que ocorrerão neste planeta quando as forças cósmicas se declararão. Para começar, devemos parar de resistir ao processo evolucionista e piorar nossos problemas. Precisamos parar de resistir às forças de mudança e crescimento.

Evolução espiritual significa elevar-se sobre as emoções e os egos, ajudar nossas almas a se tornarem mais sábias enquanto limpamos nosso carma. Normalmente, fazemos isso através das muitas falhas e erros, o que gera muito sofrimento para nós mesmos. Também podemos fazer escolhas conscientes, devotando deliberadamente nossa atenção ao alinhamento com os Princípios Eternos e à resolução do nosso carma. Se fizermos essa abordagem proativa, sentiremos algum desconforto, mas não será tão mal quanto o sofrimento que poderíamos causar a nós mesmos recusando-nos a ir em frente com a evolução natural da alma e de nossa espécie.

Como seres cuja natureza é energia luminosa, precisamos nos purificar e curar nosso canto da matriz energética divina. Como seres humanos tentando salvar a nós mesmos e ao planeta, precisamos "subir um degrau".

O Cérebro Humano, a Consciência e a Evolução

O cérebro tem um papel enorme na evolução da nossa consciência. Nosso corpo evoluiu para ter dois hemisférios no cérebro, o que gera nossa percepção de dualidade, de certo e errado, de alto e baixo, preto e branco. O mundo de nossos sentidos existe porque somos capazes de percebê-lo como real e separá-lo do âmbito invisível do Divino.

O lado esquerdo do cérebro compreende matemática, lógica e as regras da física tradicional (como causa e efeito). A parte direita permite que experimentemos tremenda criatividade e uma realidade além do tempo e do espaço. Ela compreende as leis da física quântica, as quais desafiam as leis da física tradicional.

Enquanto vivemos neste mundo, precisamos usar os dois lados do cérebro. Jesus disse que temos de nos render ao conhecido ditado: A César o que é de César e a Deus o que é de Deus. Estava nos dizendo que enquanto sob forma humana lidamos com duas realidades, a do homem e a do Divino. Como os dois lados do nosso cérebro trabalham juntos, compreendemos nossa natureza eterna de seres de luz e criaturas de forma física.

Durante o curso da evolução humana, a parte esquerda do cérebro dominou nosso pensamento e nossas percepções. Geramos desequilíbrio na sua utilização e esquecemos o potencial do hemisfério direito, o qual místicos e médicos da antiguidade reconheceram e utilizaram. Não começamos a imaginar o que podemos criar quando somos mais lado direito do cérebro, mais equilibrados em seu uso e mais alinhados com o Divino. Mesmo enquanto trabalhamos com os dois hemisférios, permitindo que o direito tenha mais influência sobre nós do que fizemos no passado, também devemos fazer uso da glândula pineal, a qual se localiza entre os dois hemisférios, e a pituitária, situada perto do hipotálamo na base do crânio. Acredita-se que essas glândulas sejam o lugar da intuição, do portal para o outro mundo, onde podemos saber o que aconteceu num passado distante e o que vai acontecer no futuro. Somos feitos para aprofundar a evolução e fazer uso dessa capacidade intuitiva. Infelizmente, muitas pessoas ainda estão operando na maior parte do tempo com uma área mais primitiva e emocional do cérebro, a parte límbica, incluindo o hipotálamo e a amídala.

Quando vemos algo, a informação passa por nossos olhos, ativa nosso hipotálamo e causa uma reação emocional. A informação depois viaja até a pituitária e a pineal, e temos uma reação intuitiva; uma rápida visão do que está acontecendo sob a superfície da situação e de uma intuição imediata do que devemos fazer e do que se passará em seguida. Podemos ter uma sensação de que estamos em perigo, ou de que alguém está mentindo para nós, ou o que estamos vendo é enganoso.

Essa informação, assim como nossa resposta emocional, depois viaja até a mente racional, localizada no córtex cerebral, o qual interpreta todas as informações usando a lógica.

Com muita frequência, o córtex tem ascendência sobre a mente intuitiva e começa a buscar evidências que sustentem nossa reação emocional inicial. Existe um dizer comum, mais ou menos assim: "Quando estiver com raiva, conte até cem antes de reagir." É um bom conselho, porque precisamos de tempo para contrapor nosso hábito de deixar o centro emocional do cérebro ditar as regras. A meta é permitir que o córtex se sobreponha ao hipotálamo e desenvolver nossas habilidades intuitivas para que, eventualmente, elas possam ter papel tão importante em nosso processo de pensamento quanto nosso córtex.

Suas emoções, geradas na parte menos desenvolvida do cérebro, podem baixar seu nível de consciência e sua vibração. Raiva, inveja, tristeza e ódio devem ser filtrados e processados para que não levem você a comportamentos destrutivos ou à atração de situações que espelham esses sentimentos sombrios. Seja porque explode fisicamente com alguém que você pensa ter-lhe ofendido, ou se sente mal consigo mesmo porque está intimidado pelo sucesso de outra pessoa, você está respondendo através de emoções cruas, negativas, de maneira prejudicial. Não está permitindo que partes mais evoluídas de seu cérebro dominem seu pensamento e suas reações. Compreendendo como o cérebro processa informação, vinda do mundo físico, nos iluminamos em relação às nossas respostas emocionais.

Digamos que você esteja na estrada e um carro faça uma ultrapassagem brusca na sua frente, forçando-o a diminuir a velocidade rapidamente. Seus olhos apreendem o que acontece, e a informação é processada no seu cérebro. Primeiro, seu hipotálamo é ativado, contribuindo para mudanças fisiológicas que geram sentimentos de medo e raiva, depois seu centro intuitivo lhe envia uma mensagem sobre o que está se passando. É possível que você não receba essa mensagem, ou porque está habituado a ignorar sua intuição ou porque permite que suas fortes emoções a suplantem, talvez as duas coisas. Em casos de revolta no trânsito, um motorista pode ficar tão enraivecido que começa a dirigir perigosamente para se aproximar do outro motorista e gritar com ele. Felizmente, a maioria de nós é mais evoluída que isso. Escutamos a forte mensagem de nosso centro emocional, talvez não escutemos a silenciosa mensagem de nosso centro intuitivo, mas ouviremos o aviso de nosso córtex, a mente racional que nos mantém a salvo.

O córtex responde com pensamentos sobre o que aconteceu. Se uma resposta emocional é muito poderosa ou se você não tiver evoluído o suficiente, seu córtex imediatamente começará a fabricar pensamentos negativos que sustentem sua resposta emocional: "Ele deve ter feito isso porque é um imbecil! Ele não respeita ninguém! Poderia ter me matado!" Se você é um pouco mais evoluído, seu córtex estará habituado a construir raciocínios mais positivos: "Nossa, ele dirige com descuido. Não sei o que acontece para ele dirigir assim, mas melhor me afastar dele para manter a segurança."

Depois de chegar a uma posição mais segura, seu consciente lhe diz que você está fora de perigo. Seu sistema nervoso parassimpático se ativa e desacelera seu batimento cardíaco, sua respiração e deixa de liberar hormônios de estresse para que seu corpo possa voltar a um estado de relaxamento.

Uma mente mais evoluída permitiria que a área intuitiva do cérebro mandasse sua mensagem em alto volume e com muita clareza, possivelmente até sobrepondo-se ao córtex. Alguém mais evoluído ainda teria um centro intuitivo ativo que absorveria a informação e começaria a trabalhar com ela antes que acontecesse de fato no mundo dos sentidos. Você seria capaz de saber que havia alguém dirigindo de maneira irresponsável antes mesmo de ver o carro se aproximando nas suas costas, ou aparecendo na sua frente depois da ultrapassagem. Você poderia responder defensivamente muito antes de ele entrar na sua pista. Isso talvez pareça estranho, mas pode acontecer quando sua mente intuitiva acorda e é evoluída o suficiente para deixar que essa mensagem seja dominante.

A Evolução da Consciência Humana e da Sabedoria

Nosso cérebro tem uma capacidade enorme, duzentas vezes maior que a de um computador poderoso, mas não estamos fazendo uso completo dele. Na verdade, só estamos trabalhando com uma pequena parte das capacidades de nosso cérebro.

Para fazer com que evolua, o primeiro passo é desenvolver o hábito de superar as respostas primitivas, emocionais, e permitir que o córtex se sobreponha a elas. Você pode fazer isso examinando regularmente seus padrões de raciocínio.

Geramos pensamentos sobre nossas emoções negativas com tanta frequência que eles se tornam hábito. Terapia cognitiva e o exame regular de seus padrões de pensamento permitem que você crie novos padrões mentais para que possa desenvolver o novo costume de permitir a supremacia de seu córtex sobre suas emoções, para que assim você possa ser mais apurado a acessar as situações. Depois, você é capaz de parar de reagir automaticamente aos conflitos com outros como se estivesse em perigo real, necessitado da energia provida pelas respostas do estresse. Consegue escutar as palavras ditas pela outra pessoa em vez de ficar com raiva e pensar: "Como você ousa dizer isso para mim e me atacar assim?!" Você pode dizer a si mesmo: "O que ela acabou de dizer foi rude; deve estar chateada com alguma coisa." Você não sente imediatamente a necessidade de atacar a pessoa ou a si mesmo com palavras duras. Em vez disso, decide conscientemente o que fazer em seguida, baseado no seu pensamento mais positivo. Você pode até desenvolver compaixão suficiente para responder: "Ela está sendo muito rude. Por que será? Talvez esteja realmente chateada com algo que lhe aconteceu." Você escolherá ser amoroso e gentil em resposta e encontrará coragem para dizer: "Desculpe, não entendo por que você está aborrecida" e perguntar: "Eu fiz alguma coisa errada?" É preciso força para presenciar a raiva de alguém, mas quanto mais sábio você é, mais fácil é não tomar a raiva como algo pessoal.

Ao desenvolvermos um nível mais elevado de consciência, trazemos à nossa realidade física a compaixão e o amor existentes quando somos libertados do peso de nosso corpo: o mesmo nível de consciência que temos depois da morte quando nossas almas estão novamente no âmbito invisível. Nossas emoções negativas desaparecem. Ódio, ressentimento e desejo de vingança desaparecem. A tristeza e o sofrimento evaporam. Lembramos de nossos traumas, mas não temos uma resposta emocional para eles. Se nosso cérebro evolui, sendo reprogramado por nós para um maior alinhamento com as leis divinas, podemos diminuir a intensidade de nossas emoções negativas enquanto estamos nesta vida. Devemos fazer isso individual e coletivamente.

Milhares de anos atrás, talvez tenhamos tido pouca tecnologia, e a ciência e a medicina estavam ainda por serem descobertas. Mas eu acredito que possuíamos sabedoria avançada e um nível mais alto de consciência do que temos hoje, porque estávamos em contato mais regular com a sabedoria e a criatividade divinas.

À medida que nos tornamos mais dirigidos pelo lado esquerdo do cérebro na maneira de pensar e mais convencidos de que o mundo material é o único âmbito da existência, perdemos nossa sabedoria. O médico grego Hipócrates, nascido por volta de 460 a.C., disse: "Que a comida seja seu remédio." Hoje em dia, redescobrimos os poderes curadores de nossa comida. Como podemos ter-nos esquecido desta grande sabedoria? Por anos tentamos melhorar a comida de Deus, processando-a até mesmo geneticamente, alterando-a. Nos anos 1920, propagandas nas revistas americanas clamavam que sopa enlatada era muito superior às versões caseiras. Nos anos 1950, médicos começaram a dizer às mulheres que não dessem o seio aos filhos e usassem fórmulas preparadas que diziam ser superiores à comida feita pela natureza. É incrível como nos convencemos de que sabemos mais que o Divino! E agora lidamos com doenças raras antes de começarmos a mudar nosso suprimento alimentar. Em nome de nossa arrogância humana descartamos o conselho inteligente de Hipócrates!

Acredito que existe muita sabedoria antiga perdida ao longo dos séculos, devido à nossa substituição do conhecimento recebido através do Divino por nossas próprias ideias. As pessoas mataram os padres da antiguidade que cuidavam das tradições culturais e queimamos todos os registros escritos para que eles fossem substituídos pela sabedoria dos invasores. É interessante que muitos desses escritos perdidos estejam começando a ser descobertos: os textos "heréticos" dos primeiros cristãos que expõem o que foi escrito na Bíblia e perdidos até depois da Segunda Guerra Mundial, quando papiros foram encontrados perto do Mar Morto em Israel, e num lugar chamado Nag Hammadi, no Egito. (Na verdade, é interessante perceber que esses textos foram descobertos pouco tempo depois da detonação da primeira bomba atômica, quando os seres humanos desenvolveram a tecnologia que lhes daria o potencial para destruir o planeta. Talvez os tenhamos descoberto porque devemos lembrar a sabedoria perdida contida neles!)

Mesmo Nostradamus queimou muitos de seus textos e de sua coleção de livros antigos uma noite em que ficou com raiva. Por medo ou raiva, incineramos registros de sabedoria diversas vezes, forçando-nos a despender muitos anos na recuperação do conhecimento perdido. Precisamos parar de permitir que nossas emoções negativas nos controlem, para redescobrirmos a sabedoria divina.

Ao longo dos séculos, desenvolvemos muitas tecnologias. Saneamento, água encanada, cultivo de grãos e domesticação de animais são tecnologias muito importantes que melhoraram a qualidade da vida humana, dando-nos mais controle sobre o meio ambiente. A imprensa, assim como o telégrafo, o telefone, o rádio, a televisão e a internet aumentaram nossa capacidade de comunicação de ideias e de espalhar conhecimento pelos quatro cantos do mundo. Mas agora nos damos conta de que devido a toda nossa tecnologia, estamos à beira de destruir o meio ambiente e a nós mesmos. Na verdade, nossas tecnologias se tornaram não só desenvolvimento positivo, mas ameaças à nossa sobrevivência também. Máquinas queimando combustível geram aquecimento global, enquanto equipamentos nucleares, tecnologias para geração de armas químicas, a internet, laptops e celulares facilitam a vida daqueles que desejam prejudicar os outros.

Apesar de todo o avanço tecnológico, só recentemente começamos a desenvolver nossa sabedoria. O caminho aberto pela psicologia e a identificação do subconsciente feita por Freud levaram à exploração do consciente. Ao mesmo tempo, as descobertas no campo da física quântica nos fizeram repensar nossas ideias daquilo que constitui a realidade. Começamos a caminhar em direção à sabedoria divina novamente.

Em 1856, nasceu Sigmund Freud. O pai da psicanálise, primeiro homem moderno a reconhecer a existência do subconsciente e a compreender seu efeito sobre nós, começou a publicar suas descobertas no começo do século XX. Alguns anos mais tarde, Carl Jung expandiu as ideias de Freud. Diferentemente do ateu Freud, Jung acreditava no misticismo e insistia na conexão entre a consciência individual e um inconsciente maior, coletivo, relacionado de alguma forma à divindade. Na verdade, ele acreditava firmemente na mente física e na capacidade de se quebrar o tempo linear.

Ao mesmo tempo em que as ideias de Freud e Jung começavam a ser formuladas, publicadas e discutidas no mundo ocidental, novos movimentos espirituais surgiam nos Estados Unidos. Espiritismo, Pensamento Novo e Teosofia, todas filosofias metafísicas baseadas na ideia de indivíduos conectados uns aos outros e ao Divino através da consciência, começaram a ser abraçados pelos ocidentais. Começávamos a redescobrir a sabedoria de nossos ancestrais, experimentando a Divindade em primeira mão, em vez de acreditar nos ensinamentos de padres e escrituras. Einstein e outros começaram a fazer descobertas sobre a natureza da realidade, o que os levou à percepção de que as velhas regras da física não mais se aplicavam a um nível mais amplo de realidade (física quântica) ou ao menos (física mecânica).

Onde Estamos agora

Neste estágio da história humana, estamos reivindicando a sabedoria antiga e começando a temer menos a Deus e à ordem divina. Estamos questionando dogmas religiosos e voltando nossa curiosidade para o Divino. Estamos nos educando em temas da espiritualidade. No entanto, ainda não estamos aplicando o que aprendemos, pelo menos não em larga escala. Muito tempo atrás, o Novo Testamento aumentou nossa sabedoria coletiva, acrescentando algo às ideias relativas a Deus contidas no Antigo Testamento. Hoje, começamos a desenvolver uma compreensão mais profunda de nossa relação com Deus. Estamos escrevendo as histórias de uma nova Bíblia.

No processo, reexaminamos nossas crenças e intuições sustentadas por muito tempo. Isso assusta muitas pessoas e faz com que se apeguem a ideias velhas. Mesmo que alguns seres humanos se tornem mais evoluídos, outros resistem ao crescimento e abraçam as interpretações rígidas, literais, dos ensinamentos antigos de todas as religiões. No mundo todo, pessoas se filiam a religiões fundamentalistas porque reconhecem que algo vital do passado foi perdido. O que não percebem é que não somente nos desvirtuamos do plano de Deus. Não começamos a perder o rumo nos anos 1960, quando o feminismo, a contracultura, as drogas, e a religião oriental começaram a ser adotados pela cultura americana e espalharam-se para outras culturas da era moderna, quando as sociedades se tornaram mais profanas. Na verdade nós perdemos o rumo muito antes, quando nos afastamos das leis divinas, pervertendo-as em dogmas religiosos e em leis feitas para ajudar certos grupos de pessoas a florescer à custa de outros. Esse mal uso da lei divina adentrou a era da escuridão quando os católicos criaram regras desenhadas para manter a riqueza nas mãos de poucos. Os anos 1960 não foram o começo do fim de nossa conexão com Deus; foram o começo de nosso questionamento da elevação de nossa consciência.

Fundamentalistas de todas as religiões não estão se voltando para os fundamentos da espiritualidade e do aprofundamento da consciência. Estão se voltando para os dogmas estabelecidos por aqueles cuja intenção era gerar segurança para seus grupos específicos, fossem eles brancos, proprietários de terras ou gente leal a um grupo religioso específico. Os fundamentos verdadeiros aos quais todos devemos retornar são os Princípios Eternos. Aqueles que desejam elevar sua consciência devem prevalecer sobre aqueles que desejam andar para trás.

Por que Devemos Evoluir a um Estado de ainda mais Alta Consciência *agora*

A era da mudança, inclusive da inversão dos polos magnéticos da Terra, causará provavelmente grandes reviravoltas e talvez tremendas perdas para a humanidade. Inversão de polo anteriores, terremotos, tsunamis e mudanças atmosféricas podem ter sido a causa da súbita extinção dos dinossauros e, mais tarde, de certos mamíferos. Uma nova inversão de polo pode interromper comunicações eletrônicas e gerar alterações na atmosfera e na geografia da Terra. Não temos informação suficiente para saber exatamente o que acontecerá, mas será uma mudança drástica.

É improvável que sejamos capazes de interromper tais eventos, mas podemos maximizar nossa capacidade de cuidar de nós mesmos e dos outros elevando nossa consciência e alinhando-nos com a lei divina. Quanto mais capazes de confiarmos uns nos outros e de trabalharmos juntos, mais fácil será minimizar os danos feitos à humanidade pelos desastres naturais que são a resposta da Mãe Terra ao modo como a tratamos. Nos abriremos a novas ideias e maior criatividade se deixarmos de lado nosso medo, nosso materialismo e nossa velha forma de conduta.

Apesar de termos uma era difícil à frente, com as mais dramáticas mudanças acontecendo em 2012, teremos adentrado uma era de mil anos de paz em novembro de 2033. A humanidade estará num estágio muito mais elevado de iluminação.

O que Podemos Fazer para Dar Início à Nossa Evolução

Nossa primeira tarefa é desacelerar, respirar fundo e fazer as perguntas: "O que estou aprendendo?", "Como posso me aproximar dos Princípios Eternos e de Deus?"

As pessoas estão em diferentes estágios de evolução e percebem o mundo com olhos diferentes. Aqueles de espiritualidade mais avançada lidam bem com situações difíceis. Superam tragédias através da sabedoria. Aqueles que não evoluíram muito se prendem às próprias dificuldades, bloqueando-se, porque simplesmente não conseguem se libertar do passado. Diferentemente das pessoas evoluídas, não encontram soluções para seus problemas, portanto se tornam autodestrutivas e raivosas. Pessoas evoluídas podem ser acometidas das mesmas circunstâncias difíceis, mas estão abertas às possibilidades e ao aprendizado. Isso permite que sejam criativas e arrisquem a confiança naqueles que podem lhes prestar ajuda. Andam para a frente, cuidam de suas questões, atraem melhores circunstâncias ao manterem seu temor de lado. Ajudarão coletivamente a humanidade a sobreviver às transformações.

Neste momento, muitas pessoas encontram-se em estado de negação das mudanças que estamos experimentando. Estão tentando ganhar mais dinheiro e gerar mais segurança para si mesmas e estão tão aprisionadas no presente que lhes falta visão e imaginação. Esforçam-se para descobrir meios de manter seus métodos antigos, apegando-se às instituições criadas pelos homens em vez de abrirem-se para melhores possibilidades. Devemos abandonar a negação e começar a processar a transformação agora, trabalhando com o Universo para criar vidas melhores e um mundo melhor.

Tudo o que acontece na Terra tem propósito evolutivo para a nossa evolução e a de tudo mais. Precisamos reexaminar aquilo que sempre aceitamos como gratuito, seja nosso estilo de vida, nossas religiões, ou crenças seculares, nossas ideias sobre saúde. Estamos impressionados com a tanta mistura em nosso mundo. A ideia de que nosso sistema bancário nos Estados Unidos é tão mais precário do que imaginamos nos assusta. Sentimo-nos ansiosos, porque o 11 de Setembro nos ensinou que podemos ter a melhor força militar do mundo e ainda assim um punhado de pessoas em missão suicida tem o poder de nos paralisar de medo. Perguntamo-nos: "Por que essas coisas terríveis estão acontecendo?"

A resposta é que Deus sempre nos envia situações que nos empurram na direção da evolução. O dito "Aquilo a que você resiste, persiste" é um truísmo cármico. E tudo a que resistimos também gera e aumenta nosso sofrimento. Por muito tempo evitamos a transformação pela qual devemos passar. Quanto mais tentarmos controlar nossa vida levando-a de acordo com as leis feitas pelo homem, mais estaremos cegos para nosso carma. Quanto mais influência nosso carma tem sobre nós, mais dor causamos para nós mesmos. Gostemos ou não, temos de nos transformar. Não podemos evitar. Temos de abandonar a negação e nos abrir para a assistência Divina.

Como Iremos Evoluir, com a Ajuda Divina

Aqueles que têm consciência de que estamos em apuros normalmente buscam a tecnologia para salvar o planeta e a nós mesmos. A tecnologia terá um papel na evolução, mas o mais importante é que a divindade e a conexão com Deus farão com que nossos cérebros e nossas mentes evoluam. Criando um estado mais elevado de consciência, nos alinharemos com os Princípios Eternos e acordaremos para a sabedoria divina. Isso nos permitirá a sobrevivência às crises e ameaças que encaramos.

Desejamos um salvador que seja capaz de transformar nossa situação perigosa. Muitos acreditam que Jesus retornará para nos ajudar, ou que o Divino intervirá de alguma outra maneira. Deus definitivamente nos ajudará, mas não será Jesus nem um ser angelical a nos salvar. Serão os humanos trabalhando em comunhão com Deus ao elevarem sua consciência. Precisamos parar de buscar fora de nós mesmos um resgate. Quando começarmos a elevar nossa consciência, a Mãe Terra deixará de criar tantos desastres, e nosso barbarismo será curado. Juntos, afetaremos a energia matriz e alcançaremos, coletivamente, uma vibração mais elevada.

No passado, pensávamos que podíamos usar a violência ou as palavras e ideias somente para punirmos aqueles que eram violentos com os outros. Agora, estamos nos tornando pessimistas, cínicos ou impiedosos quando vemos como é difícil influenciar aqueles que têm um nível menos elevado de consciência. Algumas pessoas são muito limitadas por seu sistema de crenças para serem afetadas pela nossa urgência em fazê-las reconhecer o erro que estão cometendo. Da maneira como enxergamos, elas estão simplesmente tentando sobreviver, e se outras pessoas não compreendem isso, danem-se. Alguns são erroneamente induzidos a pensar que o que fazem é um benefício para todos. As pessoas justificam tudo, desde serem consumidores materialistas gananciosos, que traem os amigos para ganhar dinheiro, à imposição de suas crenças religiosas fundamentalistas aos outros para forçá-los a viver de acordo com suas interpretações estreitas das leis de Deus. O Talibã certamente pensa que está ajudando o mundo. Mas, claro, está prejudicando. Se queremos acordar essas pessoas profundamente mal conduzidas, temos de fazê-lo influenciando seu campo energético, não falando com eles ou bombardeando-os.

Temos a Divindade ao nosso lado. Deus é quem traz os planetas à nossa consciência, os permeia de certo tipo de energia, depois os mantém em órbita. Foi Deus o criador das forças cósmicas que nos afetam na Terra.

Enquanto olharmos para nosso mundo mutante com assombro e confusão, estaremos vivendo um grande e coletivo momento de introspecção. Os calendários antigos terminam neste ponto da humanidade porque os profetas e visionários sabiam que seria a hora de parar e rever nosso progresso. É como se o ensino médio chegasse ao fim e precisássemos perguntar se ganhamos nosso diploma. Aprendemos as lições ou precisamos aprender algo mais antes de passarmos de ano?

Nossa consciência do aquecimento global é o resultado da intervenção Divina. Estamos reconhecendo os sintomas de doença na Terra e na sociedade. Estamos começando a nos perguntar o que está acontecendo. Estamos nos conscientizando de nossa própria mortalidade e de nossa conexão com o destino do planeta e o de toda a humanidade. Se os bancos e as hipotecas executam um número grande de casas, somos afetados, mesmo que não sejamos os proprietários. O custo de combustível está subindo, e isso afeta o custo de nossa comida. Estamos enxergando conexões que não alcançávamos antes e percebendo que nenhum de nós funciona sozinho. Deus está nos acordando para a Lei da Totalidade, cutucando nossos ombros, mas precisamos ansiar o alinhamento com tal lei e mudar nossa maneira de perceber, pensar e agir. Chegou a hora de evoluirmos.

Como Nosso Mundo Mudará quando Evoluirmos

Ao evoluirmos, começaremos a perceber que não precisamos de nossas instituições e das regras criadas pelo homem. Elas não serão necessárias se nos transformarmos. No futuro, as crianças aprenderão sobre as leis de hoje e dirão: "Não compreendo. Por que as pessoas precisam que lhes digam para não roubar nem se aproveitar dos outros?" Elas ficarão tão intrigadas com nossas instituições atuais como as crianças de hoje se abismam com a ideia de que há muitos anos nos Estados Unidos as pessoas possuíam escravos, e não conseguem compreender por que os adultos estão assombrados com um afro-americano eleito presidente. No futuro, prejudicar os outros por ganância e egoísmo será uma raridade tão grande que os jovens terão dificuldade para compreender por que precisamos de prisões e polícia. Se isso soa absurdo, pense na estranheza de imaginar pessoas contratadas para caçar bruxas na Idade Média e queimá-las vivas — mas isso aconteceu.

Criamos nossas leis e instituições para resolvermos nossos problemas, mas elas não erradicaram os assassinatos, o roubo, a traição ou qualquer outra coisa que infestou a humanidade desde que os primeiros seres humanos pisaram na Terra. Nossa única esperança para consertar o problema é acessar novamente a sabedoria antiga do Divino.

Não precisamos ser extremamente inteligentes para fazer isso, a lei divina é muito mais simples que as regras complicadas que inventamos para impedir que a civilização caia em barbarismo. Não precisamos de mais regras ou punições duras se mudarmos internamente e alterarmos nosso campo energético ao nos alinharmos com a Divindade. Jesus disse: "Ame o Senhor Deus com todo o coração, sua alma e sua mente." É o primeiro dos Dez Mandamentos. O segundo é bastante parecido: "Ama o próximo como a ti mesmo." Quando Jesus nos disse "Todas as Leis e Profetas se ajustam a esses dois mandamentos", estava falando da evolução da consciência que nos permite amar a nós mesmos e aos outros de forma incondicional, independentemente de nosso sofrimento. Quando nos alinhamos ao Princípio Eterno do Amor, não precisamos de leis que nos digam como tratar as pessoas. Não é necessário lembrar que não as prejudicaremos, nem a nós mesmos. Nem precisamos que os Dez Mandamentos nos digam como viver se experimentamos verdadeiramente o amor incondicional. Sabemos o que fazer sem que precisem nos dizer.

Sempre existirão pessoas de baixo nível de consciência, mas em breve não seremos tão dependentes das instituições criadas pelo homem para impedir que as pessoas prejudiquem umas às outras. Seremos capazes de nos livrar de algumas e simplificar outras, como se organizássemos nossos arquivos no computador e deletássemos aqueles duplicados ou sem uso.

Hoje, no entanto, todas as leis complicadas e contraditórias criadas pelo homem estão nos sufocando. Pensemos em nossa concepção do dinheiro: originalmente, criamos um símbolo simples que representasse valor e pudesse ser trocado facilmente. Agora, pode-se enlouquecer de raiva quando se tenta ordenar tarifas de impostos e de cartões de crédito, ou compreender o que é "derivado". Pessoas pós-graduadas em economia não conseguem explicar os complicados pacotes financeiros que levaram à crise das hipotecas! Perdemos muito tempo preocupados com dinheiro, tentando investi-lo de maneira adequada e garantir que temos o suficiente, e descobrimos que tínhamos muito menos controle sobre ele do que imaginávamos.

Quando olhamos em volta e percebemos a deterioração de casas vazias, fechadas, vemos as evidências físicas de nossas leis criadas pelos homens, baseadas na ganância e na carência, resultando em decadência e destruição. Precisamos simplificar nossas vidas e a maneira como interagimos com as pessoas, permitindo que os Princípios Eternos sejam nosso guia. Então poderemos ultrapassar o senso de ordem e segurança complicados e desnecessários em nossas vidas.

Os antigos de terras distintas tiveram entre os seus homens e mulheres sábios que sabiam que a real segurança está na vida de acordo com os Princípios Eternos. Eles conheciam os segredos para alcançar o potencial do cérebro humano e se comunicaram com a grande matriz da Divindade e do inconsciente coletivo. Infelizmente, esquecemos essa sabedoria, mas podemos escolher aprendê-la novamente. Melhor ainda, podemos compartilhar com outros a compreensão de como nos libertarmos das limitações dos homens, salvando-nos da destruição.

O pensamento global atual é caótico e negativo. Compartilhamos muitas feridas emocionais que precisamos curar para que a humanidade possa experimentar mais amor e alegria, e seja capaz de elevar o nível de nosso pensamento coletivo. Podemos, e fazemos isso, ser parte da evolução.

Como Podemos Evoluir como Indivíduos

Um caminho para a evolução da consciência individual é a alteração de como seu cérebro processa informação. Sua meta deve ser parar de dar às suas emoções negativas tanto peso e assim permitir que seus sentimentos e pensamentos gerem respostas desnecessárias de pânico. Ganhando compreensão em seus processos de raciocínio, seja através de terapia cognitiva ou introspecção, você pode escolher conscientemente uma maneira diferente de pensar suas experiências. Pode escolher parar de personalizar tudo que acontece com você. Tem o poder de parar de se enxergar como uma vítima desafortunada das circunstâncias. Você alcança isso se for diligente quanto à tendência de permitir que suas emoções mandem em seus pensamentos, e então fará escolhas melhores e mais positivas sobre a maneira como interpreta os acontecimentos.

Existem muitas ferramentas para auxiliar nesse processo. Exercícios de respiração podem ajudar a afastar momentaneamente o pânico. Quando feitos regularmente, esses exercícios diminuem a incidência de respostas emocionais movidas pelo medo de descargas de adrenalina no sangue. Meditação permite que você se torne consciente de sentimentos, pensamentos e sensações físicas desconfortáveis que costuma ignorar. Uma vez consciente das coisas de que vem fugindo, você tem que atentar para as escolhas que faz e optar por pensamentos e atitudes alinhados com a lei divina.

Lembrar-se dos sonhos e analisá-los também pode ajudá-lo a descobrir o que está escondido em seu subconsciente para ser processado depois. Exatamente como você limpa seu computador e apaga arquivos de que não precisa mais, você deve encontrar os restos poluidores da sua mente e livrar-se deles.

Muitas vezes meus clientes dizem: "Mas eu não consigo deixar minha raiva de lado", ou "Eu simplesmente não consigo esquecer". A razão pela qual eles não conseguem liberar essas emoções destrutivas é estarem se apegando aos pensamentos que as geram. Você deve abandonar suas justificativas para as emoções negativas, não porque esteja errado ao ficar deprimido depois de uma perda, ou com raiva depois de uma traição, mas porque farão com que você sofra e manterão sua vibração em baixa.

Se você está trabalhando numa questão, libere-se de pensamentos negativos e dos sentimentos criados por eles; depois é só aguardar pelos resultados. Você deve perceber que uma situação que antes o deixaria furioso agora causa uma mera irritação. Deve sentir-se mais equilibrado, menos ameaçado pelos ventos da sorte. Em geral, sua vida deve funcionar melhor.

Tenho visto pessoas se transformarem e alterarem seu campo energético, às vezes drasticamente. Se você ainda está em terapia depois de muitos anos, fez pouco progresso em relação às suas questões e sua vida está à beira de um desastre — suas finanças precárias, seus relacionamentos instáveis, sua autoestima abalada —, então não está fazendo o trabalho necessário. Seja gentil consigo mesmo. Comprometa-se corajosamente a encarar e trabalhar seus problemas. Mude de terapeuta ou procure um pela primeira vez. Seja mais honesto consigo mesmo ao olhar para a própria vida. Questione as histórias que contou para si mesmo a respeito de sua falta de poder e sua posição de vítima.

Você também precisa resolver seu carma. O que não é compreendido pela mente fica boiando ali, como algo que seu estômago não consegue digerir. O carma se prende ao seu sistema, baixando sua vibração. Processe-o e você se limpará, aumentando sua vibração.

A maneira como você se comunica tem importância. As pessoas se comunicam diferentemente, até na mesma língua. Queremos dizer uma coisa e dizemos outra, porque não estamos falando inspirados pelo amor, mas por medo, raiva e frustração. Eduque-se a usar melhores formas de comunicação e princípios básicos da psicologia humana, e você provavelmente achará mais fácil ser compassivo e amoroso em relação àqueles que têm muitas questões psicológicas — inclusive você!

Aprenda um pouco mais sobre questões espirituais em workshops, palestras e livros. Reserve um tempo para cultivar sua espiritualidade através da introspecção, seja com meditações ou retiros. Esta é a ideia por trás do sabá: um tempo livre de sua vida cotidiana. No entanto, não devemos ser rígidos na maneira como tratamos nosso tempo livre para a espiritualidade. Jesus quebrou as regras do sabá judeu quando colheu grãos para alimentar seus discípulos famintos. Curou um homem durante o sabá, porque sabia que não são as leis feitas pelos homens as importantes, mas sim as espirituais. Jesus apontou que, se uma ovelha estivesse para cair num buraco durante o sabá, com certeza o pastor a resgataria. Não devemos relegar nossa espiritualidade a um dia específico e pensar que, ao deixarmos a igreja ou o retiro de domingo, nossa espiritualidade pode ser desligada. Precisamos de tempo para nutrir nossa natureza espiritual a cada dia, para que seja mais fácil para nós acessá-la a qualquer hora.

Às vezes evoluímos como resultado de circunstâncias fora do nosso controle, como quando experimentamos um momento de graça — uma pessoa pode ser transformada na primeira vez em que vê algo milagroso, seja uma visão da Virgem Maria ou o nascimento de uma criança. Podemos também ser acordados a um nível mais elevado de consciência e começarmos nossa evolução como resultado de perdas ou traumas significativos. A abertura aos milagres e mistérios da vida pode resultar em grandes saltos de consciência.

Aprenda com o que outras pessoas antes de você já aprenderam. Ex-extremistas e terroristas muçulmanos disseram que seu estado mental foi alterado para sempre depois de algum tempo de introspecção na cadeia, expostos a diferentes ideias lidas na Bíblia ou ditas em interrogatórios com americanos que os encorajaram a exercitar o pensamento crítico. Muito frequentemente, não tiramos um tempo para o exame de nossos processos de pensamento, agimos como sempre, sem parar para questionar nossos métodos.

Um antigo terrorista dizia que o trabalho voluntário junto à Anistia Internacional, quando estava preso, o ajudou a rejeitar seu sistema de crenças e o ódio pelo Ocidente. Ele foi influenciado pela alta consciência de um voluntário. Outro mudou sua percepção depois de ver um indivíduo perseguido numa rua, espancado até a morte simplesmente por ser judeu. Aqueles que dizem "Não se pode falar com um terrorista" (querendo dizer que não se pode influenciá-los de maneira alguma) não são evoluídos suficientemente para enxergar as raízes dos terroristas, ou para dar ouvidos às lições que ex-extremistas têm a nos passar. Enquanto permanecermos em baixo nível evolutivo, não seremos capazes de ajudar aqueles que correm perigo de cair numa armadilha de violência extrema ou aqueles já pegos por ela. E enquanto nos apegarmos à falsa crença de que as pessoas jamais se modificam, atrasamos a evolução da humanidade. Se um terrorista pode mudar, qualquer um de nós pode.

Temos muito que aprender com os insights e as experiências daqueles que deram um salto à frente em sua própria consciência. A evolução começa ao colocarmos o ego de lado, dizendo: "Não sou tão má quanto aquela pessoa, então por que não posso mudar?" Temos que admitir que há trabalho a ser feito, não sabemos tudo, e não temos um quadro completo da vida. Uma visão limitada da vida é como olhar somente um lado de uma escultura. Quando só podemos enxergar a parte da obra em frente a nós, discutimos com as pessoas do outro lado da escultura e insistimos que nosso ponto de vista é e sempre foi o certo. Aumentamos nossa perspectiva se dermos a volta, olharmos todos os lados e sintetizarmos aquilo que apreendemos.

O que Acontecerá quando Evoluirmos

Evolução espiritual nos leva a um novo patamar de consciência. Nossos pensamentos mudam, depois nossos sentimentos seguem a mudança. Até mesmo nosso corpo se transforma como resultado da vibração nova, mais alta. Tenho atendido a vários clientes surpresos diante de uma melhora física, uma cura, depois de deixarem um relacionamento ou situação estressante de trabalho. Eles não se dão conta de que seus pensamentos e sentimentos se manifestam através de dores de cabeça, nas costas e problemas estomacais. Não sabem que têm a chave para um estado melhor de saúde.

Toda a humanidade está experimentando doenças. Nossas ondas cerebrais estão criando uma realidade que não nos serve mais, desequilibrada e desalinhada com o divino. Precisamos nos purificar para que possamos criar um mundo melhor.

Quando cada um de nós evoluir para um estágio mais elevado de vibração, começaremos a perceber as coisas de maneira diferente. Reconheceremos que as outras pessoas, assim como nós, estão agindo movidas pelo medo e pela frustração e que, como nós, têm os mesmos desejos básicos. Vendo-as de forma diferente, seremos capazes de amá-las mais perfeitamente e nos comunicarmos com maior compaixão. Seremos capazes de escutar com amor e atenção.

Globalmente, as pessoas estão começando a reconhecer que velhas tentativas de manutenção da paz não funcionam mais. Precisamos de algo dramático para mudar as coisas. Podemos dar esse salto evolutivo juntos se mesmo uma pequena maioria de pessoas liderar o caminho.

Evolução e os Outros Princípios Eternos

Enquanto estamos vibrando em baixa consciência, encaramos o esgotamento dos recursos da Terra, inclusive de água e comida. Em todo o mundo, vemos mais saques e desacertos na utilização das fontes preciosas de água. Devemos reconhecer a Lei da Totalidade e nos abrir para a descoberta de maneiras de compartilhar a generosidade da Terra.

Se obedecermos à Lei da Totalidade e à Lei da Harmonia, saberemos como viver em harmonia com a Terra.

Para evoluirmos a um estado mais elevado de consciência, precisamos amar incondicionalmente, assim como requer a Lei do Amor. Estamos percebendo agora que progredimos mais se conversarmos com nossos inimigos em vez de isolá-los (apesar de termos de ser cuidadosos em relação à nossa comunicação com eles).

Almas muito evoluídas, as quais iluminaram o próprio carma, são capazes de criar um alto estado de consciência quando voltam a tomar a forma humana. Podem ativar partes do cérebro humano que lhes permite uma percepção diferente. Desse ponto de observação elevado é mais fácil deixar de lado as distrações criadas pelo mundo dos sentidos e interagir com o mundo invisível do Divino. Esses seres evoluídos são capazes de alinhar-se com os Princípios Eternos mais facilmente que as almas mais jovens. Eles reconhecem que o amor incondicional tem mais poder que a dominação, a violência e a manipulação. Nos ajudam a evoluir.

Uma de minhas clientes é uma alma extremamente jovem e bastante disfuncional. Ela me disse que se apaixonou por um homem, mas experimentava emoções tão extremadas quando falava sobre ele que eu sabia que ela não estava exatamente apaixonada. Tornara-se tão obcecada por ele que, logo depois de iniciar o trabalho comigo, esse homem entrou com um pedido de interdição contra ela. De alguma maneira, ela sabia que seu comportamento era pouco saudável e sem amor, apesar de não conseguir admitir isso conscientemente. Esse pequeno lapso de consciência foi o que a levou a me procurar. Sua família estava envolvida em tantas guerras de poder há tantos anos que ela cresceu sem ter a menor noção do que seria um relacionamento saudável com outra pessoa. Não tinha nenhum direcionamento relativo a como ser amoroso ou doador. Me tornei uma figura materna para ela, porque era muito desesperada e carente. Sabia que eu não a julgaria, que escutaria suas histórias sobre esse homem e seu próprio comportamento, e diria: "Tudo bem que você esteja sendo obsessiva, mas vamos curar isso."

Como consultora, faço meu melhor para ajudar meus clientes, mas como em toda profissão de ajuda, há vezes em que alguém tem questões tão arraigadas que morre de medo de explorá-las completamente. Essa cliente em particular não conseguia suportar a dor emocional de encarar os motivos de seu temor de criar um relacionamento saudável; portanto, apesar de estar ansiosa por aconselhamento e de admitir que tinha um problema, resistia bravamente a qualquer tentativa de explorar suas questões mais profundas, mesmo eu sendo extremamente delicada. Ela mudava de assunto ou insistia que não valia a pena ter conversas sobre certos tópicos. Desejava evoluir, mas não estava pronta para dar mais do que um pequeno passo nessa direção. Muitas pessoas no mundo estão nesse estado pouco elevado de consciência.

No entanto, tenho visto gente encontrar repentinamente coragem para lidar com os traumas mais dolorosos nos quais se recusaram a pensar durante anos, soluçando no meu consultório e chorando de raiva com tanta resistência que se assustavam. Depois foram capazes de evoluir e alcançar um nível mais elevado de consciência e deixaram a terapia sabendo que haviam feito um trabalho significativo. Evoluir não é fácil, mas a maioria de nós tem potencial para dar um grande salto à frente, contanto que tenhamos desejo de iniciar o processo.

Aqueles que querem acreditar que não existem questões feias, dolorosas a serem tratadas resistirão firmemente à evolução. Precisamos resistir a essa tentação, assim como à tentação de elevar uma pessoa ou um grupo particular. Não podemos prever quem acordará para um estado mais elevado de consciência e quem não o fará.

Evolução significa clarear nosso carma e ser compassivo, cuidadoso e amoroso com todos. O que significa reconhecer que a guerra, o discurso raivoso e a raiva são corrosivos, destrutivos e precisam ser substituídos por interações positivas e maneiras criativas de resolver os problemas. Evolução verdadeira acontece de dentro para fora.

Não vimos uma evolução espiritual significativa em 2 mil anos, mas agora estamos prestes a uma mudança fundamental. Vemos evidências em todos os lugares, inclusive nas listas de best-sellers. Somos fascinados pela Lei da Atração e por histórias de Harry Potter e seus amigos, o que ilustra o poder transcendente do amor e do trabalho conjunto para a superação da escuridão. Esses livros se tornaram um enorme fenômeno porque todos sentimos que não temos que continuar sofrendo, que existe uma maneira diferente de viver que nos trará alegria, abundância e a sensação de harmonia. Cada um de nós pode começar a evoluir hoje e fazer de fato o mundo que desejamos e merecemos.

A Lição da Lei da Evolução

Evolução, crescimento e melhora são divinos.
Estagnação e deterioração são humanas.

Crises levam à evolução. Resistir à evolução leva à crise. De uma maneira ou de outra, somos forçados a evoluir.

Nossa natureza divina dita que andemos para a frente, constantemente melhorando e sempre lutando para alcançar um estado ainda mais perfeito. O que é estagnação inevitavelmente morre e se torna combustível para que algo mais cresça. O cadáver de um rato se torna alimento para bactérias, as quais o dissecam e transformam em nutrientes que enriquecem o solo e alimentam as sementes que rompem suas cascas e perfuram a terra, crescendo em direção ao céu. Esse ciclo permite que o mundo físico se reabasteça. Ainda assim, em nosso estado limitado de consciência vemos morte e destruição como fins. Sofremos pelo que perdemos, pelo que se quebra e pelo que decai.

Quando você eleva seu estado de consciência, começa a lembrar que tudo que parece perdido não foi embora para sempre. Só tomou uma nova forma. Você reconhece que da mesma maneira que a criação se reinventa constantemente, sua alma ilumina novos padrões de comportamento e de crença, usando-os como nutrição na ajuda ao crescimento. As lições de seu carma permitem que se torne mais sábio. Mesmo as piores ações que já praticou podem ser usadas como alimento para a alma se você parar de negar o que fez. Quando aprendemos com nossos erros, tornamo-nos melhores, mais amorosos, pessoas mais sábias.

Decadência ou deterioração não acontecem somente na natureza, mas também em nossa mente, especialmente quando escolhemos nos apegar ao que temos, agora, em nome de uma falsa sensação de segurança. Decidimos que não queremos tentar algo novo e correr o risco de não gostar da novidade, ou de desapontar as pessoas que têm importância para nós, ou de perder algo que nos é valoroso. Convencemo-nos de que não precisamos mudar. Dizemos a nós mesmos que alcançamos o sucesso e a felicidade que merecemos, portanto podemos descansar e aproveitar até que, de repente, a morte chega. Inevitavelmente, se vivemos dessa maneira, negando o fato de que tudo está sempre mudando, uma crise acontece. Ela nos sacudirá, nos tirará da complacência e nos forçará a voltar de nossas férias eternas para que voltemos ao trabalho da evolução. Deus é como o professor, puxa num canto e diz: "As provas são na semana que vem. Você anda estudando?", ou que nos dá testes-surpresa para que lembremos da importância de continuar aprendendo.

Mesmo aqueles com alto nível de vibração, em elevado estado de consciência, têm trabalho a fazer. Normalmente, as pessoas nesse estado sentem paixão ou uma tendência para servir ao mundo e gerar bom carma. Mas, às vezes, mesmo elas se distraem com os prazeres da vida e param de prestar atenção ao que tem que ser feito pelo bem da humanidade. Todos nós teremos a chance de descansar em paz depois da morte; enquanto estamos aqui, temos trabalho a fazer. Precisamos evoluir.

Para manter uma vibração elevada e não escorregar até uma baixa vibração novamente, devemos estar vigilantes. Práticas espirituais regulares nos conectam com o Divino e com nosso propósito na Terra. Estar alerta ao que acontece no mundo e do lado de fora de nossa porta é importante também. Muitas pessoas escolhem não assistir ao noticiário, porque ficam deprimidas, mas desapegar-se completamente do que acontece no mundo também não é bom.

Pessoas ricas podem fazer cheques para suas instituições de caridade preferidas ou se envolver em atividades de levantamento de fundos, mas deixarão de sentir uma conexão espiritual e emocional com as pessoas que ajudam, se isso for tudo o que fazem. Quando isso acontece, elas trazem à tona desacordos entre as pessoas envolvidas na caridade e gastam sua energia em guerras de poder, esquecendo-se do que deveriam estar fazendo, mesmo que sua vibração baixe. Aqueles que não são ricos, mas se engajam em atividades positivas como a paternidade, o serviço à comunidade, o trabalho para uma empresa que produz mantimentos de qualidade, ou seja lá no que for, enfrentam o mesmo perigo. Quando a paternidade se torna uma competição com os outros pais, o serviço à comunidade, um serviço maior ao ego, ou quando seus padrões de qualidade caem porque isso leva a um lucro ligeiramente maior, a vibração das pessoas baixará. Sua luz diminuirá, e o Universo responderá com uma crise que as lembrará a voltar ao trabalho!

Outro dia li no jornal que o dono de vários negócios na minha comunidade fora julgado culpado por vender artigos roubados. A quantia de dinheiro envolvida era pequena em comparação ao lucro que tivera honestamente com seus negócios altamente bem-sucedidos. Ele deve ter tido medo de que sua riqueza não seria suficiente para mantê-lo seguro, feliz. Foi triste ler que este homem, conhecido pelos bens à comunidade e cujos negócios eram muito respeitados, teve sua reputação manchada e arriscou-se a perder tudo a que dava valor, desde os negócios até sua liberdade, por alguns dólares a mais. Infelizmente, esse tipo de autodestruição acontece quando damos as costas à lei divina. Permitimo-nos ser tomados pela realidade do mundo material, onde precisamos lutar para nos apegarmos à felicidade e à segurança e onde tudo pelo que trabalhamos escapará de nossas mãos e decairá de alguma maneira.

Tenho casas lindas e as aprecio, mas todo ano gasto dinheiro para mantê-las, porque no mundo físico as coisas se despedaçam. Nossas coisas podem se desfazer, mas nós não precisamos. Podemos nos identificar com nossa alma divina, eterna, e alinhar nossos pensamentos, nossos sentimentos, nossas ações com toda a Divindade. Quando fazemos isso, transformamos nossa vibração em algo curador, em crescimento e melhora. Depois, o mundo físico, as casas e as comunidades refletirão nosso estado energético.

Você já acordou depois de uma gripe forte, ou de um resfriado de dias, olhou para sua casa e pensou: "Preciso dar uma limpeza aqui!"? Assim que se sente bem, quer que o ambiente em que vive reflita seu estado interno. O Universo funciona da mesma maneira. Começa uma limpeza imediatamente depois que há uma mudança para uma energia positiva.

Não devemos nos preocupar com a maneira de tornar nossa vida melhor. Isso acontecerá naturalmente quando nos alinharmos com os Princípios Divinos. O mundo físico se apressa para entrar em alinhamento com nosso novo, coletivo e mais elevado estado de consciência.

Capítulo 9

O NONO PRINCÍPIO ETERNO:

A Lei da Manifestação

O poder de manifestarmos o que desejamos é nosso direito de nascença, e somos criadores constantes da realidade, com a ajuda divina.

Nossas ondas cerebrais, força da nossa consciência, criam a realidade física. Dizem que o que pensamos tornamos realidade, mas isso é uma simplificação das Leis da Atração e da Manifestação. Afinal, não somos os únicos a projetar nossos pensamentos por aí e a interagir com o mundo material. Bilhões de pessoas neste planeta também estão afetando a realidade.

Agimos com base nas nossas emoções e, se mais evoluídos, agimos sobre nossos pensamentos também. Além de influenciarmos o mundo através de nossas ações, o influenciamos por meio da qualidade da força de nossas ondas cerebrais. Não só simplesmente atraímos circunstâncias que se encaixam à nossa vibração, como sugere a Lei da Atração; também *manifestamos* circunstâncias, trazendo-as à tona por intermédio de nossos pensamentos, sentimentos e nossas atitudes. Lembre-se de que atração é diferente de manifestação, já que a atração traz as coisas até você, enquanto a manifestação permite que você faça com que coisas aconteçam no mundo físico. Se as ondas do nosso cérebro têm uma vibração baixa, manifestaremos situações de baixa vibração. Quando geramos pensamentos e emoções positivas, quando agimos de maneira produtiva, criativa, mudamos nossa vida para melhor.

É importante compreender que uma grande quantidade de energia pode ser necessária para que um indivíduo influencie a realidade. Se você olhar para uma pedra, cujo nível vibracional é bastante baixo, além de ser uma forma de matéria extremamente densa, depois focar seu interesse em fazer com que ela flutue na sua frente, você não a verá saltar do chão. Se tem um sonho de se tornar artista, de escrever um livro, de voltar à universidade ou mudar de carreira, sua atitude positiva e sua visão de si mesmo alcançando seu objetivo será muito útil, mas você ainda precisará trabalhar arduamente para chegar ao lugar que deseja.

Suas ondas cerebrais realmente se manifestam na realidade física. Muitas pessoas trabalhando juntas e aliando o poder das preces e do pensamento positivo podem curar uma pessoa a milhas de distância. As orações coletivas podem fazer desaparecer um tumor ou ativar o crescimento das células de tecido da pele mais rapidamente para cicatrizar uma ferida. Assim é o poder da Lei da Manifestação. E muitas vezes nossa energia afeta a realidade física de maneiras que não reconhecemos.

Einstein descobriu que a energia nunca desaparece; mas converte-se em novas formas. A energia da luz se torna clorofila, alimento das plantas, que alimentam animais, que alimentam humanos, que têm pensamentos e sentimentos, outras formas de energia. A manifestação se refere a ideias, pensamentos e emoções — informações sob a forma de energia luminosa — que se transformam em formas sólidas.

Pensamos em energia e matéria como duas coisas distintas devido ao nosso nível de percepção, mas lembre-se: em nível quântico a menor porção de matéria (uma partícula) é matéria e energia luminosa (uma onda). Nossa interação e expectativa em relação a essa partícula ou onda influencia sua natureza. Para compreender o poder da manifestação precisamos compreender a natureza da realidade em níveis quânticos: tudo que parece ser sólido é, na verdade, uma expressão de energia que muda, mas não pode ser destruída, e nossa observação da realidade física (da partícula ou onda) a influencia. Em outras palavras, se esperamos ver uma onda, a partícula parecerá uma onda. Essas regras da física quântica nos ajudam a alcançar o Princípio Eterno da Manifestação.

Todo pensamento, sentimento e toda ação são uma forma de energia, mas também existe uma realidade física. Como nossas mentes são muito ativas, criadoras de novas crenças, ideias e emoções, estamos constantemente transformando nossa realidade física. Nosso desafio é parar o mundo somente através de ação e reconhecer que a manifestação começa na mente. As ações seguem a partir daí.

Manifestação de dentro para fora

Sempre que sua mente cria um pensamento, ações e reações bioquímicas ocorrem no seu cérebro, e ele libera ondas energéticas que viajam como ondas sonoras ou luminosas para fora de você. Muitas pessoas não são sensíveis o suficiente para captar essas ondas de energia conscientemente, mas algumas podem senti-las subconscientemente. Elas são conhecidas como portadoras de "habilidades mediúnicas" ou de um "sexto sentido". Na verdade, existem pessoas cujos sentidos são tão apurados que elas são capazes de sentir o cheiro da neve ou de ouvir a respiração de alguém em outro cômodo. Para mim, ser capaz de acessar informações energéticas que outros não conseguem perceber é como poder ouvir um som muito baixinho ou sentir o cheiro de algum produto químico no ar. Minha habilidade de captar transmissões extremamente sutis de energia é um dom, um presente, mas acredito que o cérebro de todas as pessoas tenha potencial para fazer o mesmo. Sabemos como desenvolver um pouco essas capacidades, mas ainda não compreendemos como trazer essas partes do cérebro a uma atividade total deliberadamente. Os antigos sabiam como acordar totalmente as partes dormentes do cérebro do homem moderno, mas, infelizmente, perdemos sua sabedoria.

De qualquer maneira, temos o poder de escolher conscientemente melhores pensamentos e crenças para nos ajudarmos a manifestar uma realidade melhor. A energia de nossos pensamentos afeta a energia matriz, portanto, a realidade de nosso mundo.

Nossos pensamentos também são traduzidos em palavras, sentimentos e atitudes. No cérebro, o que tem início como uma reação bioquímica, uma expressão de energia, se transforma numa diferente expressão de energia, ao passo que o corpo responde aos nossos pensamentos conscientes e inconscientes. Movemos os lábios, a língua, os pulmões e a garganta para pronunciarmos palavras, as quais produzem ondas sonoras. Nossas emoções geram reações bioquímicas (por exemplo, o medo faz com que as glândulas adrenais liberem hormônios de cortisona e adrenalina no sangue enquanto a alegria produz endorfina curadora). Esses bioquímicos afetam os movimentos do corpo e as ações. Nossas emoções e pensamentos levam a atitudes que influenciam outras pessoas e objetos, seja porque sorrimos ou olhamos enviesado para elas, saímos apressados de um cômodo e batemos a porta ou tocamos carinhosamente no braço de alguém. Assim, a energia de um simples pensamento se manifesta sob forma física.

Se você não tem controle sobre seus padrões de pensamento e deixa seu subconsciente selecionar aquilo em que pensa em vez de colocar sua mente consciente no comando, está deixando solta uma energia que manifestará pensamentos, sentimentos e ações que não deseja experimentar. Você acabará conformando suas circunstâncias de maneira que se encaixem com sua baixa vibração, seus sentimentos e crenças negativos.

O que Acontece quando Você não Toma Conhecimento de Seu Papel na Manifestação da Realidade

É difícil formatar o mundo físico de maneira positiva porque normalmente estamos desavisados quanto à influência de nossos pensamentos e nossas crenças negativas naquilo que manifestamos. Nossa raiva e frustração também esgotam a energia que poderíamos utilizar para alcançar nossos objetivos. Consequentemente, podemos sentir que não temos nenhuma influência sobre o mundo. Sentimo-nos abandonados por Deus, sobrecarregados e paralisados. Para escaparmos deste sentimento de impotência profundamente desconfortável, recuamos ou atacamos. Desistimos e paramos de tentar fazer com que nossas vidas e o mundo sejam melhores, ou nos lançamos em fúria violenta, culpando os outros por nossos problemas, agindo de maneira cínica repetidamente, abrindo mão da esperança de mudar. De uma ou de outra maneira, manifestamos mais sofrimento e mais problemas.

Raiva moral pode gerar algo positivo se acorda você, fazendo com que a transforme em paixão e o conecte com a força divina. A raiva que não serve para acordar sua sabedoria somente o consumirá. Você terá raiva da pessoa ou grupo que imagina estar prejudicando o mundo, a quem você quer deter. Você terá raiva até mesmo de quem talvez pudesse ajudar sua causa. Eventualmente, você sentirá tanta raiva que a despejará sobre todo mundo e acabará se sabotando.

Para que suas ações sejam efetivas, você deve deixar sua raiva de lado. Quando faz isso, você experimenta emoções de vibração mais elevada, as quais o levam à descoberta da sua sabedoria, criatividade, amor, paciência e compaixão, todas elas ferramentas poderosíssimas para que influencie outros. A raiva deve somente acordar você. Uma vez de olhos abertos, abandone-a imediatamente; ou ela o impedirá de dar o importante passo seguinte: abrir-se à razão e à criatividade. Você ainda se sentirá motivado a fazer mudanças. A diferença é que, em vez de ser movido pela raiva cega e prender-se numa batalha para consertar os problemas que enxerga, você será motivado pela paixão que lhe permitirá manifestar uma situação melhor.

Frequentemente, esquecemos que temos poder divino de atração. Em geral, só rezamos quando estamos com problemas. Quando meu marido ficou muito doente recentemente, eu orava para todos os santos, de manhã à noite. Em épocas de crise, convidamos a divindade a entrar, na esperança de sentir nossa conexão porque percebemos que precisamos de ajuda. Mas devemos rezar pedindo ajuda regularmente. Se sua vida está indo muito bem, ore para que outros possam experimentar alegria e abundância também.

Não espere que algo terrível aconteça para se reconectar com o Divino. Cultive sua relação com a Divindade diariamente. Faça da espiritualidade uma parte vital das suas experiências, ao enxergar a beleza em sua vida e no mundo a sua volta, alinhando-se com os Princípios Eternos. A força que encontrará lhe carregará através dos momentos mais desafiadores, permitindo que você manifeste algo novo e mais positivo.

Outra coisa que acontece quando não compreendemos ou tomamos conhecimento de dirigir nosso poder para manifestar realidades físicas é o fato de acabarmos agindo de maneira a gerar sofrimento. Podemos tentar arduamente resolver nossos problemas, mas se não mudamos nossas crenças negativas inconscientes, nosso trabalho é em vão. O poder de atração e manifestação do inconsciente é mais forte que o do consciente. Precisamos estar alertas quanto a nossos pensamentos inconscientes e à resolução do nosso carma, assim como devemos agir para fazer com que nossa vida se torne o que desejamos. De outra maneira seremos confundidos pelas razões que nos levam a desejar coisas e manifestar algo completamente diferente.

Muitas pessoas que conheço funcionam movidas pelo medo e pela crença de não serem especiais, não merecerem amor, felicidade. É incrível como as pessoas podem gerar tantos pensamentos negativos sobre si mesmas e depois permitir que eles passeiem por suas mentes o dia todo. É raro encontrar alguém em constante criação de pensamentos como: "Posso fazer qualquer coisa que me disponha a fazer!" Ou: "Isso é um desafio interessante e inesperado, mas eu topo!" Em lugar disso, repetimos essas crenças negativas que nos deixam impotentes. Todas as nossas habilidades extraordinárias se mantêm dormentes porque não confiamos em nós mesmos e temos uma relação ruim com a autoestima. Podemos fazer o que queremos, mas precisamos acreditar em nós mesmos.

Quando nos sentimos mal em relação a nós, não conseguimos encontrar o ímpeto para agir. Pensamos: "Não vai dar certo. Não posso fazer isso. Nem vou me dar o trabalho de tentar." Apesar de existirem desafios e obstáculos na vida, precisamos olhar para o que podemos fazer em vez de atentarmos para nossas limitações. Precisamos deixar de acreditar em nossa falta de poder e trabalhar com a Lei da Manifestação. Quanto mais pessoas fizerem isso, mais cedo seremos capazes de resolver problemas que vêm infestando a humanidade há muito tempo.

Como Emoções e Crenças Negativas Afetam Aquilo que Manifestamos

O maior bloqueador de manifestação positiva são as nossas emoções. Geramos muitos sentimentos negativos e damos muita importância a eles. Emoções se tornam blocos de cimento quando nos convencemos de que sentimentos são imutáveis ou permanentes. Se prestarmos atenção às nossas emoções silenciosamente e aceitarmos que são parte dos seres humanos, deixaremos de encará-las como entidades todo-poderosas e esmagadoras. Depois, experimentaremos uma mudança nos nossos sentimentos e nos daremos conta de que as emoções vão e vêm. Crianças são mais sábias que nós adultos. Sentem tristeza ou frustração intensa, gemem e soluçam, depois, repentinamente, saem correndo para brincar em outro cômodo. Elas não criam histórias envolventes que justifiquem sua tristeza, sobre como tal emoção as leva a seis anos atrás, quando alguma outra coisa aconteceu, como coisas ruins sempre acontecem a elas, e por aí vai. Elas sentem e seguem em frente, o que é o que devemos fazer quando ficamos adultos. Quando reaprendemos a ter essa elasticidade, manifestamos melhores circunstâncias.

Muitas pessoas compram a crença de que a vida supostamente é feita de sofrimento e que a única libertação é a morte. A ideia "a vida é sofrimento" é diferente de "haverá algum sofrimento na vida". Todos nós experimentaremos infelicidade às vezes, mas se você percebe a vida com pesar, criará constantemente uma sensação de sofrimento e manifestará isso de modo contínuo no mundo. Você precisa alterar suas crenças e percepções para que possa transformar suas ondas cerebrais. Depois você pode deixar de temer o que está por vir e começar a manifestar aquilo que deseja em vez disso.

Muitos de nossos líderes atuais carecem de visão, e muitas pessoas carecem de visão em sua própria vida. Como podemos manifestar um mundo calmo, harmonioso e abundante se nem mesmo conseguimos imaginá-lo? Poderíamos não ter liberdade de expressão, computadores, a internet e grupos de apoio, se algumas pessoas ou grupos não tivessem dado as costas à negatividade e se voltado para a criatividade, para a visualização dessas coisas. Quando você sabe para onde está indo e assume uma atitude positiva, a estrada para o seu destino começa a aparecer.

Hábitos, Padrões Mentais e Manifestação

Para alinhar-se com a Lei da Manifestação você precisa compreender a dificuldade de mudar hábitos. Todos nós temos hábitos. Eles estão gravados em nosso cérebro como padrões de pensamento, sentimento e comportamento. Seu cérebro contém bilhões de caminhos neurais que determinam como você sente, pensa e age. Em todo o mundo existem estradas pavimentadas que centenas e centenas de anos atrás eram caminhos de terra trilhados por cavalos e carruagens. Antes disso, eram todos caminhos para andar a pé, provavelmente. Cada vez que uma pessoa ou carruagem viajava por essa estrada, ela se restabelecia. Eventualmente, esses caminhos foram cobertos com cimento e se transformaram nas rodovias modernas. Os caminhos neurais do cérebro funcionam de maneira parecida. Cada vez que você pensa a mesma coisa ou responde da mesma maneira a uma situação, você reforça e solidifica as estradas do seu cérebro. Cada vez que responde a uma crítica sendo defensivo e raivoso, reforça percursos neurais que associam críticas a um ataque vindo de fora. Em algum momento, sua estrada neural será tão eficiente que você reagirá com raiva à percepção de uma crítica tão rápido e facilmente quanto se estivesse acendendo um interruptor.

Para reprogramar seu cérebro são precisos tempo, esforço e prática. Você realmente precisa pavimentar um novo caminho neural para que possa responder de maneiras diferentes, sem defensivas instantâneas. Para fazer isso, você precisa estar consciente de seus padrões. Despenda tempo refletindo e alinhando-se com a Lei da Evolução, explorando e curando seu carma não resolvido para que possa manifestar uma vida melhor e trabalhar com os outros pela manifestação de um mundo melhor.

Manifestando o Bem-estar

O que precisamos manifestar primeiro é bem-estar. Saúde física, mental e emocional são igualmente importantes. Saúde e vitalidade nos dão energia para agir, para sermos corajosos e criativos. Quando você experimenta o bem-estar, tem mais capacidade de ser criativo e de visualizar caminhos para melhorar sua vida e o mundo. Também consegue seguir tendo atitudes positivas, mesmo numa situação desafiadora.

Saúde mental e emocional leva à saúde física. Assim como você não tem total controle sobre seu carma (porque compartilha carma com outros) ou suas manifestações (porque outros manifestam circunstâncias ao mesmo tempo que você o faz), não tem absoluto controle de sua saúde física. Não pode controlar toda a quantidade de toxinas no meio ambiente nem garantir que cada gene de seu corpo que o predispõe a doenças permaneça adormecido. Doenças acontecem, às vezes a despeito de um forte senso de bem-estar e de contentamento. Quando você fica doente, não é produtivo se prender aos motivos que fizeram com que ficasse doente nem sentir-se culpado pela sua participação nessa manifestação. Em vez disso, preste atenção às lições que sua doença pode lhe oferecer. Se aprender essas lições, maiores serão suas chances de manifestar saúde e cura, ou o alívio de seu mal.

Seus pensamentos e suas emoções se tornam bioquímica tangível, mensurável, dentro de seu corpo. Você pode se pensar doente ou melhorar seu sistema imunológico gerando pensamentos e sentimentos positivos. Endorfina é um composto que você pode gerar através de emoções positivas e tem grande poder curador. Endorfina é a morfina natural do corpo. É um polipeptídio que você produz sempre que sorri, ri ou se exercita. A endorfina é conhecida por seu poder de aliviar a dor e de regular o crescimento, os hormônios sexuais e a insulina, assim como protege o coração de doenças e melhora a memória e a saúde do cérebro.

Enquanto seus pensamentos e suas emoções positivas podem produzir componentes químicos curadores, os negativos podem causar destruição dentro do corpo. A raiva é uma emoção que tem uma realidade física. Como todas as emoções, a raiva é associada a compostos químicos que podem ser identificados pelo corpo ao viajarem pela sua corrente sanguínea. Um pensamento como "Aquela pessoa acabou de mentir para se aproveitar de mim!" gera raiva, assim como uma resposta química compatível. A raiva é uma forma particularmente poderosa de energia porque dispara uma resposta corporal chamada de síndrome do tudo ou nada, luta ou fuga. Quando estamos excessivamente raivosos, o sistema nervoso simpático eleva nossa pressão arterial, o batimento cardíaco e a quantidade de açúcar no sangue; faz nossa respiração se tornar rápida e superficial; e libera hormônios de cortisol e adrenalina na corrente sanguínea. Essa resposta biológica nos dá energia extra para que possamos reagir à percepção de perigo através de luta feroz ou fuga rápida. No entanto, o corpo só deve utilizar esse mecanismo em situações de perigo real. Se você está estressado ou com raiva porque alguém feriu seus sentimentos, experimenta desnecessariamente esse tipo de resposta física e coloca seu corpo em estado de grande esforço. Cortisol e adrenalina são muito destrutivos à química cerebral. Na verdade, pessoas sob estresse severo têm dificuldade de memória e de pensar com clareza devido ao excesso de suprimento desses hormônios.

Como indivíduos, podemos manifestar mal-estar e doenças. Coletivamente, podemos fazer o mesmo. Neste momento, estamos criando muitas doenças no mundo. Durante anos ignoramos a quantidade de toxinas jogadas no meio ambiente e manifestamos consequentemente doenças desconhecidas. Com o grupo, precisamos aprender as lições desses males para que possamos transformar nosso carma. Não precisamos mais sofrer epidemias.

Aceitamos que vamos envelhecer e morrer. Não lutamos contra nossa mortalidade, apesar de que muitos de nós gostaríamos de prolongar a vida. Se compreendermos que, como almas podemos transformar a natureza de nossa própria realidade física, podemos começar a manifestar corpos mais saudáveis e, então, verdadeiramente viver mais. Temos o potencial de usar nossa mente para reparar nossas células e nossos ossos. Se queremos vidas mais longas e saudáveis, precisamos começar por abraçar esse potencial.

Também devemos abraçar o fato de que nossa desarmonia com os outros causa desarmonia no nível físico. Uma cliente minha que não fumava desenvolveu câncer de pulmão quando seu terceiro casamento começou a fracassar. A doença não é somente uma questão de toxinas externas que afetam nossos genes. Não precisamos ter câncer simplesmente porque muitas pessoas da nossa família têm ou tiveram se escolhermos manifestar bem-estar interior. Quando estamos com raiva ou em conflito com outros, nosso corpo gera inflamações. Mas não precisamos criar doenças inflamatórias, como artrite e males cardíacos, se ansiarmos desistir de uma vida em estado contínuo de raiva. Assim como nosso bem-estar e nossa paz afetam aqueles à nossa volta, nós afetamos uma matriz mais ampla. Então, a humanidade não precisa sofrer de doenças terríveis que manifestamos coletivamente.

Escolhendo Manifestar uma Vida Melhor e um Mundo Melhor

O que você deseja manifestar? O que é mais importante para você?

Lembro-me de quando criança viver numa casa pequena, sem água encanada, e de compartilhar com minha família uma grande excitação quando a única árvore de nosso jardim florescia a cada primavera. Era um milagre glorioso e possível de ser apreciado por nós, mesmo sendo muito pobres.

Minha família e os vizinhos sempre conseguiam encontrar comida e abrigo de alguma maneira, mas não ansiávamos por riquezas materiais. É lógico que esperávamos pelo dia da remoção de Ceausescu do poder. Romenos precisavam primeiro acreditar na liberdade e num governo mais aberto, antes de serem capazes de gerar tais circunstâncias. (Infelizmente, em vez de julgamento e prisão para seu ditador, os romenos o assassinaram, gerando carma negativo que precisarão resolver.)

Muitas vezes, trabalhamos arduamente por muito tempo para que algo aconteça e, depois, repentinamente, damos um salto quântico, como o que aconteceu na Romênia. O mesmo acontece com a tecnologia. Se acreditarmos que demorará muito para que o mundo possa contar somente com fontes de energia renováveis e não poluentes, isso se tornará nossa realidade. Felizmente, existem pessoas otimistas e criativas que não acreditam nas previsões limitadoras sobre o tempo necessário para que se inventem novas tecnologias. Elas vivem de acordo com a Lei da Manifestação e estão inventando essas tecnologias! Se nos juntássemos a elas e a seu otimismo, progrediríamos em direção a esse objetivo ainda mais rapidamente.

Quando pensar no que deseja manifestar, pergunte-se qual sua verdadeira motivação. Seja honesto consigo mesmo. Você está apegado à posse de algo em retorno ao seu esforço, seja isso fama, admiração, poder ou dinheiro? O Universo apoia grandes projetos se forem honestos, sinceros e servirem incondicionalmente à humanidade e ao planeta. Se o ego de alguém está movendo um projeto supostamente para benefício de outrem, pode ser que seja bem-sucedido por um tempo, mas logo essa pessoa pagará o preço cármico por ser gananciosa e o projeto sofrerá. Tudo bem sonhar grande, desejar uma vida e um mundo muito melhores, mas qualquer que seja seu sonho, você precisa garantir que não seja enraizado no desejo de poder e glória pessoal. Se você está alinhado com os Princípios Eternos, ficará feliz com qualquer progresso, mesmo que sejam necessários mais tempo e esforço que você imaginava.

Tente não ser rígido quanto ao que deseja criar. Esteja aberto ao que planeja manifestar e mantenha o coração puro. Assim você não desistirá de seus sonhos quando surgirem obstáculos. Uma forma de manter uma perspectiva saudável é olhar para seus problemas passados e suas dificuldades de cinco, dez anos atrás. O que parecia muito importante naquele momento provavelmente é trivial agora, ou seus problemas resolveram-se sozinhos sem que você precisasse fazer nada.

Quando você alarga sua perspectiva em vez de se concentrar excessivamente nos problemas atuais, sente-se esperançoso, entusiasmado e paciente. Se está no caminho certo e fazendo o melhor para aprender suas lições, é provável que se choque quando tudo aquilo que desejou repentinamente se manifestar na sua vida.

Como Trabalhar com a Lei da Manifestação

Seja qual for o desejo que quer manifestar, é preciso visualizar e trabalhar para que aconteça. Concentre-se incansavelmente em seu sonho e coloque todo o seu esforço na direção de torná-lo realidade. Se você sonha em ter um senso de comunidade para que não se sinta só, não deixe passar um dia sem visualizar-se rodeado de pessoas amorosas e atenciosas, além de prestar ajuda a alguém para estabelecer sua relação com tal pessoa. Se seu sonho é ter uma casa, um casamento feliz, uma família, visualize tudo isso e aja na direção de seu sonho diariamente. Você jamais encontrará um companheiro simplesmente sonhando acordado, sem conhecer ninguém, se não for a nenhum lugar novo nem se arriscar. Faça algo para se aproximar de seu objetivo todo dia, agindo em alinhamento com a Lei da Manifestação.

Se está tímido, medroso ou desesperançado, examine suas crenças e emoções, substituindo esses sentimentos negativos por outros, mais positivos. Todos os dias, trabalhe na resolução de seu carma e de suas questões, para que possa ter mais clareza quanto ao que mais deseja, tenha uma intenção pura e alie-se a atitudes que trarão a vida que você visualiza.

Talvez você não tenha liberdade suficiente para fazer um esforço muito grande em direção ao seu objetivo todos os dias. A vida interfere: você precisa lidar com desafios financeiros, seus filhos e pais idosos precisam de você, um problema inesperado surge. Mas se você seguir por muito tempo sem conexão com seu sonho e sem fazer nada a respeito, por menor que seja, para alcançá-lo, pode acabar desistindo. Manifestação requer perseverança.

Evite a Negatividade

Energia negativa baixa sua vibração, dificulta a manifestação do seu desejo. Evite estar em volta de pessoas fofoqueiras, julgadoras, e não se filie a nenhuma dessas atitudes. Não siga a direção de alguém que o encoraje a agir cinicamente ou a julgar os outros. Se esse líder tem habilidades ou recursos a compartilhar, você deve ser capaz de aprender algo com ele, mas seja cuidadoso ao permitir que a admiração que sente por seus talentos e sucessos lhe cegue para seguir tais crenças e comportamentos destrutivos. Imitar tais pessoas e adotar suas crenças de baixa vibração o deterão na manifestação de circunstâncias positivas e na transformação de seus sonhos em realidade. Busque pessoas mais saudáveis como exemplos para criar o que você deseja. Não é necessário sucumbir à soberba, ao esnobismo.

Tristemente, temos poucos líderes hoje em dia capazes de deixar de lado os próprios medos e o desejo ególatra de atenção, admiração e poder em nome da liderança a um estado mais elevado de consciência. Muitos deles começam com o desejo de servir à humanidade, mas terminam comprometendo sua integridade e escorregando para o narcisismo. Temem não ser capazes de manifestar seus objetivos se não for assim. Vemos tal mudança ocorrer com políticos, líderes religiosos e ativistas. Não veremos líderes altruístas, corajosos, aparecerem em grande número até começarmos a curar nossas inseguranças e nossos medos coletivos, e a resolver nossos carmas grupais. Não haverá um líder transcendente que resolverá os problemas para nós. Mas podemos seguir o conselho de Mahatma Gandhi, que diz "Seja você a transformação que deseja ver no mundo".

Esteja sempre consciente de quão prejudiciais são a raiva, a inveja, o ciúme, a fofoca e a depressão. Comprometa-se a não deixar que esses sentimentos tomem parte na sua visão do mundo. Trabalhe para livrar-se de pensamentos e sentimentos destrutivos. Toda vez que sentir uma emoção sombria, pare, reconheça que isso impedirá que você manifeste alegria e faça uma escolha consciente para elevar-se a um estado maior de consciência. Se está com raiva, saia do ambiente onde se encontra. Se está aborrecido, vá a algum lugar e chore, até que o sentimento passe. Faça o que for, mas impeça-se de gerar uma cadeia de pensamentos que prolongue a negatividade. Diga a si mesmo: "Estou furioso agora, e tudo bem, porque a intensidade da minha raiva está diminuindo agora mesmo. Vou trazer mais amor e curiosidade à situação para que possa aprender com ela e assim seja capaz de melhorá-la." Com a prática você será capaz de gerar uma intenção positiva muito rapidamente.

Dessa maneira, você desenvolverá o hábito de reconhecer quando está prestes a se dedicar a uma batalha. Em vez de partir para ela, você será capaz de dissipar a raiva e o medo, trazendo à tona energias positivas e curadoras. Você não precisa sentir um desconforto na boca do estômago, dor de cabeça ou tensão muscular causados pela raiva. Manifeste paz e criatividade na sua mente e no seu corpo, expresse isso e transforme a energia emocional no seu cantinho do mundo.

Em vez de evitar alguém que está chateado, ou de absorver seu estado emocional negativo, é muito bom ser capaz de abordar essa pessoa e validar gentilmente sua frustração enquanto oferece uma solução possível ou conta uma piada leve para aliviar a tensão. Sempre que você faz isso, reconhece seu poder de trazer a si mesmo e ao mundo uma aproximação com os Princípios Eternos.

Seja Paciente e Trabalhe Arduamente a Cada Dia

Tenha paciência com você mesmo, porque mudar leva tempo. Se estiver perdendo a esperança e sentindo-se impotente, destrinche seu plano de ação em pequenos passos. O desejo de encontrar um bom parceiro, de construir um relacionamento incrível e de se casar é um objetivo muito amplo. Pode ser difícil enxergar o que você pode fazer hoje para alcançá-lo. O pequeno passo de hoje em direção a ele pode ser sair com alguém. Amanhã você pode exercitar uma melhora de humor. No dia seguinte, você pode reservar um tempo para ponderar um comportamento problemático que deseja mudar. Todo dia você pode dar pelo menos um pequeno passo em direção à manifestação da vida que diz desejar.

Desista do desejo de uma resolução rápida ao seu maior desafio. Se você recebeu esse presente, provavelmente o desperdiçará se não aprender as lições necessárias no caminho para que alcance seu objetivo. As pessoas que enriquecem e conquistam fama muito rapidamente, ou que se mudam assim que iniciam um novo relacionamento, normalmente descobrem essa verdade dolorosa. Alinhe-se com o Divino e seu objetivo se manifestará exatamente como deve ser, na hora certa, graças ao seu trabalho árduo, à sua atitude e a uma resposta positiva do Universo.

Esteja Aberto a como e quando seu Desejo se Manifesta

Como cantora pop eu simplesmente queria cantar, expressar-me e alegrar as pessoas. Não tinha objetivos específicos relativos a apresentações e casas de show de prestígio ou de ganhar certa quantia de dinheiro. Antes de minha carreira decolar, fiz faculdade e aprendi diversos idiomas, depois aceitei um trabalho de escritório para garantir que teria comida na mesa se não ganhasse dinheiro suficiente cantando. Muitas pessoas acham que devem ganhar bem com a carreira escolhida um ou dois anos depois de começarem. As pessoas são muito impacientes em criar riqueza material e a ilusão de segurança. Elas não têm ideia de quanto trabalho é necessário para atingir um objetivo e não querem "pagar a conta" pela manifestação de seu sonho. Se demorar mais do que esperam para que cheguem onde querem, começam a perder a fé em si mesmas e desistem. Ou buscam atalhos e trapaceiam para irem à frente. Em cada um desses casos, quando alcançam sua meta, precisam ser extremamente vigilantes para esconderem o que não aprenderam e se proteger de inimigos que podem aparecer ao longo do caminho. Tenho uma cliente chamada Julie que experimentou muito estresse no trabalho depois de uma jovem ser contratada para ajudá-la com o serviço. Essa jovem era extremamente competitiva e o chefe a encorajava a lutar com Julie para conquistar novos clientes, porque pensava erradamente que esse era o melhor caminho para o crescimento do negócio. Julie não gostava de competição hostil e ficou traumatizada com os esquemas e as fofocas da jovem. No final, a jovem nunca se especializou em certas habilidades que Julie possuía e telefonava para ela no meio da noite implorando ajuda em um projeto — depois negava tudo no dia seguinte. Encorajei Julie para que encontrasse outro trabalho, porque sabia que ela estava numa situação nada saudável. Seu chefe e a companheira de trabalho tinham tanto medo e negatividade que manifestavam todo tipo de problemas, desde a desistência de clientes de muitos anos a empregados tão aborrecidos com a nova e competitiva atmosfera, que pediam demissão de uma hora para outra. Julie manteve seus valores, deixou a empresa sem dramas e encontrou um trabalho muito melhor, onde seus talentos eram apreciados.

Depois disso, Julie se deu conta de que, por mais que amasse seu emprego anterior, o ambiente de trabalho mudara tanto que a situação maravilhosa que já tivera não existia mais. Pode ser difícil aceitar que as circunstâncias mudaram e que você precisa descobrir outra maneira de manifestar seus sonhos. Foi muito doloroso desistir da minha carreira de cantora depois que vim para os Estados Unidos, mas tive de aceitar que o universo da música aqui não tinha a ver com uma cantora da minha idade. Poderia continuar cantando, mas me abri para todos os meus talentos e habilidades, e visualizei um novo caminho para mim mesma. Ainda canto, mas aceitei que não é mais meu meio de vida. Estou bem com isso porque manifestei uma vida de que gosto verdadeiramente, na qual cantar ainda é uma parte importante.

Nade a Favor da Correnteza

O Universo tem uma fluência natural e todos nós temos um destino que nos conduz a diferentes direções. No meu livro *Decoding Your Destiny* (Decodificando Seu Destino), discuti como descobrir seu código de destino, que informa quais serão seus desafios e em que áreas da vida será mais fácil navegar. Se seu código de destino indica que terá dificuldades com questões financeiras, você se debaterá para ganhar dinheiro e mantê-lo. Se indica que não terá questões maternais, isso significa que não deverá ter um relacionamento difícil com a sua mãe ou seus próprios filhos.

No entanto, qualquer que seja a fluência natural de seu destino, você pode interrompê-la ou redirecioná-la, manifestando algo diferente. Quando você segue sua fluência, sua vida é fácil. Quando vai contra ela, pode ter a sensação de nadar contra a corrente: um esforço absurdo. É como estar num relacionamento no qual se esmera por anos e, depois, você se casa com a pessoa e se dá conta de que foi um equívoco no final das contas. Depois você conhece outra pessoa, e tudo parece muito simples e natural. Você pode até mesmo não saber imediatamente que "este(a) é o homem(a mulher) da sua vida". O relacionamento se aprofunda, mas você não precisa se desgastar para evitar conflitos ou para gerar intimidade e confiança.

Quando você se vê fazendo um esforço terrível, pode estar no caminho errado de seu destino. Trabalhar duro pela causa certa, em união com o Divino, também pode ser cansativo de vez em quando, mas no geral você não se importa. Pode trabalhar por muitas horas, dia sim, dia não. E ainda assim você sente que é a coisa certa a fazer. Está produtivo, não se distrai e vê resultados. Todo mundo tem momentos em que sente exaustão ou perde a fé, mas isso é diferente de raramente sentir que está no caminho certo. "Nadar a favor da correnteza" significa aceitar seu destino, trabalhar *com* ele em vez de contra.

Aceite quando Algo não é Destinado a Acontecer

Recentemente, quando voltei à Romênia, estações de televisão me convidaram para ir a seus programas porque fui uma cantora muito famosa anos antes, e todos queriam saber o que tinha acontecido comigo. Quando apareci no *talk show* mais importante da tevê, *Happy Hour*, a audiência foi a mais alta já alcançada, e eles imploraram que eu participasse de mais e mais programas. A atenção era estonteante e excitante, e comecei a pensar no que teria acontecido se tivesse ficado na Romênia. Depois da queda de Ceausescu, o país melhorou economicamente e isso continua acontecendo até hoje. Se eu tivesse ficado lá, seria rica e provavelmente ainda cantaria. Poderia ter enlouquecido pensando "E se?", mas aceitei que aquilo não era destinado a ter acontecido.

Claro que é mais fácil dizer "Acho que não era para acontecer" quando a vida vai bem para nós. Tenho uma vida muito feliz nos Estados Unidos: sou próspera, amo o que faço, tenho a sensação de propósito na vida, estou perto das minhas três filhas maravilhosas e meu marido querido ainda está comigo. Não teria nada disso se não tivesse deixado minha terra de origem. O segredo da aceitação é olhar para o presente e enxergar quais os presentes e as oportunidades. Sua vida pode não ser tudo que você quer que seja, mas se apreciar a prosperidade, a alegria e o amor que tem, pode atrair e manifestar mais e mais. Tive de aceitar minha vida como ela era antes de ser capaz de começar a criar um plano para manifestar circunstâncias ainda melhores. Não teria escrito meus livros ou desenhado minha linha de joias se não tivesse me desapegado do passado.

Quando você olha para trás como se fosse um filme com uma trama cuidadosamente construída por alguém, pode começar a entender por que certas coisas aconteceram. Quando você tem raiva de Deus por não lhe dar o que você quer, ou por não permitir que mantenha o que já teve, lembre-se de que algo ainda melhor está querendo alinhá-lo com a Lei da Manifestação. Você não pode impedir algo de acontecer se aquilo está destinado a se realizar. Pode certamente tentar, mas Deus encontrará outra forma de trazer a questão à tona. Se uma porta se fecha, é porque não era a porta certa para você. Sempre existe uma razão maior para que algo em sua vida não funcione da maneira que você gostaria. Forçar uma situação é ir contra a lei divina. Se você está alinhado com os Princípios Eternos, será capaz de olhar para trás sem arrependimentos e ver que não estaria onde está, num lugar de felicidade, se não fosse o caminho escolhido e as experiências que teve ao longo da jornada.

Seja Criativo

Quando você está alinhado com o Princípio Eterno da manifestação, torna-se criativo e aberto a novas ideias e riscos. Deixa de temer fazer algo diferente ou nunca tentado. Quando você compreende que a criatividade não tem necessariamente a ver com pintar um quadro ou compor uma canção, fica mais fácil se desfazer da tola sensação de que não é criativo. Se não acredita que tem criatividade, lembre-se de sua infância e de como era capaz de despender horas com jogos e brincadeiras imaginativos. Somos todos criativos. Mas a maioria de nós esquece de abraçar esse aspecto de nós mesmos.

Em tempos de desafio, a criatividade é mais importante do que nunca. As pessoas que perderam casa ou trabalho precisam ser muito inspiradas para gerarem uma nova visão de si mesmas e descobrirem maneiras de manifestar isso. Gente cuidadosa com seus filhos, com o próprio sustento e com parentes idosos precisa de extrema criatividade para dar conta de tudo. Minha avó romena era capaz de fazer uma refeição com qualquer alimento disponível. Criatividade gera potência e enriquecimento, além de permitir a manifestação de algo melhor. O começo é deixar de lado as crenças negativas a respeito de seus poderes criativos e abrir-se a novas possibilidades.

Como a Lei da Manifestação Trabalha com Outras Leis Divinas

Manifestação e Sabedoria

Às vezes precisamos aceitar nossas circunstâncias de vida, às vezes precisamos de coragem para arriscar e às vezes precisamos dos dois. Quando você é tocado pelo Divino, encontra coragem e é capaz de manifestar o que deseja — e encontra forças para manter-se trabalhando para isso, dia após dia, sem perder a fé.

Você só pode manifestar aquilo que é verdadeiro internamente. O Universo nunca é enganado por uma pretensa coragem; ela tem que ser genuína. Seja honesto quanto ao que você é e tenha a sabedoria de enxergar a diferença entre aquilo que pode mudar e o que não pode — e, lembre-se, você sempre pode mudar sua atitude mais facilmente do que é capaz de transformar algo no mundo físico.

Manifestação, Harmonia e Totalidade

É importante alcançar um equilíbrio entre a permissão para que Deus conserte sua vida e a tentativa de fazê-lo você mesmo. Nenhum extremo é saudável ou alinhado com a Lei da Manifestação. Você deve ser criador, juntamente com Deus, em harmonia com o Divino, e também estar aberto ao momento e à forma como manifestará a si mesmo e às coisas.

Quando faz seu trabalho interior, a parte exterior flui suavemente — ou seja, quando você alinha seus pensamentos e sentimentos com os Princípios Eternos, tem mais facilidade na relação com os outros e com seu efeito no mundo físico.

Por outro lado, se sua vida não vai bem, isso é um reflexo da desarmonia que vive internamente. Você pode estar criando conflitos dentro de si mesmo. Se pensa que alguém o está impedindo de manifestar aquilo que deseja, pare de olhar para fora de si. Olhe para dentro e veja o que realmente está acontecendo. Pergunte-se por que está tentando forçar as coisas e o que precisa de ajuste em seu próprio pensamento.

A realidade física é um reflexo de pensamentos e crenças. Lembre-se de que você não é o único a projetar necessidades e intenções no Universo. Seus desejos se juntam aos dos outros. Quando obedece à Lei da Manifestação, está sendo criador com o Divino. Não está trabalhando sozinho; está trabalhando com a totalidade. Não é somente você fazendo com que as coisas aconteçam.

Manifestação e Carma

Se você gera bom carma, convida outros a ajudá-lo a manifestar seu sonho, e eles o ajudarão a gerar ainda mais carma positivo. Toda vez que escolhe descobrir como mudar em vez de insistir que o mundo mude está no caminho da resolução do seu carma. Seja honesto com você mesmo, seja gentil e aceite, depois trabalhe para manifestar melhores pensamentos, sentimentos e atitudes. Seu carma se transformará, e o mesmo acontecerá com sua vida.

A Lição da Lei da Manifestação

A cura e o bem-estar são divinos.
Males e doenças são criações do homem.

A realidade reflete o que a mente projeta. Saúde física, clareza mental e bem-estar emocional começam na mente. Coletivamente, nossos problemas globais são o resultado da permanência de muitas pessoas em estado de baixa consciência e, portanto, manifestam uma realidade de males, guerras, doenças, pobreza e sofrimento. Podemos fazer uma escolha diferente, individual e coletivamente.

Escolhemos diferente quando estamos curados por dentro. Tive uma cliente que abandonou uma criança quando era jovem e, consequentemente, carregou uma culpa enorme. Desenvolveu câncer de ovário, fato que a acordou para questões relativas à maternidade. Trabalhei com ela para que resolvesse seu carma e se desligasse da vergonha que sentia. Com a quimioterapia, que a ajudou com seu efeito no nível físico, ela foi capaz de manifestar saúde — e o câncer desapareceu.

Trabalhando com pessoas que têm câncer, descobri que muitas vezes elas estão em desacordo consigo mesmas. Existe uma parte que não se integra ao todo. Isso se reflete na manifestação do câncer, doença que ataca o corpo de dentro. É como se atacassem a si mesmas por serem inadequadas ou por erros cometidos no passado. Deixando de lado as crenças negativas sobre si mesmas, elas mudam a própria energia e começam a manifestar saúde.

Muitas vezes as pessoas criam doenças, males e estilos de vida pouco saudáveis. Algumas se entregam à má alimentação e ignoram as necessidades do próprio corpo porque se distraem temporariamente. Se o único obstáculo por baixo de nossos maus hábitos é uma inconsciência do que estamos fazendo, podemos fazer mudanças rapidamente quando começamos a manifestar males. Quando observamos que engordamos, que desenvolvemos fadiga ou algum problema digestivo, somos capazes de ajustar nosso comportamento no nível físico.

Muito frequentemente hábitos pouco saudáveis são baseados em estados mentais pouco saudáveis. As pessoas usam a comida, as drogas e a dureza da vida como formas de evitar a dor de encarar o próprio carma. Essas distrações acabam por manifestar doenças.

Quando nos alinhamos com as leis dos homens, não reconhecemos que nossa própria consciência e desarmonia são causadoras de muitas de nossas mazelas. Pensamos que elas têm fundamento físico e usamos remédios para tratar dos sintomas em vez de nos perguntarmos por que estamos vivendo de determinada maneira. Uma amiga esteve hospitalizada recentemente, e quando ela se queixou de não ser capaz de dormir bem, lhe prescreveram imediatamente um poderoso remédio. Ninguém pensou em reduzir a quantidade de vezes que a acordavam durante a noite para que a enfermeira tirasse sua temperatura, pressão arterial, ou consideraram uma massagista que a ajudasse a relaxar, nem dar a ela algum equipamento com que pudesse ouvir músicas relaxantes antes de dormir. Ninguém considerou a possibilidade de oferecer a ela algo natural que melhorasse a qualidade de seu sono, como melatonina, um padre ou psicólogo com quem pudesse conversar sobre seus pensamentos estressantes. Nossa predisposição médica reza que "se existe um problema, basta encontrar um comprimido para ele".

Precisamos estar mais em contato com nossos pensamentos, sentimentos e experiências do corpo. Muitas pessoas comem sem pensar, engolindo a comida sem ler rótulos ou prestar atenção em como se sentem ao comer determinado alimento. Podemos nos preocupar mais com a qualidade da gasolina que colocamos no carro do que com a qualidade da comida que ingerimos. Essa maneira distraída de viver é uma contradição aos Princípios Eternos.

Existem muitas maneiras saudáveis de cuidar de nossas feridas físicas. Você pode tomar banhos regulares com sais ou ser massageado para eliminar as toxinas do corpo. Pode meditar, concentrando-se e prestando atenção no corpo e em possíveis sensações dolorosas ou desconfortáveis. Pode usar alimentos e suplementos da medicina natural e o exercício como estabilizadores de humor e balanceadores de hormônios. Mais importante: você pode usar a lição da Lei da Manifestação para mudar sua consciência, elevando-a a uma vibração mais alta, tratar qualquer mal e trazer de volta uma sensação de bem-estar para si mesmo e para o planeta.

Capítulo 10

O DÉCIMO PRINCÍPIO ETERNO:

A Lei do Darma

Cada um de nós tem uma missão exclusiva na Terra.

> *"É nosso dever conhecer os propósitos que buscamos na vida, para então, como arqueiros mirando uma marca específica, termos mais probabilidades de obter o que desejamos."*
>
> — Aristóteles

Todos nós chegamos a um ponto na vida em que nos perguntamos por que estamos aqui. Somos feitos simplesmente para reproduzir, trabalhar e morrer? O pensamento "deve haver mais do que isso" é o que nos move a descobrir nosso darma.

Como você já aprendeu, somos todos seres de luz que tomamos forma humana para resolvermos nosso carma e evoluir. O darma é o veículo para esse processo. *Darma*, palavra derivada de *dhr* em sânscrito, cujo significado é "sustentar ou apoiar", é um conceito do hinduísmo e do budismo que se refere tanto ao dever quanto ao destino. Quando damos conta de nosso dever, damos suporte ao bem-estar e à evolução da totalidade, resolvendo nosso próprio carma. O resultado é o benefício de todos.

Como o carma, o darma tem diferentes níveis. Cada um de nós tem um dever ou darma individual, mas grupos de pessoas podem compartilhar um darma particular, e toda a humanidade está sujeita às regras do darma. Nós estamos aqui não somente para a resolução de nosso carma pessoal, mas também para ajudar na resolução do carma do mundo.

Cada um de nós tem um darma que é um reflexo do carma e dos talentos, do estado de evolução e do temperamento pessoais. Quando resolvemos carma negativo e geramos um positivo, nosso darma se transforma, mas sempre teremos darma. Ele nos seguirá depois da morte em nossa próxima vida, assim como o carma, até que nosso carma esteja finalmente curado.

O que Acontece quando Você se Alinha com a Lei do Darma?

Se você ama a si mesmo incondicionalmente e está trabalhando para clarear seu carma, alinhando-se com os Princípios Eternos, inclusive com a Lei da Totalidade, será capaz de reconhecer seus dons e as oportunidades para servir à comunidade. Você deixará de se concentrar na resolução de seu sofrimento pessoal.

Podemos pensar que felicidade é o resultado automático de quando fazemos tudo certo, como uma espécie de taça de ouro recebida ao final de uma corrida.

A felicidade nunca é um estado permanente, algo que podemos alcançar e depois segurar. Você pode pensar que resolveu todos os seus problemas e ajeitou a sua vida perfeitamente, depois sofrer um ataque devastador. Tragédias inesperadas nos acordam e nos lembram que não devemos buscar segurança e felicidade eterna no mundo físico, coisas inalcançáveis, de qualquer maneira. Devemos viver de acordo com nosso darma para resolver nosso carma. Quando fazemos isso, sentimo-nos felizes a maior parte do tempo. Temos uma sensação de propósito que nos ajuda a atravessar desafios e a manter a fé de que nossa vida será melhor. Nossa preocupação com os pequenos problemas começa a ir embora.

A outra coisa que acontece quando você vive de acordo com seu darma é que para de se sentir desconectado e solitário. Você não deseja mais se desligar das outras pessoas (ou de só interagir com o pequeno grupo que conhece). O isolamento impede que você cumpra seu propósito. Você deve sentir sua conexão com o Universo. Em algum lugar, alguém precisa de sua ajuda, e você pode muito bem ter de deixar sua zona de conforto para cumprir seu dever e ajudar essa pessoa.

Darma e Destino

Muitas pessoas confundem dever, ou darma, com destino. Destino se refere a tudo que você fará, sejam coisas positivas ou negativas. Como temos livre-arbítrio e somos influenciados pelas escolhas de outras pessoas, muito de nosso destino não está determinado. Os momentos de seu nascimento e de sua morte são predeterminados; no entanto, a sua data de nascimento indica questões cármicas com as quais se debaterá nesta vida. Seu destino pode ser lutar pela saúde, mas se você resolve as questões cármicas relacionadas ao tema, você vive seu darma, o qual pode ser educar e inspirar outras pessoas. Você pode desenvolver uma doença específica e se tornar um advogado ou porta-voz de pessoas na mesma condição, ou um ativista da saúde que tenta influenciar o governo, seguradoras e eleitores a fazer mais para erradicar tal doença. Você pode trabalhar para um serviço de telemarketing oferecendo informações e suporte para companheiros de sofrimento. Ou sua doença pode servir como um desafio que acorda você para um darma diferente. Você pode aprender as lições que vêm com seu mal e usá-las para resolver seu carma e servir melhor à humanidade.

Quaisquer que sejam as cartas que o Universo lança para você, é possível percebê-las como desafios ou bênçãos. Alguém que leva uma vida sem propósitos antes de desenvolver uma doença ameaçadora, ou que perde um filho, pode transformar a tragédia numa oportunidade para evolução pessoal, assim como para dar vida a seu darma. Um de meus clientes era um homem muito rico que fazia pouco pelo mundo. Ele não usava o dinheiro ou seus talentos para ajudar os outros. Em vez disso, colocou todo seu tempo, esforço e atenção em ganhar mais dinheiro, construir sua reputação de homem de negócios bem-sucedido e usufruir sua fortuna considerável. Um dia, seu filho jovem teve o diagnóstico de uma doença fatal e incurável. Todo o dinheiro não poderia ajudar em nada para salvar o menino que ele tanto amava. O homem passou por momentos muito difíceis ao assistir à morte lenta de seu filho, mas, depois, algo nele se transformou. Ele se deu conta de que todo seu excepcional talento na organização de projetos poderia ser utilizado para a caridade e ajudar a outras crianças como seu filho, e para custear pesquisas no campo da terrível doença que o levara. Foi maravilhoso ver como seu coração se abriu quando ele se lançou nessa nova empreitada. Fui à festa de gala que ele e a mulher organizaram em benefício de sua instituição de caridade e sentei-me a um canto da sala oferecendo leituras gratuitas aos convidados, porque eu queria ajudar também. Olhei para o rosto do meu cliente naquela noite e ele parecia brilhar de uma forma que não acontecia antes. Ele havia encontrado seu darma.

Quando você passa por dificuldades, vive uma perda séria ou tem seus sonhos destruídos, é duro não se sentir vítima ou impotente, além de ter raiva de Deus ou do destino. Somente em retrospecto, quando olhamos através da alma, é que podemos ver que as piores tragédias permitem que você descubra aspectos de si mesmo que estavam completamente escondidos. Esses presentes podem ser chaves para vivermos a vida com algum senso de propósito.

Você não precisa sofrer para descobrir seu darma se escolhe conscientemente se aproveitar de todas as oportunidades que tem para servir aos outros. Adote a atitude de quem está aqui para ajudar, e você saberá o que fazer. Não haverá um dia em que não seja capaz de prestar ajuda a alguém. Você pode parar e perguntar a uma pessoa que parece perdida se pode oferecer direções, ou brincar com uma garçonete apressada para aliviar sua tensão, mesmo que por alguns minutos. Se existe algum dever destinado a você, ele se tornará claro sem que precise pensar "Mas o que eu posso fazer? Sou só uma pessoa e não sou nada especial". Viver assim alinha você com a Lei do Darma.

Darma Pessoal e o Ego

Apesar de sermos seres de luz entrelaçados com a grande matriz da vida, também somos indivíduos, cada um com temperamento, talentos, paixões e aspirações próprios. Cada um de nós tem seu papel na cura deste mundo e no serviço à humanidade. Mesmo que milhares de outras pessoas tenham um destino semelhante, seu papel na elevação da humanidade é único, assim como você é único.

Muito tem sido dito ultimamente sobre quão destrutivo e problemático o ego pode ser. Ter um "ego" no sentido freudiano, ou seja, ter consciência de si mesmo e identidade pessoal, é parte de ser humano. O ego só é um problema quando damos a ele poder demasiado e quando o confundimos com o que somos, concentrando-nos em atender aos seus desejos. Quando servimos ao ego, esquecemos que somos almas imortais e ao mesmo tempo seres mortais com identidade pessoal. Precisamos lembrar que este é nosso ser eterno, que é genuíno e duradouro, e escolher nos identificar com este ser, servindo a ele, em vez de nos identificar com o ego e fazer dele o centro da nossa atenção.

Não se confunda pensando que se explorar quem é e o que tem a oferecer está sendo autocentrado e egoísta. O Divino quer que você valorize sua individualidade e descubra qual é seu darma pessoal. Você deve levar sua luz ao cume, para que possa brilhar sobre tudo e todos. Você não deve escondê-la.

Se viveu num abrigo quando criança, ou foi exposto a situações variadas, pode não estar consciente de quais são seus talentos únicos. Se reprimiu suas inclinações naturais para agradar aos outros, você precisa se reconectar com a parte perdida de você mesmo para que possa descobrir seu darma pessoal.

Algumas pessoas pensam que não têm nada a oferecer aos outros até que surgem circunstâncias que as iluminam. Imaginamos que somos pequenos e nos perguntamos: "Quem sou eu para fazer isso?" Se nos convencemos de que somente pessoas importantes e influentes têm um propósito, nosso darma permanecerá um mistério para nós.

Ações do Darma

Para viver em alinhamento com a Lei do Darma, você precisa agir de maneira positiva para elevar sua própria evolução e cura, assim como todo mundo. Darma não é algo com que se trabalha quando você acha que deve fazer algo positivo.

Seu darma pode estar concentrado em qualquer uma das ações abaixo, ou numa combinação delas:

- *Educar*. Você pode ensinar, trabalhar ou ser voluntário como educador comunitário, pode ser jornalista, escritor ou simplesmente compartilhar sua sabedoria e seus conhecimentos com os outros.

- *Curar.* Você pode ser um médico, terapeuta, curador energético, quiroprático ou orientador. Você também pode ser um pesquisador da medicina, farmacêutico ou nutricionista.
- *Ajudar.* Você pode ser aquela pessoa com quem todos podem contar sempre que existe um desafio, seja para distribuir comida e roupas depois de um desastre natural ou para tomar conta dos filhos dos vizinhos quando a mãe tem uma emergência.
- *Inspirar.* Você pode usar a própria história, falar corajosamente sobre suas vulnerabilidades e seus erros para inspirar outros a acreditarem que eles também podem superar obstáculos.
- *Cuidar.* Você pode ter atitudes amorosas com os outros, como cuidar de seu jardim, se oferecer para ajudar a erradicar uma planta invasiva na sua área, cuidar da terra de outras formas ou resgatar animais abandonados.
- *Doar.* Você pode doar dinheiro ou tempo voluntário, pode fazer o impossível para ajudar outras pessoas.
- *Orientar.* Você pode treinar alguém novo na sua empresa, ensinar o que aprendeu e encorajá-lo ou pode ser mentor de algum jovem que precise de um modelo.
- *Facilitar.* Você pode ser a pessoa que faz as coisas acontecerem, tornar realidade grandes ideias, conectando pessoas e recursos.
- *Apoiar.* Você pode patrocinar uma criança pobre em outro país, oferecer suporte emocional para alguém ou dedicar amor e orações àqueles que sofrem.
- *Escutar.* Você pode ouvir em silêncio o que outros dizem, sendo solidário sem se apressar em consertar os problemas do outro. Pode ser um bom ouvinte para um amigo, um vizinho solitário, um idoso ou um estranho, caso trabalhe em algum serviço de ajuda por telefone.

O darma de cada um tem pelo menos um desses elementos, independentemente do que faz para viver. Seu darma não é necessariamente vinculado ao trabalho em que ganha dinheiro, ou à posição social, título ou negócio. Qualquer um pode escutar, facilitar e guiar, seja no trabalho, em casa, na escola, ou andando na rua. Digamos que você seja um representante de um serviço ao consumidor. Toda vez que um cliente raivoso, frustrado, chegar à sua mesa, você pode *educá-lo* em relação aos serviços, produtos e à política da sua empresa, pode *escutar* pacientemente e *ajudar* a resolver o problema, *facilitando* uma solução. Depois do trabalho, quando se juntar a amigos, você pode *escutá-los*, *apoiá-los* quando comentarem que tiveram um dia difícil e *entretê-los* fazendo piada com as dificuldades da vida. Você pode servir de modelo, *inspirando* alguém que está se esforçando muito com as próprias questões cármicas e aprendendo mais sobre a vida de acordo com os Princípios Eternos ao prestar atenção em você. Cada uma dessas ações é parte da vida em alinhamento com seu darma.

Se o Universo lhe concedeu poder, talentos ou bênçãos de qualquer tipo, use-os para dar vida a seu darma. Eles são um investimento Divino em você. Trabalhe na direção de aumentar esse investimento pelo benefício de todos e você experimentará alegria pura. Conheço muitos autores que escrevem livros dedicados a guiar as pessoas para que vivam melhor. Eles me dizem que, por mais que gostem dos benefícios da escrita — fama e admiração, controle da própria agenda, porque trabalham para si mesmos, venda de muitos livros e dinheiro —, o que realmente os excita mais é a utilização de seu talento para ajudar os outros. Toda vez que escutam de uma pessoa o quanto seu livro ajudou aquele indivíduo, seus espíritos se regozijam. Toda vez que os direitos dos meus livros são vendidos para um país estrangeiro, o que mais me anima não é o prestígio nem a quantia de dinheiro que recebo, mas o fato de saber que minha escrita pode tocar a vida de alguém que nunca vi e vive na Suécia, na Itália ou na Alemanha.

Há alguns anos, ajudei uma mulher sem teto oferecendo-lhe leituras gratuitas. Ela fora uma criança órfã e passara por algumas experiências terríveis. Quando a conheci, ela estava enfrentando vários desafios, mas tinha um coração muito bom e aspirava não só a cuidar de si mesma, mas também ajudar outros com passado semelhante. O que ela aprendeu e a compaixão que desenvolveu como resultado de seu sofrimento foram presentes que determinariam seu destino. Em várias leituras, vi que ela ganharia muito dinheiro um dia, apesar de não saber como isso ocorreria. Um dia, ela leu uma notícia no jornal a respeito de uma ação contra o orfanato em que vivera quando pequena e descobriu que fora intitulada para receber uma grande soma. Assim que o recebeu, ela insistiu que queria me pagar por todas aquelas leituras gratuitas, mas eu recusei. Sabia que ela iria "pagar de outra maneira", e eu realmente não precisava daquele dinheiro. A última notícia que tive foi que ela estava vivendo por conta própria na sua casa e trabalhando para ajudar outros sem teto, sofredores como ela. Naquele momento, saber que eu tivera um pequeno papel na ajuda a outra pessoa para que encontrasse seu destino foi o suficiente para mim.

O que Acontece quando Você não Vive de Acordo com a Lei do Darma

Quando você não se alinha com a Lei do Darma, acredita erroneamente que o propósito ou sentido de algo é o que pode criar através da acumulação de riqueza material, poder, reputação ou fama. Mais do que nunca as pessoas estão se convencendo de que se pudessem simplesmente ficar famosas seriam felizes e importantes, mas nem todas as celebridades descobrem o próprio darma. Sim, celebridades podem ter muito poder para influenciar as pessoas para o melhor, e usar a fama pelo bem é parte de seu darma, mas somente ser famoso não preenche nosso dever e nos faz sentir que a vida tem sentido. Muitas celebridades são obcecadas com o tamanho da própria fama e com a possibilidade de as pessoas pensarem nelas como ex-famosas, assim como muitos ricos morrem de medo de perder seu dinheiro.

Sua alma eterna, quem você realmente é, não morre só porque você perde fama e fortuna. Seu darma — o veículo para o término de seu sofrimento, a resolução de seu carma e do preenchimento de seu propósito na vida — estará com você, não importa o quanto sua fortuna mude.

Algumas pessoas erroneamente acreditam que sentido e propósito somente podem ser encontrados em grandes gestos. Elas sabem que *alguns* estão destinados a curar a aids e o câncer, ou exterminar a fome na África, mas quando não conseguem enxergar que podem impactar pessoalmente o mundo em larga escala, não fazem absolutamente nada e sonham simplesmente com a descoberta do sentido e propósito.

A fluência da divindade, combinada ao nosso trabalho árduo, determina quanto impacto temos no mundo. Se você é gentil com alguns amigos chegados, e ocasionalmente destina dinheiro à caridade, não sentirá uma poderosa sensação de propósito e não afetará a humanidade em grande escala. No entanto, se trabalha para ser incondicionalmente amoroso com todos, e para servir ao mundo da sua maneira silenciosa e pequena, pode influenciar muitas pessoas, inspirando-as e mostrando como encontrar seu propósito. O meu avô paterno foi primeiro-ministro da Romênia enquanto meu pai era um homem simples que trabalhava no banco. Mesmo assim ele nunca se sentiu impotente para fazer algo pelo mundo. Todos os dias ele tentou ajudar outras pessoas de alguma forma. Quando morreu, centenas de pessoas foram ao seu enterro.

Se você não preenche seu darma, ele será impresso na sua alma assim como seu carma. Sua alma escolherá reencarnar num corpo específico e se tornar parte de uma determinada família, de uma situação particular, para que tenha a melhor oportunidade de curar seu carma e atender ao seu darma. Não há como evitar essa obrigação.

Como Descobrir Seu Darma

Seja Introspectivo

A chave para descobrir seu darma é o autoconhecimento. Muitas pessoas raramente se dedicam à introspecção. Elas seguem na vida sem nunca parar para se perguntar por que agem de determinada maneira, por que têm os problemas que têm, ou por que estão aqui na Terra. Elas esperam até que tenham um encontro com a mortalidade ou uma sensação de falta de sentido muito profunda e dolorosa, insuportável, antes de diminuírem o passo e começarem a olhar para dentro de si mesmas.

Se você está se sentindo sobrecarregado pela sua vida e não sabe que estrada tomar, comece descobrindo quem você é. Pergunte-se como chegou a este ponto na vida. O que pode aprender com o passado? Quais são seus sonhos secretos? O que gostaria de alcançar antes de deixar a Terra? Quais as relações mais importantes para você? Qual o seu papel nas perdas da sua vida — amizades, relacionamentos e trabalhos que terminaram? Tem certeza de ter feito a escolha certa, por amor a si mesmo e aos outros, ou agiu movido pelo medo, pela raiva ou outra emoção de baixa vibração? Muitas pessoas não consideram a terapia até que algo terrível acontece, mas se você tem uma sensação de falta de propósito e não é introspectivo, encorajo-o a pensar na possibilidade de fazer terapia para descobrir qual o seu darma, para conhecer-se melhor e saber o que tem a oferecer ao mundo.

Ajude os Outros, mesmo que Sutilmente

Se você sente pena de si mesmo, mude o foco para o exterior. Encontre alguém que está em pior situação que você, ajude essa pessoa. Uma vez conheci um cavalheiro que vivia num asilo, e em todas as refeições ele ia ao quarto dos pacientes de cadeira de rodas e se oferecia para empurrá-los até a sala de jantar. Ele sabia que o segredo de evitar a autopiedade e a depressão é fazer algo por alguém. Estava cumprindo seu darma.

Não fique parado esperando alguma grande oportunidade para fazer a diferença. Faça algo hoje, não importa quão pequeno. Madre Teresa disse: "Nesta vida não podemos fazer coisas grandes. Só podemos fazer as pequenas com grande amor." Apesar de pensarmos nela como alguém que ajudou milhares de pessoas e inspirou tantas outras, ela cumpriu seu darma em pequenos momentos quando olhou com amor nos olhos de uma pessoa à beira da morte e sorriu.

Uma das razões pelas quais sempre digo às pessoas que conheço "Eu te amo" é saber que raramente recebemos agradecimento ou apreciação pelo trabalho árduo que fazemos todos os dias. Não é fácil viver de acordo com a Lei do Darma quando você está exausto por tudo que tem de fazer e quando sente que ninguém se importa com os sacrifícios que faz. Mas eu garanto a você, as pessoas se importam! Elas simplesmente estão cansadas de seus próprios fardos e esquecem de expressar sua apreciação. Manifestar nosso amor e apreço é hábito que precisamos nos esforçar para desenvolver. Todo dia diga a seus filhos, cônjuge, amigos e colegas de trabalho: "obrigado", e "eu aprecio seu trabalho árduo". Você pode mudar a vibração dessas pessoas. Depois de sair do escritório no final do expediente seu colega pode se sentir tão mais leve e satisfeito que dirige com mais paciência e educação para casa, e é mais compassivo, amoroso com a filha adolescente que está de mau humor. Seu amor e gentileza reverberarão de maneira que nem mesmo perceberá. Nunca subestime o poder do amor, da compaixão e da generosidade na transformação do mundo!

Não se Isole

Para estar alinhado com a Lei do Darma e cumprir seu dever no mundo, você tem que estar integrado aos outros. Tem se tornado incrivelmente mais fácil se isolar e evitar as pessoas diferentes de nós. Algumas pessoas vivem em comunidades gradeadas, pedindo coisas pelo telefone em vez de se misturarem com os outros em lojas, socializando somente com aqueles de sua classe econômica. Alguns despendem grande parte do tempo no trabalho e no computador, ou jogando videogames em casa. Eles têm contato pessoal limitado com outras pessoas e até mesmo interagem somente quando têm interesses compartilhados.

Para inválidos ou pessoas que vivem em áreas isoladas, a socialização via internet ou pelo telefone é certamente melhor do que contato nenhum. Uma pessoa pode afetar positivamente outra interagindo de maneira amorosa através de grupos de ajuda on-line, e mantendo contato por e-mail, mensagens de texto ou telefonemas. No entanto, se for possível, tente interagir positivamente com outros, cara a cara. Ler a expressão facial e a corporal da outra pessoa, escutar o som de sua voz e sentir sua energia dá a você muito mais informações sobre o que de fato está acontecendo que ler suas mensagens de texto, e-mails com emoticons ou postagens no Facebook. Quando compartilhamos o mesmo espaço físico, é mais fácil entender o que podemos fazer pelo outro e saber se está precisando de algo. Tocar, abraçar e sorrir ajuda a transferir energia positiva e curativa ao corpo energético do outro, afetando suas emoções e sua saúde física. Devido à Lei da Totalidade, a boa energia que emanamos através de orações, as palavras positivas ditas ou escritas, nossos gestos generosos têm um efeito sobre os outros, mas é frequentemente mais fácil para a pessoa sentir sua força total da energia positiva quando está fisicamente com você.

É mais fácil sentir-se conectado e alinhar-se à Lei da Totalidade quando você interage com os outros cara a cara. Você desenvolve habilidades para lidar com emoções difíceis em vez de fugir delas. Tenho escutado que algumas pessoas hoje em dia rompem relacionamentos amorosos mandando mensagens de texto! Quão desconectado é isso? Conversas olho no olho podem ser desconfortáveis, mas, quando ferimos outra pessoa para evitar nosso próprio desconforto, geramos carma negativo.

Esteja alerta também à maneira como a tecnologia pode separar as pessoas. Conheço muitas famílias que compartilham uma casa grande e linda, mas, em vez de se juntarem num cômodo e convidarem amigos e vizinhos, mantêm-se cada um em seu próprio espaço, headphones nos ouvidos com música, televisão ligada, ou ocupam-se com videogame e computador. Estabeleça tempo livre de mídia em seu lar.

Muitas pessoas são tímidas ou sentem desconforto perto de estranhos; portanto, preferem a solidão. Se você é introvertido e precisa de tempo só para energizar-se, tudo bem, mas você também precisa de conexões sociais. Pesquisadores descobriram que idosos que têm poucos amigos e raramente socializam deterioram a saúde e avançam em direção à demência mais rapidamente que seus companheiros com círculo social. Quando eu vim para os Estados Unidos pela primeira vez, ficava impressionada quando as pessoas me diziam: "Não aguento a minha mãe, não falo com ela há anos", ou "Meu irmão e eu não temos nada em comum. Não o vejo desde a morte do meu pai". Para mim, família e amigos são tudo. No hospital, quando meu marido estava muito mal, havia vários visitantes todos os dias. Sim, na minha família, temos nossos desacordos e enlouquecemos uns aos outros, chateamos uns aos outros com as mesmas velhas histórias, mas apoiamos uns aos outros. Muita gente sente falta disso.

Quando permanecemos isolados, ficamos deprimidos e solitários, e nos concentramos nos problemas pessoais de forma negativa, fazendo-os maiores do que são. Assim que você começa a se conectar com outros, passa a ver maneiras de viver de acordo com seu darma. É capaz de se elevar e sair da obsessão com tudo que parece errado em sua vida.

Nem sempre é fácil sair da zona de conforto e prestar ajuda aos outros. Dê passos pequenos primeiro. Viaje, inicie uma conversa com estranhos, apresente-se aos outros pais nos eventos da escola e tome a iniciativa de conhecer seus vizinhos. Junte-se a um grupo de pessoas com interesses comuns. Aproxime-se dos outros e faça perguntas, ou comente o que estão fazendo. Tenho conversado bastante com donos de cães que passeiam com seus animais — pergunto: "É um King Charles Spaniel?", mesmo que saiba que a resposta é sim, somente para dar-lhes a chance de compartilhar seu entusiasmo sobre seu cãozinho!

Quando fizer perguntas, desacelere e escute atentamente as respostas. As pessoas sabem quando você está esperando que parem de falar para que você possa se colocar! Preste atenção à expressão e à linguagem corporal das pessoas e leia nas entrelinhas o que estão dizendo. Pergunte de verdade "Como vai?" e dê ao outro uma oportunidade para que lhe diga sinceramente o que está acontecendo, mas não os pressione para que revelem todos os detalhes.

Todos esses conselhos podem parecer óbvios, mas se você realmente pensar sobre o assunto, pode chegar à conclusão de que, como muitas pessoas, você se tornou mais isolado com o passar dos anos. É fácil cair no hábito de contar com os mesmos velhos amigos ou os mesmos ciclos sociais e "apegar-se às pessoas do mesmo tipo". Todos nós precisamos de mais abertura. Precisamos buscar oportunidades para ajudar os outros a alcançar um estado mais elevado de vibração. Só podemos fazer isso interagindo com outras pessoas, não ficando em casa sozinhos, conectados a alguma forma de tecnologia e concentrados em nosso pequeno mundinho.

O que Acontece quando nos Alinhamos com a Lei do Darma?

Quando você trabalha para preencher seu darma, sua vida muda. A abundância adentra seu universo. Você atrai e manifesta riqueza de muitas maneiras. Pode chegar devagar, porque você deve desenvolver mais profundamente seu senso de propósito e deve resolver seu carma, mas ela virá.

Se você sente que está sofrendo há muito tempo e perdeu a fé de que sua situação mudará para melhor, trabalhe para descobrir seu propósito. Você verá que as circunstâncias começarão a mudar. Uma energia curadora virá em sua direção, e suas emoções negativas começarão a desaparecer. Você não mais ansiará que alguém lhe diga que você é maravilhoso ou expresse gratidão, porque não estará carente e pouco apreciado. Você terá sentimentos de amor e apreço porque estará próximo de Deus. Viver de acordo com seu propósito, fazer o que deve fazer promove muita energia. Você é capaz de trabalhar muitas horas sem se cansar e deixar de lado a crítica mais facilmente, além de desviar de obstáculos sem se sentir sobrecarregado ou negativo. Você consegue manter uma sensação de entusiasmo.

Não estou dizendo que você não terá dias ou fases ruins, ou momentos em que a carga está muito pesada. Nenhum de nós pode sustentar a sensação de alegria sem limites e entusiasmo o tempo todo. Mas é bem mais fácil ser feliz e motivado, fazer o que é preciso quando você está alinhado com os Princípios Eternos, sentindo a presença de Deus e preenchendo seu destino com o trabalho do seu darma.

Mesmo quando sua vida vai bem, reserve um tempo para orar a Deus. Vá até a natureza e experimente a maravilha da criação divina. Se não o fizer, talvez sinta-se atraído pela Divindade em direção às leis dos homens que causam sofrimento. Então, correrá o risco de sentir-se isolado e sozinho, o que frequentemente leva ao materialismo, à cobiça e ao desejo de poder.

Para manter-se alinhado com as leis divinas você precisa cultivar sua conexão com a totalidade e com toda a divindade. Muitas vezes vejo pessoas que não têm o senso da espiritualidade serem repentinamente devastadas por uma perda. Com frequência, são capazes de se conectar com Deus e encontrar forças, mas até que isso aconteça, sofrem terrivelmente. Em contraste, quando vivemos de acordo com os Princípios Eternos, usando nosso darma para resolver o carma, e em constante conexão com Deus, estamos melhor equipados para lidar com a tragédia.

Viver de acordo com a Lei do Darma dá a você a sensação de paz. Conflito e negatividade desaparecem porque você não pensa mais "Como posso vencer esta batalha?" Você não vê a vida como uma luta infindável, mas como um milagre a ser apreciado todos os dias. Como você experimenta a alegria, sentirá desejo de ajudar os outros para que elevem sua vibração e sejam alegres também. Existirão menos conflitos na sua vida. Quando um aparecer, seu instinto será o de tentar ajudar a outra pessoa a mudar para um estado de tranquilidade, felicidade e compreensão. A sensação de que você está sendo maltratado pela vida irá embora, e você descobrirá sua sabedoria, encontrará coragem para mudar situações negativas e serenamente aceitar as limitações de seu poder.

A Lei do Darma e os Outros Princípios Eternos

A Lei do Darma trabalha com as Leis da Totalidade e do Carma, porque, como eu disse, trabalhando para ajudar os outros, você cura seu carma e eleva a vibração no seu canto de matriz divina. Usando a Lei da Sabedoria, você será mais capaz de abandonar as ideias de grandiosidade, aceitando que não tem o poder de transformar as coisas no nível físico, ou de influenciar determinadas pessoas para que façam o que você acha ser o melhor para elas. A sabedoria também permite que encontre coragem para mudar o que pode ser influenciado. Amando incondicionalmente, você pode parar de julgar os outros e em vez disso encontrar caminhos para iluminá-los e elevá-los a uma vibração superior. Esse é o seu darma.

O darma permite que tragamos harmonia para o mundo, em vez da sensação de que estamos em batalha constante com os outros para conquistarmos nossa fração de poder e riqueza. Ajuda-nos a reconhecer o que é verdadeira abundância e gerar carma positivo, o que nos permitirá atrair melhores circunstâncias e manifestá-las. Finalmente, ele permite que participemos da evolução de toda a humanidade, o que é uma experiência de humildade e potência ao mesmo tempo.

As pessoas podem transformar seus estados mentais quando se envolvem em algum movimento que consideram importante. Tornam-se entusiastas, criativas e desenvolvem brilho porque sabem que estão fazendo algo importante, mesmo que seu papel seja muito pequeno. Cada um de nós importa, e cada um de nós tem o poder de influenciar o todo através de ações individuais. Saberemos o que fazer quando começarmos a nos alinhar com os Princípios Eternos e nos abrirmos para a orientação divina.

A Lição da Lei do Darma

Propósito, a expressão de nossos talentos e a conexão
com o próximo são divinos.
Falta de foco, hedonismo e isolamento são criados pelo homem.

Sempre que perdemos os Eternos Princípios de vista e voltamos nossa mira para o mundo de sofrimento criado pelos homens, adentramos um caminho muito sombrio. Primeiro, ficamos sem meta e nos perdemos. Depois, para aliviar nossa dor, nos apegamos aos prazeres do mundo material. Mas não importa quanto dinheiro, riquezas podemos conquistar para nós mesmos, simplesmente nos sentimos mais miseráveis, sozinhos e temerosos. Finalmente, perdemos nossa capacidade de confiar no mundo e nos isolamos. Sentimo-nos sós na Terra, perdidos e assustados, e simplesmente continuamos nessa direção destrutiva.

Para sair dessa floresta escura, você deve seguir a luz divina. O Divino será seu guia, mas você tem de querer deixar para trás o modo de vida que não estava funcionando. Deve estar pronto para viver com propósito — estar conectado aos outros, servindo à humanidade e deixando que sua luz própria brilhe. O mundo precisa de mais luz. Se você segue sua vida consumindo bens materiais, gastando tempo com atividades sem importância que não fazem mais que preencher horas vazias, não está resolvendo seu carma nem vivendo de acordo com seu darma. É como se estivesse matando aula!

Se não sabe por que está aqui ou para onde está indo, se sente que não tem meta e não sabe o que está destinado a fazer, seja gentil consigo mesmo. Lembre-se de que a resposta para "Por que estou aqui?" é o coração da espiritualidade. O desconforto com sua vida o leva ao encontro da luz divina, onde você encontrará conforto, força e fé.

Mesmo as pessoas mais bem-intencionadas, médicos e terapeutas, podem inadvertidamente encorajar tristeza, isolamento e um comportamento autocentrado, validando a autoimagem de sofrimento das pessoas. O que muita gente não compreende é que sim, é lógico que temos de entrar em contato com nossas dores e nossos problemas, mas não podemos nos prender a eles. Precisamos passar por eles, resolver nosso carma. A única maneira de fazermos isso é através do darma.

A forma de descobrir o darma é parar de se deixar absorver por sentimentos e pensamentos negativos e começar a prestar atenção aos caminhos indicados pelo seu coração. Apreciar o amor que o rodeia potencializa você e ajuda na sua cura. Existe socorro em toda parte, mas você não pode enxergar isso se estiver preso à escuridão do medo, da raiva, da tristeza, da inveja e da vergonha, diminuidores de vibração. Você precisa permitir que esses sentimentos vão embora enquanto cria conscientemente crenças saudáveis.

Digamos que, ao entrar em introspecção e encarar seu carma, você descubra que está em confusão financeira porque tomou algumas más decisões no passado. Se deixar que isso o leve na direção da negatividade e de pensamentos, sentimentos de baixa vibração, não resolverá seu carma. Você precisa aceitar o que aconteceu, criar uma atitude nova, positiva, como "Aprenderei a administrar melhor meu dinheiro e a tomar decisões melhores financeiramente", e gerar sentimentos de confiança e esperança. Depois você pode fazer uso do darma para mudar seu carma. Talvez você não tenha talento para administrar dinheiro, mas é extrovertido e tem talento natural para encontrar pessoas e fazer amigos. Pode usar isso de maneira proativa para ir em direção a pessoas que podem ajudá-lo a aprender melhores formas de administrar dinheiro. Uma de minhas clientes me disse que ela aprendeu tudo sobre balanço de conta-corrente, planos de aposentadoria e dívidas de cartões de crédito com uma colega de trabalho que conhecia bastante o assunto. Tornaram-se amigas porque ela ajudou a colega quando a mulher passou por uma separação difícil. A compaixão de minha cliente e sua habilidade natural para escutar e dar apoio aproximou-a dessa nova amiga, a qual depois teve desejo de ajudá-la compartilhando seu conhecimento de administração financeira.

Descobrir seu darma e seguir o caminho para sair da escuridão e do sofrimento começam com pequenos passos e pequenos atos de coragem extremamente significativos. Quando você diz para si mesmo "Sei que isso é assustador, mas vou dar aquele telefonema para a pessoa que meu amigo disse que poderia me ajudar com meu problema", e vai até o fim, esse pequeno ato é um passo para fora da escuridão. Quando você está numa reunião e vira-se para o estranho ao seu lado e inicia uma conversa, está dando outro pequeno passo para sair do isolamento. Quando se permite dizer: "Foi difícil fazer isso agora, mas eu fiz" e sente orgulho e força, você dá mais um passo à frente na direção da luz ao progredir na cura de suas questões cármicas. E quando diz "Sou bom ao fazer as coisas assim. Acho que devo pensar em fazer isso mais vezes, porque ajuda outras pessoas e me leva a sentir que posso fazer a diferença...", você sabe que está no caminho de seu próprio darma. Está fazendo o que deve fazer.

Entre na luz do amor divino e reúna-se com o mundo à sua volta, conecte-se com os outros e compartilhe com eles seus talentos assim como eles fazem o mesmo. Cada um de nós tem algo vital e importante para oferecer ao outro, e quando doamos para o mundo, doamos a nós mesmos. É assim que curamos o mundo e cumprimos nosso dever sagrado.

Capítulo 11

O DÉCIMO PRIMEIRO PRINCÍPIO ETERNO:

A Lei das Possibilidades Infinitas

Podemos desafiar as leis de tempo e espaço, e participar da criação daquilo que parece impossível.

A realidade física contém muitas coisas que podemos medir, conter, contar e limitar. Nossa mente percebe a separação entre água e ar, nossos corpos e a terra, nosso país e outro. Parece óbvio que duas pessoas não podem ocupar o mesmo espaço, mas o teorema de Bell, de 1965, diz que a localidade não existe. Um elétron tem a capacidade de influenciar outra partícula ou entidade sobre qualquer distância, apesar de não haver nenhuma troca de força ou energia. É como se duas partículas estivessem exatamente no mesmo lugar, experimentando exatamente a mesma coisa ao mesmo tempo.

Desenvolvemos a percepção de que existem limitações e separações em toda parte, porque esperamos que o mundo tenha sentido. Sentimos que se pudermos compreender a natureza das coisas, seu funcionamento, além de prever o que vai acontecer, não teremos medo nem impotência, e maiores serão as chances de sobrevivência. Na realidade física, precisamos ver ar e água como coisas diferentes e separadas, porque podemos respirar um e não o outro.

No entanto, damos muita importância ao mundo que percebemos com nossos sentidos, e às fronteiras e aos limites que enxergamos. Acreditamos que temos possibilidades limitadas porque na realidade física que criamos isso é verdade. Mas o âmbito do Divino está além das limitações do tempo e do espaço. Quando permitimos que essa realidade adentre nosso âmbito físico, novas oportunidades aparecem rapidamente e a realidade física pode ser radicalmente transformada.

Na realidade das infinitas possibilidades tudo é um e em constante transformação. Nada é fixo, nem forma, nem espaço, nem tempo. Passado, presente e futuro acontecem ao mesmo tempo. Um objeto pode estar em dois lugares diferentes de uma vez, e duas partículas podem se comunicar atravessando uma vasta distância instantaneamente, mais rápido que a velocidade da luz. O que estou descrevendo não é uma ideia abstrata sobre a aparência do mundo divino, mas a natureza da realidade de acordo com a física quântica. Somente quando operamos no nível do mundo físico começamos a perceber que criaturas, objetos e energia sempre se comportam de maneira previsível, ordenada. No nível quântico a realidade é bem mais imprevisível e as possibilidades são inúmeras.

Tempo e não Tempo

O tempo é uma construção da mente humana. A humanidade inventou o conceito de tempo, de passado, presente e futuro dividido em pedaços quando olhou para o céu e percebeu os caminhos previsíveis de corpos celestes. Inventamos calendários, depois relógios. Começamos a sentir que compreendíamos nosso mundo e que tínhamos algum controle sobre ele porque as regras do mundo físico trabalham todas juntas de maneira lógica: o passado influencia o futuro, mas o futuro não existe ainda, então não pode influenciar o passado ou mesmo o presente. O que sobe deve descer. Se deixarmos cair um objeto de peso particular de uma altura específica, podemos mensurar sua velocidade e prever com apuro quando ele atingirá o solo alguns segundos depois. Todas essas regras fazem parte da física, ciência desbravada por Isaac Newton numa era em que muita gente na Europa morria de peste negra. Sem saber a causa dessa doença, ou como pará-la, as pessoas buscavam certezas. A ciência oferecia uma promessa de compreensão. Uma nova era de lógica e razão nascia.

No entanto, no século XX, começamos a descobrir que as regras da física newtoniana não se aplicavam ao menor nível de realidade. Partículas e ondas desafiam a lógica e todas as regras de tempo e espaço. Sua natureza se transforma porque alguém as observa. Tudo isso é muito perturbador para a mente humana. Mesmo Einstein não sabia o que fazer com isso e morreu na esperança de que alguém conseguisse uma explicação racional para o que ele chamava de "ação assustadora a distância".

Agora percebemos que a realidade de nível quântico é a realidade do divino, a realidade das possibilidades infinitas, todas acontecendo ao mesmo tempo em diferentes dimensões. É a energia matriz que os chineses chamam de Tao. No judaísmo ela é chamada de Elohim; no Hinduísmo, de Brahman ou Ser Supremo, da palavra em sânscrito *brh,* que significa "crescer", e tem uma conotação de grandiosidade.

Como seres de luz, fazemos parte dessa matriz, dessa consciência e não somos limitados pelas leis de tempo e espaço. A consciência coletiva está criando nossa realidade física. Uma vez que compreendemos isso, podemos começar a questionar nossas suposições antigas sobre o âmbito material e a influência sobre ele.

Abrindo-se às Possibilidades Infinitas

Como trabalho com a realidade divina e todas as suas possibilidades, além de ter experimentado o mistério do âmbito quântico através da premonição, das visões do futuro, da comunicação com os espíritos daqueles que já se foram e da consciência de vidas passadas das pessoas, abri-me para o que a maioria chamaria de "o impossível". Tenho visto o futuro e descoberto que uma pessoa se curará milagrosamente de uma doença séria enquanto outra morrerá muito jovem e inesperadamente. Portanto, sei como nossa mente é limitada no que diz respeito à percepção das possibilidades. Quanto mais experimentado no alinhamento com a Lei das Possibilidades Infinitas, mais aberto você estará para potenciais eventos futuros que o lado esquerdo e racional do seu cérebro tratará como loucura.

O mundo físico parece tão real e finito que não podemos penetrar um universo infinito ou tatear a ideia de que o Universo não tem começo nem fim, ou que existem possibilidades infinitas. Para melhor compreender como o mundo físico se torna tão real para nós, precisamos olhar para o passado e para como desenvolvemos a ideia de um mundo tridimensional.

Três Dimensões e Nossa Percepção da Realidade Física

Muito tempo atrás, os antigos egípcios construíram as pirâmides como forma de expressar nossa realidade tridimensional. Triangulares, elas foram fundeadas no solo com três lados que se dirigiam ao céu, unindo simbolicamente os âmbitos do mundo físico e do etéreo, invisível mundo do Divino. A ideia de trindade foi mais tarde gravada na consciência humana na área do Egito e do Oriente Médio quando o cristianismo nasceu e popularizou a ideia de um Deus de três formas: pai, filho e espírito santo.

Percebemos três aspectos da realidade — altura, comprimento e largura; passado, presente e futuro; Pai (Ser Supremo), Filho (divindade presente no mundo físico) e Espírito Santo (espírito que une pai e filho, o âmbito do Divino e o âmbito material). No entanto, essas ideias de trindade são uma criação da nossa mente que tenta fazer sentido neste mundo físico que manifestamos. Deus pode ter três formas, mas todas são unificadas como Deus, assim como passado, presente e futuro existem ao mesmo tempo. Tudo que tem forma não pode ser medido de acordo com altura, peso e largura, assim como não é exatamente matéria, mas energia luminosa. Somente na realidade do homem existem três dimensões mensuráveis, regras para o tempo e a divisão do Divino.

Se não conseguimos perceber algo com nossos sentidos, temos dificuldade de acreditar que existe, mas o âmbito invisível é real e somos parte dele. Por milhares de anos as pessoas não sabiam da existência da bactéria, mas continuávamos experimentando sua essência quando infectava nosso corpo. Quando aprendemos sobre esses micróbios, nossa percepção da doença e nosso modo de vida mudaram. Inventamos a ideia de saneamento e desenvolvemos práticas com este fim, o que nos permitiu vidas mais longas e mais saudáveis. Micróbios tornaram-se reais para nós, apesar de sempre terem estado por aí. Imagine o que mais não percebemos e que, uma vez descoberto, poderia fazer enorme diferença na experiência humana. O âmbito divino tem inúmeras possibilidades para as quais estamos completamente cegos, já que devotamos toda a nossa atenção ao mundo físico.

Por que Devemos Estar Alinhados com a Lei da Infinidade

Somos reféns de nossas ideias sobre o tempo e afastados de suas possibilidades ilimitadas. Quando aplicamos o conceito temporal à nossa vida pessoal, dizemos que estamos sem tempo, que nosso tempo passou, e que o tempo está escapando de nossas mãos. Quando olhamos para a história humana, começamos a acreditar que já passamos do ponto sem volta e nos destruiremos através de superpopulação, guerra nuclear ou aquecimento global. Sentimo-nos desesperançados porque não conseguimos "voltar o tempo". Mas Deus nos deu possibilidades infinitas. A história bíblica de Sarah, mulher que não acreditou quando Ele disse que ela teria um filho porque era "muito velha", fala sobre nossa falta de desejo de acreditar na ideia de que o tempo é ilimitado e que as regras sobre o tempo são uma ilusão criada pela nossa mente. O Divino não segue essas regras!

Também ficamos paralisados pelo tempo, obcecados com o passado e o futuro. Bloqueamos a fluência de possibilidades quando insistimos que, já que nossos pais se divorciaram quando éramos crianças, nunca alcançaremos a intimidade e a segurança numa relação. Descartamos um relacionamento antes que possa se aprofundar porque nos concentramos em todas as coisas negativas que podem acontecer: nosso novo parceiro pode ser infiel ou se desapaixonar, podemos descobrir que nos casamos com a pessoa errada e por aí afora. Quanto mais peso damos às influências do passado e quanto mais certeza temos de um futuro negativo, mais presos estaremos.

Dois eventos-chave na sua vida não podem ser mudados: o momento de seu nascimento e o momento de sua morte. Quando eu era criança, tinha obsessão com o ano 2000. Tinha medo só de pensar no assunto e não sabia o motivo. Sentia que o ano 2000 traria uma virada à minha vida. A sensação de pavor continuou por décadas. Finalmente, 2000 chegou e em novembro daquele ano eu perdi minha mãe. Dei-me conta de que havia percebido um momento específico do tempo, muito antes de sua chegada. Consegui quebrar as regras do tempo e saber que algo terrível me aconteceria naquele ano, mas não fui capaz de prever a morte de minha mãe, a qual estava predestinada.

O que Acontece quando nos Alinhamos com a Lei das Possibilidades Infinitas?

No âmbito da infinidade, todas as possibilidades existem ao mesmo tempo. Essas possibilidades colapsam num resultado no âmbito da realidade física quando esse resultado específico se fixa na mente de alguém. Uma vez que a ideia está formada, começa a tomar forma física. Lembre-se de que todas as ideias são formas de energia que criam conexões neurais (estruturas físicas no cérebro) e inspiram emoções (reações bioquímicas). Esse é o processo de uma realidade tomando forma. Você já o experimentou se teve uma ideia nova repentinamente e começou a sentir a excitação em seu corpo, ao imaginar esse novo conceito se transformando em realidade.

Quaisquer que sejam as limitações da sua mente, elas afetarão a forma que uma ideia toma quando se solidifica na realidade. Por exemplo, digamos que você teve a ideia de criar um blog de sucesso que educa as pessoas sobre um tema de seu interesse. É uma ideia que toma forma em sua mente, e depois você começa a pesquisar blogs, web designers e anunciantes patrocinadores. Você tenta repetir formatos de blogs bem-sucedidos, o que é uma coisa bastante razoável no mundo físico. Mas como sua ideia pode se soltar das limitações da sua mente, da realidade corrente, e ser verdadeiramente original? Você poderia escrever um blog que seria transportado diretamente para a mente de seus leitores? A ideia é absurda porque quebra regras de tempo e de espaço. Precisamos de computadores para comunicar informações como essa através de longas distâncias. Ou não? No âmbito quântico, divino, tudo é possível, inclusive comunicação telepática.

Outro exemplo das limitações da nossa mente, e de como tentamos explicar nossas experiências nos termos de um mundo tridimensional, são nossas ideias sobre a natureza do déjà-vu. Se você é como a maioria das pessoas, já experimentou esse fenômeno. Pode ter pensado "Parece que já vivi este momento antes", mas como isso parece ilógico, você provavelmente pensa "Devo ter sonhado com isso". Nós experimentamos sonhos estranhos e que quebram as regras da realidade, portanto faz sentido imaginar que o déjà-vu seja de alguma forma uma parte do mundo dos sonhos. Mas como podemos sonhar com uma conversa exatamente igual, naquele lugar exato, e ser tão acurados em relação ao desenrolar das cenas na sua frente, em cada detalhe? Isso faria de seu sonho uma premonição, o que desafia as regras do tempo e confunde o lado racional do seu cérebro.

Cientistas acreditam que o cérebro cria a percepção e a consciência em vez do contrário. Eles dizem que o déjà-vu é uma falha do hardware do cérebro que causa uma falsa experiência que *parece* real. O que realmente acontece quando vivenciamos um déjà-vu é que estamos quebrando as regras do tempo linear e experimentando o futuro antes que ele aconteça. Nossa consciência se conecta à Grande Consciência ou ao que o psicanalista Carl Jung chamava de "inconsciente coletivo".

Podemos vivenciar o futuro no presente, uma vez que nos conectamos com o âmbito Divino, onde o tempo flui em todas as direções e tudo acontece de uma vez. Sempre que isso ocorre, não conseguimos ver sentido na experiência, e a explicação científica parece lógica, portanto descartamos a possibilidade de que realmente antevemos o futuro.

Por mais que tenha tido muitas experiências com a quebra do tempo linear, uma vez ignorei todos os sinais indicando o que iria acontecer (e o que estava acontecendo) porque meu cérebro lógico não conseguiu ver sentido no que minha intuição me dizia sobre uma amiga. Conhecera-a quando ela me encomendou uma leitura. Descobri que estava com problemas e senti que, como consultora, podia ajudá-la. Afastei a voz que me dizia que era preciso evitar aquela mulher, porque tive pena dela. Parecia-me muito doce e logo ficamos amigas. Ela gostava de me dar presentes, dizer que eu era maravilhosa e fazer coisas para mim.

Apesar de nunca tê-la visto antes nesta vida, continuava tendo flashes de uma vida que havíamos compartilhado na França. Eu era cantora de ópera, e ela era minha arrumadeira. Um dia, numa lembrança muito perturbadora, vi que ela tentava me envenenar. Eu a confrontava e ela respondia iradamente que estava apaixonada pelo meu marido e queria que eu morresse. Agora, nesta vida atual, ela não parecia ter desejos por meu marido, portanto não sabia o que fazer com esses pedaços de memória que voltavam a mim durante alguns segundos de vez em quando. Vi-me fazendo uma visita a ela numa prisão francesa e depois conseguindo sua transferência para uma instituição qualquer, porque tinha pena dela. Contei tudo ao meu marido, e ele não soube o que pensar. Uma noite, cheguei em casa, meu marido não estava e ouvi os recados da secretária eletrônica. Havia uma mensagem longa, acidental, na qual essa "amiga" dizia ao meu marido que o amava e que eu não o merecia. Ela implorava que fugisse com ela. Na gravação ouvi meu marido dizer a ela que não tinha o menor interesse e que ela precisava deixá-lo em paz. Encerrei minha amizade com ela, e a última notícia que tive foi que estava numa instituição psiquiátrica.

Por que não acreditei nesses flashes de memória? Porque, como todo mundo, passo a maior parte do tempo lidando com desafios do mundo material, e às vezes começo a acreditar que ele é a realidade verdadeira. Essa mulher era tão gentil comigo, eu não conseguia juntar a informação que recebia do âmbito do não tempo ao que meus sentidos percebiam.

Na verdade, na primeira vez que fui a Paris senti calafrios, porque sabia que vivera lá antes. Pude ver o relógio na minha parede, as joias que usava, uma casa de espetáculos onde me apresentara. Sabia qual fora meu nome e com que me parecia. Também conhecia as ruas sem precisar olhar o mapa e isso me convenceu de que minhas memórias não eram fragmentos da imaginação. Tenho certeza de que vivi lá numa vida passada.

Quando nos alinhamos com a Lei das Possibilidades Infinitas, reconhecemos que esse tipo de experiência é real, não pedaços de ficção. Quando reconhecemos sua realidade, podemos enxergá-los mais de perto e aprender as lições da paranormalidade sobre nossa relação com o Divino e com a totalidade. Aprendemos por que nos debatemos com certas questões em nossas vidas e por que outras coisas nos chegam tão facilmente. Quando criança, eu cantava com muita confiança e habilidade porque fora cantora de ópera numa vida pregressa. Na pré-adolescência minha irmã teve sua primeira aula de inglês na Romênia e aprendeu tão rápido que escreveu um romance em inglês em questão de meses. No final do curso, ela e os colegas de sala viajaram para a Inglaterra por algumas semanas, ela inscreveu o romance num concurso literário e chocou a todos quando venceu — uma menina romena que acabara de aprender inglês! Minha irmã me disse que sentia que vivera na Inglaterra numa vida passada. Tenho certeza de que sim, e isso explicaria sua rápida apreensão da língua.

Nossas famílias, nossos amigos e professores nos dizem o que devemos ou não fazer com nossas vidas. As pessoas projetam suas próprias ideias limitadas em nós. Se você tem uma forte sensação de que deve fazer algo, se já teve visões de si mesmo fazendo-o, preste atenção, porque pode estar se conectando com o âmbito infinito e recebendo informações sobre seu destino.

Seres humanos só usam dez por cento da capacidade do cérebro. Se pudéssemos acordar as áreas dormentes, poderíamos nos alinhar com o âmbito das inúmeras possibilidades. Poderíamos viajar no tempo e entrar em outras dimensões. Poderíamos voltar ao passado e fazer escolhas diferentes. Quando eu vim para os Estados Unidos, conheci um homem no avião que me disse que seu maior desejo era voltar ao passado e consertar algo que fizera e encerrara seu relacionamento com o amor de sua vida. Disse que não conseguia parar de pensar no erro que cometera, mas não tinha como consertá-lo nesta vida, porque a mulher que desiludira morrera. Aproximamo-nos depois da imigração dos dois e um dia eu fiquei chocada ao saber que ele morrera dormindo. Tinha pouco mais de 30 anos e ninguém conseguia explicar o que acontecera. Assim que soube da notícia, tive certeza de que seu desejo permitira que ele acordasse uma área do cérebro que lhe deu o poder de quebrar a linha do tempo. Ele voltara ao passado, para aquele momento que ainda existia no âmbito invisível, e consertara seu erro.

Curando o Passado através da Lei das Possibilidades Infinitas

Curandeiros e xamãs que conhecem a antiga arte que ensina como quebrar as regras de tempo e espaço são capazes de viajar ao passado também. Um intuitivo medicinal e curador que conheço e com quem já trabalhei, John Sweeney, leva seus pacientes até o nível astral. Seus corpos permanecem aqui e agora, no mundo físico, mas suas consciências vão até o passado, até antes de terem desenvolvido suas doenças, quando elas existiam somente como possibilidades. Uma vez lá, eles podem escolher um resultado diferente da doença que experimentam no presente.

Mesmo que você não tenha um curandeiro ou xamã com que trabalhar, ainda pode curar seu passado usando a hipnose ou o trabalho através dos sonhos para recuperá-lo e trazê-lo ao presente. A memória de tudo que você fez ainda vive no seu interior, em clareza total. Seu subconsciente está conectado com o infinito, onde passado, presente e futuro acontecem ao mesmo tempo. Conscientemente, você pode não se lembrar de nada a respeito de um trauma de infância, ou algo referente a uma vida passada. Muitas fobias são baseadas em traumas de outras vidas. Trabalhando com hipnose, pode-se trazer essas memórias de volta ao seu consciente e remover sua carga emocional, curando seu carma.

Fiz hipnose com um cavalheiro para tratar de seu medo de voar, levando-o cada vez mais longe nas suas memórias do passado até que encontrei a origem de sua fobia: ele fora piloto na Segunda Guerra e morrera quando o avião foi derrubado pelos alemães. Depois da sessão na qual ele recuperou a memória, nunca mais teve medo de voar. O mais impressionante: ele finalmente compreendeu por que trabalhara em aeroportos a vida inteira, e mesmo assim sempre tivera pavor de usar seu desconto de funcionário para viajar de avião. Inconscientemente, ele tentava encarar seu medo de aviões estando em volta deles, mas precisava lembrar de sua morte em pleno voo para superar a fobia.

Como Alinhar-se com a Lei das Possibilidades Infinitas

Como temos carmas não resolvidos e nossas almas estão conectadas ao corpo, nunca nos livraremos completamente das leis feitas pelos homens nem seremos capazes de viver fora do âmbito físico. Teríamos de mudar nossa natureza para fazer isso. O que se pode fazer imediatamente é tentar estar alinhado mais de perto com a Lei das Possibilidades Infinitas e aberto a uma gama de oportunidades que não tem fronteiras. Você tem que desenvolver o que os budistas chamam de "mente de iniciante", uma sensação de abertura e curiosidade que as crianças experimentam frequentemente, mas que nós vivemos cada vez menos ao nos aproximarmos da vida adulta e nos conformarmos às ideias da sociedade a respeito das limitações que enfrentamos. Crianças têm um senso de realidade e de tempo muito mais livre, enquanto adultos têm ideias bastante específicas. Por isso é muito importante acompanhar a mídia assistida pelas crianças. Quando pequenas, elas não compreendem a diferença entre o que veem na televisão e o que é real. Se veem o mesmo filme repetidamente, pensam que os fatos aconteceram muitas vezes.

Crianças paranormais têm extrema habilidade para transitar entre as realidades física e divina, infinita. Elas podem viver experiências visionárias porque algumas áreas de seu cérebro (que são dormentes na maioria das pessoas) estão ativas e são capazes de se comunicar facilmente com a divindade. No entanto, todas as crianças têm mais facilidade de quebrar as regras de tempo e espaço do que os adultos.

Ao envelhecermos, começamos a enxergar possibilidades limitadas em vez de infinitas. Logo passamos a acreditar totalmente nas ideias humanas sobre o que podemos ou não fazer. Encontramos uma sensação de segurança na previsibilidade da vida, mesmo se isso nos frustra ou enraivece. A familiaridade com os problemas de sempre dia após dia nos dá certo conforto. Nos apoiamos na lógica do lado esquerdo do nosso cérebro para definir como lidar com nossos problemas em vez de visualizarmos algo completamente diferente. O cérebro pode ter algumas grandes ideias, mas o desafio é estarmos abertos para uma gama mais ampla de possibilidades do que nosso cérebro é capaz de criar.

Usando o Imaginário Visual para Trabalhar com a Lei das Possibilidades Infinitas

Se imagens vêm à sua cabeça e você não consegue dar sentido a elas, não as descarte e esqueça, como se não tivessem importância. Você pode estar rompendo as regras de tempo e espaço e alinhando-se com a Lei das Possibilidades Infinitas. Mantenha o registro da imagem, medite ou crie hipóteses para que possa compreendê-la melhor. Muitas vezes, prevejo o futuro sob a forma de uma visão que não consigo explicar assim que surge. Mas aprendi a valorizar a informação que recebo e a analisá-la se possível. Uma vez fui entrevistada pela Telemundo, o maior canal de televisão de língua hispânica, para fazer previsões para celebridades. Lá pelo final da entrevista, quase como um adendo, a jovem repórter me disse que era do Equador e que todos lá se perguntavam quem seria o novo presidente. Perguntou-me se eu sabia e eu respondi que não, nem me aventuraria a dar um palpite. Eu sequer tinha certeza de onde ficava o Equador! Mas ela persistiu e, portanto, respirei fundo, esvaziei minha mente e a informação veio a mim. Como se assistisse a um filme, vi a imagem clara de um homem alto, sorriso amplo, olhos verdes (atípico no Equador), por volta dos 40 anos. Apesar de não conseguir visualizar as crianças, de alguma forma intuí que ele tinha três filhos e seu nome começava com R.

Como não sabia nada sobre a política no Equador, esqueci-me dessas previsões até meu telefone tocar, dois anos depois. Era a repórter da Telemundo ligando para dizer que um azarão ganhava visibilidade na corrida presidencial. Ela se lembrara de minha previsão e queria que eu visse uma fotografia de Rafael Correa, ex-professor que migrara para a vida pública. Correa era o homem da minha visão. Por semanas meu telefone ficou fora do gancho, já que gente da América do Sul me procurava para saber se ele realmente ganharia, apesar da improbabilidade, e eu continuei dizendo que sim — e ele foi eleito.

O futuro não está fixado, mesmo quando somos capazes de acessá-lo ao quebrarmos as regras do tempo. Minhas previsões são baseadas em visões e em meu conhecimento interno da direção mais provável a ser assumida no futuro. Nós podemos influenciar o futuro como indivíduos, e a Divindade pode mudar nosso caminho para nos ajudar a curar nosso carma. Se você tem uma visão, não assuma que ela se tornará realidade absoluta — ou que é uma memória acurada do passado. Preste atenção ao simbolismo e considere todas as possíveis interpretações daquela imagem. Aprenda o que puder com ela e pense em mudar seu caminho atual. Você pode fazer isso resolvendo seu carma para que não precise encarar uma crise futura.

Existem muitas maneiras de quebrar as regras do tempo e do espaço. Se as compreendemos, podemos aprender a trabalhar com elas.

Aprenda com seus Sonhos

O lado esquerdo do cérebro trabalha de acordo com as leis do tempo e do espaço, mas o hemisfério direito não. Metade do dia você está no mundo dos sentidos, e quando vai dormir à noite, não sabe mais onde está. É por isso que pode sonhar com o que aconteceu duzentos anos atrás ou com o que irá acontecer daqui a vinte anos. Como uma forma de terapia, o sono permite que o lado esquerdo do cérebro descanse enquanto o direito assume o controle. O físico dinamarquês Niels Bohr, um dos contribuintes de nossa compreensão da mecânica quântica, disse ter feito suas descobertas em estado semialterado de consciência, quando estava meio dormindo, meio acordado. Einstein costumava dizer que precisou dormir sobre seu lado direito para realmente compreender a lei da gravidade. O que quis dizer foi que precisava usar o lado direito, intuitivo do cérebro, porque seu hemisfério esquerdo não era capaz de captar o conceito por inteiro. Edgar Cayce foi chamado de profeta do sono porque muitas de suas visões lhe vieram através de sonhos.

Toda noite, seu inconsciente conversa com você nos sonhos, mas se não se lembrar de seu conteúdo, não pode aprender com eles. Antes de dormir, diga a si mesmo para lembrar dos sonhos ao acordar, e muito provavelmente isso acontecerá. Depois, de manhã, ao perceber que está voltando à consciência, repasse mentalmente seu sonho. *Não pare para analisá-lo.* Assim que o lado esquerdo do seu cérebro começa a tentar interpretar os símbolos no seu sonho, o hemisfério direito se recolhe e você esquece de detalhes sonhados. Deixe que aconteça uma reprise na sua mente até que sinta que não se lembrará de mais nada. Então, anote a sequência exata.

Para dar sentido aos símbolos em seus sonhos, um dicionário específico pode ser útil, mas você deve ir além das interpretações que encontrar nele. Como eu disse antes, perceba como cada símbolo específico aparece na sua vida cotidiana. Por exemplo, se sonhar com um buldogue, a interpretação mais óbvia é a determinação, a teimosia e a agressividade que este cão representa. No entanto, se no dia anterior você assistiu a um desenho animado com seu filho no qual havia um buldogue, e se riu das artimanhas do personagem, o cão de seu sonho pode ser um símbolo de arrogância e orgulho tolo. Ações e imagens positivas, como voar, diamantes, estar nas montanhas, água cristalina, ou ouro, são quase sempre símbolos de potência.

Imagens nos sonhos podem ser trocadilhos também. Correspondência pode significar homens, por exemplo. Preste atenção às emoções vividas durante um sonho, e será mais fácil descobrir que mensagem seu inconsciente está lhe enviando.

Seu sonho pode ser um aviso sobre algo que está próximo de acontecer. Se for o caso, você pode ser capaz de prevenir que tal evento ocorra. Não tenha medo do poder de romper as regras de tempo e de saber das coisas antes que aconteçam. O divino quer nos ajudar a saber o que está à frente, mas espera que usemos a informação para o cumprimento de nosso darma, não para fazer as vontades do ego. Se você sonha com os números vencedores de um bilhete de loteria, pode ser que o Divino queira que use o dinheiro a serviço da humanidade, não para comprar itens de luxo.

Hipnose

A hipnose é outra ferramenta para quebrar o tempo. Nostradamus olhava para dentro de uma bacia d'água à meia-noite para acordar o hemisfério direito do cérebro e acessar informações de seu próprio inconsciente. Essa atividade, que ele chamava de "visão de bola de cristal", é uma forma de hipnose. Você pode se auto-hipnotizar ou trabalhar com um profissional para quebrar o tempo e permitir que sua consciência entre no âmbito das possibilidades infinitas, e depois viaje ao passado, onde você pode curar o carma criado por uma situação específica. A hipnose pode até levá-lo ao futuro.

A hipnose não é só para pessoas viciadas ou fóbicas, apesar de ser um método extremamente útil para tratar desses problemas. Qualquer um pode se beneficiar de uma sessão para trazer ao consciente memórias traumáticas há muito esquecidas. Como o profissional está ao seu lado, guiando-o e ajudando-o, uma parte de sua consciência permanece separada da experiência revivida sob hipnose. O hipnótico irá garantir sua segurança para que você possa explorar uma lembrança dolorosa. Com esse suporte, você encontra coragem para experimentar as emoções fortes, negativas que vêm até você. Uma vez de volta à consciência e depois de discutir a sessão com o hipnótico, você perceberá que aquela memória não tem mais uma carga esmagadora ou negativa. Você será capaz de falar sobre ela e analisá-la sem temor, porque terá curado o carma gerado.

Visualizações Guiadas

Existem excelentes CDs e arquivos MP3 disponíveis para download que podem ajudar seu inconsciente a trazer para sua consciência mensagens em forma de imagens simbólicas. Quando você sonha, permite que o imaginário adentre sua consciência sem pensar sobre o assunto nem tentar analisar as coisas até que sua sessão esteja finalizada. Dessa forma, o hemisfério esquerdo do seu cérebro não impedirá a atividade do direito.

Imaginário visual é uma ferramenta poderosa para a comunicação com o inconsciente, o qual está conectado ao inconsciente coletivo. As técnicas do Programa de Neurolinguística (PNL), como visualizações de si mesmo bem-sucedido, administrando um conflito e persuadindo outros a ceder em posições muito inflexíveis, são eficientes porque permitem que os dois lados do seu cérebro trabalhem juntos na criação do futuro que você deseja.

Como a Lei das Possibilidades Infinitas Atua com os Outros Princípios Eternos

Todos nós estamos conectados no âmbito do divino. A Lei das Possibilidades Infinitas nos permite acessar informações sobre outras pessoas, cruzar distâncias longas e até mesmo atravessar o tempo. Ela nos lembra que nossa sensação de separação é simplesmente uma ilusão que criamos. Associando a Lei das Possibilidades Infinitas à Lei da Totalidade, sou capaz de saber que alguém ficará grávida e terá um menino, ou que um parente de outra pessoa sairá bem de uma cirurgia, ou que duzentos anos antes o marido de alguém foi seu rival político. Usando essas duas leis divinas, posso até mesmo acessar essa informação quando faço uma leitura para alguém pelo telefone, a milhares de quilômetros de distância.

A Lei das Possibilidades Infinitas também trabalha com outras leis divinas, além de potencializá-las, porque os Princípios Eternos andam juntos. Em comunhão com a Lei do Carma, ela permite que voltemos no tempo e curemos nosso carma. Compreender a Lei das Possibilidades Infinitas nos ajuda a ser sábios e a aceitar que não controlamos todos os resultados, mesmo quando ela nos dá coragem para sonhar grande, acreditar no impossível e mudarmos nossas vidas para melhor, quebrando as leis de tempo e espaço.

É mais fácil amar a nós mesmos incondicionalmente quando reconhecemos que sempre existe esperança de cura emocional e de resolução do carma. Podemos não experimentar tal cura nesta vida, ou ter a capacidade de trazê-la à tona, apesar de nosso total esforço, mas é possível alcançarmos curas extraordinárias ao quebrarmos as regras de tempo e espaço. No entanto, devemos trabalhar em harmonia com toda a criação e com nosso destino em vez de tentar forçar o Universo a atender às nossas expectativas.

Não existe limite para a abundância que podemos atrair e manifestar, nem há limite para o nível evolutivo que podemos alcançar, como indivíduos ou raça humana. A história está repleta de exemplos de grandes saltos da consciência humana, os quais tomamos como certos hoje porque não paramos para pensar em como devia ser viver há mil ou 10 mil anos. Finalmente, a Lei das Possibilidades Infinitas trabalha em comunhão com a Lei do Darma, promovendo-nos oportunidades infinitas para que resolvamos nosso carma e sirvamos ao mundo.

A Lição da Lei das Possibilidades Infinitas

Paciência e possibilidades infinitas são divinas.
Preocupação e obsessão com o passado, o presente e o futuro são criações do homem.

Quando nos prendemos ao mundo dos sentidos, é muito difícil não nos preocuparmos com o futuro, ou ficarmos obcecados com o passado. No mundo físico sabemos não poder mudar o passado ou prever o futuro, e isso nos frustra terrivelmente. No entanto, se nos alinharmos com a Lei das Possibilidades Infinitas, a ansiedade, o medo e a frustração caem por terra ao juntarmo-nos ao Criador e a toda a criação na manifestação do que desejamos.

A chave para o trabalho com esta lei divina e para a libertação das limitações do mundo dos homens é romper a barreira do tempo e do espaço através das leis da física quântica e da paciência.

Se você puder, trabalhe com alguém habilidoso no uso do hemisfério direito do cérebro e capaz de acessar o âmbito das possibilidades infinitas — um curandeiro, um intuitivo ou hipnótico. Nem todo mundo tem a capacidade de acessar facilmente o âmbito das possibilidades infinitas, mas todos nós somos capazes de desenvolvê-la em algum grau. Eu tive de devotar muito tempo e muita energia para desenvolver meus dons metafísicos. Neste capítulo você aprendeu alguns caminhos para que possa trabalhar seu conhecimento intuitivo e acessar a grande sabedoria da criação. Não importa quão difícil possa parecer acreditar que você é capaz de romper as regras do tempo e espaço, você pode, de maneira quase imperceptível no princípio, até mesmo agora.

Orar, por exemplo, é uma forma de trabalhar com a Lei das Possibilidades Infinitas e trazer à realidade "o impossível". Uma de minhas clientes estava chateada com o estado de saúde mental de sua irmã e rezava incansavelmente por sua recuperação. Na capela da instituição psiquiátrica em que sua irmã era paciente, ela encontrou uma caixa colocada lá por um ciclo local de orações e uma nota encorajando as pessoas a escreverem suas orações e colocá-las ali dentro. Ela pediu que esse grupo de estranhos rezasse para que sua irmã recobrasse a vontade de viver e sua saúde mental. Três dias depois, a irmã, que estivera em depressão profunda por um ano, saiu daquele estado repentinamente, sem nenhuma alteração na medicação. Milagres como esse acontecem todos os dias e são resultado do trabalho com a Lei das Possibilidades Infinitas. Somos, na verdade, capazes de comunicação a distância com outras pessoas e podemos afetá-las energeticamente, o que faz com que sejam afetadas fisicamente.

Lembre-se, no entanto, de que pode ser difícil influenciar o mundo físico através da consciência. Isso requer muita energia, e a realidade pode ser afetada pela consciência de todos, não de uma pessoa só. Somos criadores, mas não criamos nada sozinhos.

Quando você espera um resultado específico, é difícil ser paciente, mas é preciso se libertar da necessidade de saber como e quando as mudanças que deseja ocorrerão. A grande oportunidade que você vem esperando pode parecer muito pequena quando chega; e só depois fica claro que você vivenciou um momento de virada. As pessoas muitas vezes encontram seus futuros cônjuges de maneira que parece puro acaso, ou o que parece uma oportunidade corriqueira se torna a porta para uma grande amizade, um grande avanço profissional ou uma transformação fundamental na sua vida. Você pode conhecer alguém no ônibus ou na fila do banco, começar uma amizade com a pessoa que trabalha na sala ao lado, ou decidir parar num café num dia de inverno para se aquecer e conhecer o amor da sua vida. Talvez a grande oportunidade já tenha vindo, e você nem perceba que seu sonho está se tornando realidade neste momento.

Apesar de "acidentes felizes" acontecerem o tempo todo, ficamos presos ao pensamento do mundo dos homens que diz que esses fatos não são significativos ou predestinados. Tentamos forçar o mundo para que nos dê o que queremos e ficamos impacientes quando não conseguimos mudar a opinião das pessoas ou nossa situação. Mudando sua perspectiva e reconhecendo que o Universo orquestra os acontecimentos, você pode abrir-se a oportunidades à sua espera e trabalhar com a fluência divina, cujo anseio é que você tenha tudo que deseja. Você para de deixar passar as muitas possibilidades de transformar sua vida que aparecem todos os dias. Muitas vezes as pessoas dizem coisas como: "Conheci fulano, e ele me disse para ligar para sicrano, mas nunca fiz isso, e perdi o número." Ou contarão sobre determinado momento em que as circunstâncias configuraram uma oportunidade aparentemente muito rara, mas alguma desculpa foi utilizada para que não se fosse até o fim, e agora fica a pergunta: será que a situação fortuita se repetirá?

Paciência significa confiar no tempo divino, estar aberto às oportunidades que vêm até você em vez de se apegar a conceitos preconcebidos sobre como a vida deve se desenrolar e permitir que a Divindade seja criadora com você. Frequentemente as situações se resolvem sozinhas no tempo certo. O colega de trabalho que vinha dificultando a sua vida é transferido ou seu filho amadurece e o comportamento que lhe desagradava finalmente desaparece.

Globalmente, situações também mudam. Se você olhar para trás dez, vinte ou trinta anos, é impressionante perceber como problemas que se pensavam esmagadores e que precisariam de muitos anos de trabalho árduo concentrado para que se chegasse a uma solução resolveram-se quase magicamente, seja pela tecnologia ou por uma transformação na consciência que leva a grandes mudanças.

Quando estamos em sintonia com o Divino, não encaramos bloqueios constantes no caminho. Se isso acontece, devemos questionar se estamos no caminho certo e atentar realmente para nossa trilha. Anos atrás, eu estava com muita dificuldade para vender minhas joias, para compreender por que queria criar peças com simbolismo espiritual. Parecia que levaria uma eternidade para eu lançar minha linha de joias e houve dias em que quase desisti, mas olhei para dentro e me conectei novamente com minha paixão. Ao fazer isso, soube que estava no caminho certo. Eu precisava ser paciente e estar aberta à maneira como meu sonho se manifestaria. Finalmente, conheci a pessoa da QVC que me colocou no ar, e minhas joias começaram a ser vendidas ao público.

Em outros momentos dei-me conta de que não estava sendo capaz de trazer algo à realidade física na forma e no tempo esperados. Não é que tivesse desistido desses sonhos, mas colocara-os de lado porque compreendi que não era a hora de persegui-los. Sei que, se tentar viver de acordo com os Princípios Eternos, estarei aberta aos sinais do Universo para que esses projetos voltem à linha de frente da minha consciência, porque o momento será apropriado.

Todos os dias, mais gente se alinha com os Princípios Eternos, abre os ouvidos à sabedoria de seu inconsciente e encosta no inconsciente coletivo. Estamos nos aproximando rapidamente do topo, do momento em que todos acordaremos para nossa habilidade de trabalhar em harmonia com o Divino, quebrando as leis de tempo e espaço. O Princípio das Possibilidades Infinitas nos deixa saber que podemos compartilhar instantaneamente quaisquer informações que tenhamos sem necessidade de tecnologia para nos comunicarmos. Quanto mais você se abre para possibilidades infinitas, mais provavelmente se conecta com a sabedoria antiga, divina que está disponível no inconsciente coletivo. Seja paciente e esteja alerta a toda oportunidade que tiver de aprender, crescer, dar vida a seu darma e evoluir. As portas estão abertas. Você tem a chance de atravessá-las e adentrar uma nova forma de vida. A felicidade, a paz e a saúde são seus direitos de nascença. Não tenha medo de reivindicá-los.

PARA ONDE ESTAMOS INDO? APLICANDO OS PRINCÍPIOS UNIVERSAIS

Qual a resposta da Consciência Divina à maneira como nós humanos nos comportamos? Imagino Deus nos observando de cima, como um pai determinado a nos guiar, mas também a nos dar liberdade de aprendizado à nossa maneira. Somos como um adolescente, insistimos que temos muito tempo para estudar, portanto não precisamos fazer o dever de casa agora, ou teimamos não ser necessário levar o casaco no caso de queda de temperatura. Em vez de discutir ou implorar, Deus simplesmente diz: "Ok, mas você vai falhar no teste e acabará tendo trabalho extra para recuperar a nota, ficará resfriado hoje à noite e não terá como voltar cedo para casa." O Divino sabe que somos teimosos e imaturos, e que às vezes temos de aprender fazendo. Depois, compreenderemos verdadeiramente a lição.

Acho que Deus ri de nossa tolice e de nosso orgulho, mas está lá para nos ajudar no último minuto, mandando-nos sinais, direcionamento, oportunidades para que mudemos nossa situação e nos resgatar dos desastres que criamos. Enquanto isso, como adolescentes, nos perdemos em dramas pessoais e esquecemos do que é realmente importante. Como adolescentes chateados com quem foi escolhido para a peça da escola, ficamos presos emocionalmente em questões menores. Basta atentar para o noticiário de televisão e ver se você não concorda! Quando começamos a viver de acordo com os Princípios Eternos, podemos olhar para nossas obsessões anteriores e rir, além de nos perguntar: "Em que eu estava pensando?" Nossas prioridades mudam, e paramos de gerar tanto sofrimento para nós mesmos.

A maioria das pessoas não é ruim ou egoísta. Elas simplesmente estão adormecidas, presas num mundo irreal de materialismo, poder e prazer. Não estão fazendo o melhor para evitar a dor. A humanidade pode abrir os olhos e acordar para maneiras menos reativas, mais produtivas de viver — em harmonia com o Divino.

Não precisamos de um número excessivo de pessoas para transformar dramaticamente a percepção das coisas. Uma pequena quantidade faz diferença fundamental. A partir desse grupo, novos líderes sem preocupação com poder e ego emergirão, líderes ocupados com a elevação da consciência de todos.

A transformação está acontecendo, mas nem sempre a percebemos. Quando você coloca uma panela cheia d'água no fogão, parece que ela leva uma eternidade para ferver, mas de repente algumas bolhas rompem a superfície e, sem que você perceba, a água está fervendo furiosamente. A transformação da consciência acontece de maneira parecida. Se estiver prestando atenção, poderá sentir que as bolhas estão prestes a subir.

Em 2012 uma grande mudança na consciência parecerá surgir do nada, e depois, em 2033, completaremos a passagem cósmica da era de peixes à era de aquário, dando início a mil anos de paz previstos por Nostradamus. A energia de aquário, de transformações e irmandades pioneiras, estará com força total.

Uma Mudança de Consciência

Para ter uma ideia de como será tal mudança de consciência, e de quão diferente nossa vida será, imagine saber tudo que você sabe e voltar cem anos no tempo. Como você descreveria sua vida a alguém daquela época? As pessoas provavelmente se chocariam com seus trajes e não teriam a menor ideia do que você está falando ao referir-se aos shopping centers, produção em massa, benefícios trabalhistas, ou cartões de crédito. Se você falasse sobre idas à terapia, ameaças do aquecimento global, da internet, olhariam confusos para você. Se usasse termos como "nossa cultura", "pensamento positivo", "autoestima" ou "consciência", simplesmente o encarariam. Ou talvez o trancassem numa instituição mental. Não somente a tecnologia e nossa vida cotidiana mudaram dramaticamente em um século, como também nossa maneira de perceber o mundo, nossas interações com os outros e a humanidade se transformaram.

Sabemos que a tecnologia se transforma cada vez mais rapidamente. Um dia vemos uma matéria no noticiário sobre algum equipamento novo, e, num piscar de olhos, todo estudante tem um. O objeto se torna rapidamente parte integrante de nosso estilo de vida. Algo como o YouTube surge, e algumas poucas pessoas se divertem assistindo aos vídeos. De repente, as eleições presidenciais são influenciadas pelos clipes do passado que alguém postou naquela página. Começamos a falar sobre a possibilidade de termos nosso próprio "momento YouTube", ou sobre algo "viral como um clipe do YouTube". A tecnologia influencia nossa maneira de pensar sobre nós mesmos e nossas interações com os outros.

A velocidade com a qual nossa vida muda, com novas ideias e tecnologias surgindo mais e mais rapidamente, só tende a aumentar. Graças à tecnologia e à comunicação, os tipos de transformação que costumavam acontecer em dez, 15 anos, ocorrerão em três ou quatro.

Se isso parece pouco realista, pense em quando ioga era um exercício que somente algumas pessoas na Califórnia praticavam — agora, técnicos de times esportivos de colégio do Meio-Oeste induzem seus atletas a fazerem exercícios de ioga como aquecimento. Os cientistas começaram a falar em aquecimento global há anos, mas com o documentário *Uma Verdade Inconveniente*, de Al Gore, quase imediatamente todas as revistas apresentaram matérias sobre vida verde, e toda loja de material de construção passou a ter uma seção destinada a materiais ecológicos. Você pisca, algo de que se lembra vagamente de ter ouvido falar alguns meses antes agora faz parte do estilo de vida americano.

Quando você tenta viver de acordo com a lei divina, mas perde a fé de que nosso mundo conturbado acordará de seu caminho de trevas, seja paciente e lembre-se de que é preciso tempo para ferver a água, mas quando ela está pronta, ferve furiosamente.

Estamos a poucos anos de 2012, quando atingiremos o ápice e, de repente, um grande número de pessoas reconhecerá que nossas leis humanas não estão funcionando para nós, e que precisamos abraçar as leis divinas. Uma consciência elevada florescerá, aparentemente da noite para o dia.

Estamos vendo os sinais dessa grande reviravolta agora. No passado, permitimos que reis e líderes religiosos fossem ricos e poderosos enquanto a maioria lutava para sobreviver. Agora, estamos acordando para o fato de que temos uma nova classe econômica dominante, que não tem interesse em distribuir sua riqueza para que pessoas comuns não precisem sofrer. Compreendemos que esse velho sistema precisa mudar. Percebemos que a força não resolve problemas, que a guerra não conserta nada e que nos afastamos das grandes visões do passado. Vemos que a democracia americana não é mais a mesma que aquela idealizada pelos fundadores dos Estados Unidos e defendida a duras penas por bons cidadãos ao longo da história. Os ideais que clamamos sustentar vêm se pervertendo em nome da cobiça e do medo.

Gente que nunca havia pensado na conexão de suas experiências com as tramas que afetam as pessoas pelo mundo estão começando a perceber que seus problemas financeiros não são resultado de irresponsabilidade pessoal ou má sorte, mas sim o resultado natural de um sistema financeiro quebrado que afeta a todos. Estão se perguntando de onde os objetos do shopping ou do mercado vêm. Querem saber quem está envolvido na sua colocação no mercado e em como o processo afeta os fazendeiros, caminhoneiros ou trabalhadores das fábricas. Estão acordando para a Lei da Totalidade.

Estamos nos dando conta de que é hora de descartar a crença de que, desde que juntemos dinheiro e poder suficientes, estaremos bem. Estamos percebendo que precisamos nos preocupar com algo mais que o nosso conforto pessoal, e começamos a rejeitar as leis dos homens que nos dividiram e confundiram.

A humanidade está no fim de uma era. Sistemas que imaginamos gratuitos se tornaram obsoletos. É enlouquecedor ver que globalmente nossas ideias antigas sobre dinheiro e mercado não funcionam mais. Estamos nos apercebendo da necessidade de nos conectarmos novamente com nossos ideais para a criação de uma nova visão. Estamos dando um passo atrás e olhando para as coisas que ignoramos por muitos anos, porque sentimos que não estamos encarando algumas mudanças simples, mas uma transformação maior do que qualquer pessoa viva presenciou.

Além disso, a ideia de que nossa mente afeta a realidade física, e que somos capazes de criar doenças psicossomáticas, assim como atrair e manifestar o que desejamos, é ainda extremamente nova para muitos de nós. Estamos nos esforçando para acreditar que temos esse poder. Ainda assim, essas não são ideias do século XX. Quinhentos anos antes de Cristo nascer, Buda disse: "A mente é tudo. Você se torna aquilo em que pensa." Ensinamentos da sabedoria antiga de todo o mundo foram esquecidos e precisam ser redescobertos. Não precisamos continuar a cometer os mesmos erros que a humanidade cometeu por séculos.

As mudanças estão de fato ocorrendo. Fala-se muito da possibilidade de uma Grande Depressão, mas não teremos filas enormes de pessoas sem moradia. Faremos mudanças na infraestrutura financeira e sairemos dessa crise econômica no ano 2018. Estamos prestes a inventar uma nova forma de remuneração. Temos de começar do zero e repensar a maneira como as pessoas são pagas e pagam às outras porque o sistema antigo faliu como um computador com o HD lotado.

Escalamos até o ponto em que estamos e, apesar de talvez ser difícil acreditar, vamos experimentar transformações dramáticas em muito pouco tempo, assim que grande número de pessoas mudar sua consciência e começar a criar novas visões de como podemos viver em harmonia. Extremistas fundamentalistas começarão a desaparecer, e identidades políticas — a velha ideia de que "meu grupo está certo, o seu errado" — desaparecerão. Não precisamos esperar a próxima geração fazer melhor trabalho que nós, porque daremos um salto quântico de consciência.

O problema de muita gente lutando para se sustentar na Terra será resolvido. Muito rapidamente, graças à tecnologia, seremos capazes de contar com ventos renováveis e energia solar. A escassez de água e comida será resolvida, e voltaremos a comer como costumávamos fazer, consumindo alimentos não processados. O resultado será uma melhora sensível em nossa saúde e vida mais longa.

É como se estivéssemos em processo de divórcio, deixando para trás o antigo estilo de vida. Mas divórcios levam tempo, portanto a fase transicional vai até 2033, quando nossa ambivalência finalmente esmaecerá e todos aceitaremos completamente um novo mundo, com novo sistema monetário, novos meios de transporte, tecnologias e sistemas espirituais de crença. Imagine quão impossível isso teria parecido a alguém nos anos anteriores ao cristianismo, o quanto esse sistema de crenças afetaria a humanidade, e você terá uma noção da magnitude da transformação na experiência humana.

Depois de 2033, usufruiremos mil anos de paz, de acordo com Nostradamus. Na verdade, eu acho mais provável que sejam 1.600 anos. Livres de guerras e da pobreza, seremos capazes de concentrar esforços na melhora de nossas vidas. Eliminaremos doenças de causa cármica e viveremos centenas de anos. Daremos início a uma era de exploração, usando tecnologias de comunicação e transporte baseadas na física quântica. Isso permitirá viajarmos para outros planetas, como Éris, o novo décimo planeta, e estabelecermos novas civilizações. Conheceremos outros seres conscientes de outros planetas e seremos capazes de comunicação telepática. Enquanto isso acontece, nosso relacionamento com o planeta Terra será muito diferente. Em vez de nos rebelarmos raivosamente contra nós mesmos e nosso abuso, a Terra nos abraçará e desastres naturais serão raros.

Uma Visão Positiva Compartilhada

Nós não temos uma visão de amanhã, do que desejamos que seja o nosso mundo. Sem uma visão de futuro, simplesmente existimos: andamos por aí sem nos dirigirmos a lugar algum. Viver assim leva muitas pessoas a prisões momentâneas.

Nem toda visão comum é boa. A visão de Hitler sobre a Alemanha inspirou muita gente a cometer grandes males, por exemplo. Era uma visão baseada no ego, no alcance de poder para si mesmo e que encorajava os compatriotas a se enxergarem como superiores e merecedores de uma vida próspera à custa do sofrimento de outros. O que precisamos é de uma visão alinhada com os Princípios Eternos, centrada na resolução do carma global e no cumprimento do darma comum.

Quando você se flagrar desesperançado ou sendo cínico, feche os olhos e imagine o impossível: um mundo onde não existe fome, onde todos os doentes têm acesso aos profissionais que podem curá-los, onde as pessoas resolvem suas questões através do diálogo em vez de violência. Se nem mesmo conseguimos visualizar um mundo assim, como faremos com que exista? Quando o presidente John F. Kennedy compartilhou com os Estados Unidos sua ideia de ir à Lua antes do final da década de 1960, certamente houve quem debochasse e dissesse: "Isso é um absurdo." No momento em que o homem pisou na Lua em 1969, nós ainda nem tínhamos microchips. Os indicadores do painel de controle da cápsula espacial eram mecânicos, não digitais. Quando consideramos a tecnologia disponível para nós hoje, pode parecer que aqueles astronautas eram completamente loucos de acreditar naquela nave e nos engenheiros do centro de controle! O que lhes deu coragem foi uma visão compartilhada que permitiu que todos superassem seus medos e as limitações da mente, que é sempre rápida em informar: "Não é possível fazer isso."

Nossa visão coletiva para o futuro precisa estar alinhada com a Lei das Possibilidades Infinitas, a Lei da Totalidade, e todos os outros Princípios Eternos, para que possamos trabalhar conjuntamente pela elevação de todos. Originalmente, o propósito da religião era juntar as pessoas e ajudá-las a atingir estados mais elevados de consciência. A palavra "religião" vem de raiz latina, *religare*, palavra que significa "unidade", mas, em muitos casos, as religiões se prenderam ao acúmulo de poder e influência no mundo material. Governos, leis, sistemas educacionais e religiões, todos precisam ser transformados para que possam estar em alinhamento com o propósito divino.

Em todo o mundo, as pessoas vêm desenvolvendo o interesse pelo futuro da humanidade, não somente dos compatriotas. Vejo isso quando viajo para a Europa e conheço pessoas de todos os cantos dos Estados Unidos. Escuto a mesma pergunta repetidamente: "Para onde estamos indo? O que acontecerá com todos nós?"

Por mais diferentes que sejam nossos sistemas e estilos de vida, as pessoas de todos os lugares têm mais em comum umas com as outras do que imaginamos. Quando tomarmos conhecimento de que estamos todos juntos no mesmo barco, poderemos começar a trabalhar uns com os outros, tateando a sabedoria de toda a consciência.

A Reviravolta Social

O futuro próximo trará grande reviravolta social à medida que as pessoas começarem a pensar e perceber o mundo de maneira diferente. Aqueles de consciência inferior ficarão bastante assustados com transformações que ocorrerão a sua volta e se rebelarão fortemente. No entanto, aqueles de consciência superior vencerão, e por volta de 2033, humanos de todo o globo terão desistido de muitos padrões inferiores de pensamento, sentimento e comportamento. Os gananciosos e manipuladores se darão conta de quão inútil e insatisfatório é acumular tanta riqueza enquanto outros sofrem. Nossa habilidade aumentada de comunicação, de saber o que acontece no mundo inteiro, ajudará acordá-los, porque será impossível manter-se ignorante quanto às tragédias acontecendo a sua volta e à incrível alegria que as pessoas experimentam quando usam seu poder e seus talentos para aliviar sofrimentos. A história de uma pessoa corajosa que se sacrifica por outras não mais é transmitida por via oral ao longo dos anos, mas espalhada pela internet e pela tevê nas mais remotas áreas do mundo. A inspiração está em todos os lugares.

Nossa nova consciência nos fará descartar muitas das antigas instituições e dos antigos sistemas, porque não mais precisaremos deles. Tomamos como fato consumado a necessidade de dinheiro, de bancos e do mercado de ações, mas depois de 2033, nada disso existirá. Muito do que acontece economicamente se baseia no medo, na esperança e na especulação em vez do que tem valor real. Quanto mais alinhados com a lei divina, mais nossas concepções de abundância mudarão e nosso sistema de valores e de troca de valores se transformará.

A distribuição da riqueza será mais equilibrada, e não veremos tais extremos entre ricos e pobres. Quando alguém está alinhado com a Divindade, não se sente rico quando tem mais dinheiro do que é capaz de contar, mas vive numa comunidade onde as pessoas não têm acesso à alimentação saudável. Aqueles com dinheiro alterarão seu modo de vida porque acharão mais compensador devolver sua riqueza à economia, canalizando-a para a melhora do mundo. Neste momento, muita gente tem uma ideia distorcida das próprias necessidades. Quando compreendermos melhor nossas necessidades, entenderemos que nada que podemos comprar preencherá nosso anseio de companhia ou de uma sensação de segurança emocional. Alcançaremos cada vez mais equilíbrio de riquezas, cuidaremos de nossas necessidades mais profundas, assim como das alheias ao mesmo tempo.

Para alcançar harmonia e equilíbrio, teremos de eliminar injustiças e repensar nossas formas de governo e de execução de leis. Não precisaremos de exércitos ou polícia no futuro. Várias comunidades nos Estados Unidos estão assumindo novas abordagens no combate ao crime nos bairros de baixa renda. O promotor de cada cidade junta todas as evidências necessárias para processarem traficantes, depois os confrontam com uma proposta: eles podem ir a julgamento ou a um encontro com membros da comunidade, assistem aos vídeos de vendas de drogas e são confrontados em suas frustrações. Depois disso, negociantes locais e governos oferecem oportunidades de trabalho, e, desde que não cometam mais crimes, a promotoria não presta queixa ou cobrança por seus atos de tráfico. Essa abordagem tem sido bastante eficiente em algumas cidades. O dinheiro gasto com prisões e o retardamento temporário de novos crimes até que voltem às ruas é usado, em vez disso, para dar a eles a chance de se tornarem membros trabalhadores da comunidade. Veremos mais programas alinhados com os Princípios Eternos em vez de em dia com as leis dos homens, as quais se baseiam em punições, poder, julgamento brusco, apressado, e que leva as pessoas a quererem rapidamente sua fatia do bolo.

Toda religião ensina que devemos cuidar uns dos outros, de cada pessoa, e estamos começando a fazer isso. Ao começarmos a trabalhar juntos e a nos ajudar mutuamente, novos líderes surgirão, e os antigos, mais interessados no serviço ao próprio ego, perderão o poder.

Liderança

Quando as pessoas começam a se enxergar como vítimas, anseiam por um resgate. O mundo tem diversos problemas, e muita gente deseja que exista um político ou líder que possa servir de figura paterna para melhorar a vida de todos. Nosso desejo de um messias ou salvador que conserte os erros começará a diminuir quando assumirmos nossa parte de responsabilidade no salvamento não só de nós mesmos, mas de todos. O Divino nos deu muitas ferramentas para encararmos nossos desafios, mas depende de nós usá-las em vez de desejarmos que alguém o faça por nós.

Jesus encorajou as pessoas a compreenderem que nós temos poder de transformar nossas vidas e nosso mundo. Ele disse: "Aquele que crê em mim também será capaz de fazer o que eu faço, na verdade, fará melhor que isso" (João 14:12). Jesus explicou que a mulher capaz de curar a si mesma ao tocar a bainha de seu manto o fez através de sua própria crença. Pensamos que não somos capazes de atos miraculosos, mas nós somos. No momento em que transformarmos nossa consciência, elevando-a a um estado mais elevado, nos abriremos para possibilidades mais amplas.

Elevando as Pessoas de Consciência Inferior

As pessoas em algumas áreas do mundo têm a consciência da Idade Média. Elas não somente vivem de acordo com as leis humanas, como obedecem a leis de outro tempo. Elas têm ideias do que é certo e do que é errado que diferem do que o Divino espera de nós. Quando ouvimos uma mulher falar com orgulho do envio de seu filho a um campo minado numa missão suicida para que os soldados de seu país possam ganhar a guerra contra seus vizinhos, ficamos horrorizados. Mas precisamos tentar influenciar alguém de tão pouca consciência e verdadeiramente ajudar a prevenir que outras crianças sofram o destino terrível que sua cultura lhes imporá.

Precisamos derrubar a parede que se interpõe entre as pessoas que vivem sob essa mentalidade e aquelas que vivem no mundo moderno, as quais são mais evoluídas. Estamos aprendendo mais e mais a ajudar aqueles que têm o pensamento distorcido e destrutivo. Isso requer grande paciência e amor, e mesmo assim, podemos não ser capazes de elevar a consciência de todos. Em todas as partes do mundo seremos desafiados a deixar de lado nossa indignação e a ajudar essas pessoas. Questões de identidade racial, nacional e religiosa devem ser encaradas em cada uma das nossas comunidades. Precisamos dissolver as barreiras entre as pessoas para que todos se sintam parte de um todo, em vez de partes de grupos pequenos e particulares. Ao construirmos ponte em direção a essas pessoas que se separam do todo de maneira pouco saudável, quebraremos as paredes e começaremos a perceber que nós também abraçamos nossa própria tribo rapidamente, e vemos os outros como diferentes, ruins ou errados.

Cura de Luz através da Elevação da Consciência

Nossa consciência elevada também trará enorme revolução na medicina. Deixaremos de buscar pílulas mágicas ou cirurgias para reparar nossos problemas de saúde e pensaremos mais holisticamente. Em vez de tratarmos a doença tentando aniquilá-la sem danificar o corpo, nos perguntaremos coisas como "Por que meu corpo está se atacando, gerando essa disfunção autoimune? Qual a fonte da discórdia?"

Pesquisadores médicos agora estão descobrindo que muitas doenças e males não têm suas raízes em micróbios ou vírus, mas em comportamentos destrutivos em níveis celulares. Se uma molécula destrói outra, precisamos cuidar disso. O câncer envolve algumas de nossas células na batalha contra outras, e as células ruins se recusam a morrer, rendendo-se às necessidades de um grupo maior (o corpo). Sabendo disso, cientistas podem trabalhar com o que chamam de "mecanismo doente" e lutar contra a doença de maneira diferente. O que nós pacientes podemos fazer é perguntar a nós mesmos: "De que maneiras estou me sabotando e colocando minha necessidade desesperada de sobreviver a todo custo na frente da minha necessidade de viver realmente?" Quando somos capazes de enxergar o que é melhor para nós a longo prazo, e quais devem ser nossas prioridades, reconhecemos que devemos deixar de lado certos mecanismos de sobrevivência, como a competição cruel e sem escrúpulos, a ganância e o materialismo, o orgulho excessivo de nossa reputação.

Nossa consciência, individual e coletiva, gera males ou doenças em nosso corpo. A raiva é como o fogo, inflama nossa mente, desperta emoções fortes e causa doenças inflamatórias, como artrite reumatoide, derrame, fibroses pulmonares, doenças coronárias e câncer, ao inflamar nossas células. Raiva gera guerras e conflitos pelo mundo, doenças e até mesmo reações violentas da natureza. Apesar de não podermos apontar a causa específica da maioria das tragédias, podemos nos perguntar como nossas emoções podem afetar a situação, o que nos levará a uma consciência mais elevada e aos caminhos do Divino.

No futuro nossa compreensão das doenças nos permitirá cuidar disso de forma mais efetiva. Estamos começando a reconhecer que a chave da luta contra doenças genéticas é compreender por que certos genes se manifestam e outros não. No futuro, seremos capazes de grande influência sobre a manifestação de nossos genes.

Graças à psicologia e às práticas espirituais, aprendemos como trazer à consciência as memórias de passado que têm uma carga negativa. Depois trabalhamos para aceitar essas memórias difíceis e aprender com elas para dissolvermos a raiva, a tristeza ou o ressentimento anexado a tais sentimentos. Assim vivemos com nosso carma negativo e trabalhamos para resolvê-lo, permitindo-nos a aproximação de um estado de pureza. De maneira similar, aprenderemos a estar em paz com os micróbios, os vírus e as células destrutivas, tomando conhecimento delas, aceitando-as e contendo-as para que não tumultuem nosso corpo. Tecnologias médicas e a própria medicina serão baseadas nessas novas maneiras de como lidar com a doença.

Também processaremos mais curas usando luz e energia. A radiação e a cirurgia a laser envolvem a concentração de certo tipo de energia, e a acupuntura envolve a manipulação da energia vital ao longo dos meridianos do corpo. Expandiremos formas de cura, trabalhando com o campo energético de alguém doente em vez de bombardear seu corpo com químicas ou de cortá-lo com facas cirúrgicas. Também quebraremos a noção de tempo e espaço, e seremos capazes de fazer com que nossa consciência volte ao passado, onde pode curar nossa doença antes que ela ganhe forma física.

Restaurar o equilíbrio do corpo será um foco central de cura e da base de descobertas no alcance da longevidade.

Longevidade

Em vez de ignorarmos nossos corpos até que fiquemos doentes e depois trabalhemos com um médico na tentativa de consertar problemas, cuidaremos de nossa saúde em nível celular. Seremos capazes de manipular as células para que elas voltem a um estado de saúde e de bom funcionamento. E reprogramem nosso DNA. Encerraremos os mecanismos de certos genes que ativam e geram as doenças herdadas de pais e avós. Reprogramaremos nossas células para que se regenerem, e a nova geração de células será mais saudável que a anterior. Isso nos levará a grande longevidade, mas também a uma saúde melhor na velhice.

Seremos capazes de usar injeções para trazer de volta à vida órgãos falhos, revivendo-os em nível celular. Poderemos estender a capacidade de reprodução de nossas células; portanto, se uma célula normalmente é capaz de se regenerar cinquenta vezes, o número subirá para quinhentos. Eventualmente, descobriremos como fazer nossos corpos viverem para sempre.

Trabalharemos no nível celular na reversão do processo de oxidação que causa deterioração do corpo (oxidação é o mesmo processo que faz com que uma maçã apodreça ou gera ferrugem no aço em contato com água, até que se rompa).

Melhoraremos o movimento energético do corpo, trazendo energia luminosa para células saudáveis para que possam florescer e se duplicar, superando a quantidade de células tóxicas. Faremos crescer novos órgãos e nova pele. Tecnologias com células-tronco e clonagem nos darão muitas opções na reposição de partes do corpo. Já estamos descobrindo como fazer células maduras se comportarem como embriões de células-tronco. Essa é só uma das maneiras que teremos de fazer o relógio andar para trás e com que as células voltem a um estágio anterior.

Compreenderemos que tudo que acontece com nosso corpo físico está conectado a questões emocionais e começaremos a clarear nosso carma, bem como limparemos nossos fluidos corporais, que transportam raiva, tristeza, ressentimento, ciúme e medo pelo nosso corpo. Assim, poderemos eliminar tumores e inflamações (uma coleção de fluidos). Descrevemos uma erupção cutânea como "irritação", porque instintivamente associamos vermelhidões a movimentos da raiva. Tive uma cliente que me contou que desenvolvia irritações na face sempre que ficava com raiva da mãe. Também tive muitas clientes que desenvolveram câncer de mama depois do término de um relacionamento ou enquanto se debatiam com questões de maternidade, sexualidade e educação. Quanto mais compreendermos a conexão mente/corpo/espírito, mais motivações teremos para transformar nossas emoções em sentimentos mais leves, menos densos, promotores de saúde.

A Tecnologia

Por mais incríveis que tenham sido nossos avanços tecnológicos nos últimos cinquenta anos, eles darão um salto quântico no futuro. Você lembra de Star Trek, o programa de televisão em que pessoas e objetos eram "radiados" de um lugar ao outro? Um dia teremos a capacidade de transformar as partículas de nosso corpo em ondas, enviá-las energeticamente pelo espaço e voltá-las ao estado de partículas, reconquistando nossa massa.

Teremos carros capazes de voar com o toque de um botão, alimentados pelo vento e pela energia solar derivada de fontes não tóxicas. Teremos meios tecnológicos de limpar a poluição de nosso meio ambiente. Assim como na medicina, seremos capazes de devolver à água, à terra e ao ar seu estado prévio de limpeza.

Não mais precisaremos de bancos e usaremos algo como um anel ou colar portador de muita informação que poderemos acessar a qualquer momento. Código de barras, impressões digitais e fotografias de nossos olhos servirão de identificação, em lugar de carteiras de identidade. O satélites serão um elemento importante nas novas tecnologias de comunicação. Nossos relógios serão também telefones fotográficos. Nossos aviões funcionarão de acordo com nossa compreensão da física quântica e voarão a velocidades incríveis. Poderemos viajar mais rapidamente que a luz, visitar outras galáxias, viver em outros planetas. Também aprenderemos a levitar. Alguns monges já são capazes disso e desafiam outras leis da física. Cientistas vêm arquivando evidências de que existem monges que podem meditar em topos nevados de montanhas e, a despeito de vestimentas finas, têm a pele morna e a temperatura normal do corpo. Quando aceitarmos, aprendermos e trabalharmos com o poder da consciência superior, seremos facilmente capazes de executar atos semelhantes.

Como Interagiremos com o Planeta

Algumas doenças e alguns males são causados por toxinas do meio ambiente; nosso carma pessoal pode não ter nada a ver com sua manifestação. Mas como compartilhamos carma com outras pessoas, podemos ser afetados pelas toxinas manifestas pela consciência alheia. Enquanto a humanidade se sente desconectada da Terra e do ambiente, continuaremos a tratá-las como coisas apartadas de nós, poluindo a água, o ar e o solo, porque imaginamos que "o que não se vê não existe".

Até certo ponto conseguimos escapar com a poluição de nossa Terra, nossa água e nosso ar. Nossos corpos têm a capacidade de se limpar das impurezas, mas são tantos os venenos que ingerimos ao respirar, comer e beber, assim como os que atravessam a nossa pele, que não podemos continuar assim. No futuro teremos menos toxinas e incorporaremos atividades purificadoras em nossas vidas. Teremos estilos de vida mais saudáveis porque não seremos tentados a nos esconder das nossas questões emocionais comendo demais, bebendo demais ou ingerindo substâncias que alteram o humor.

Só começamos a acordar para a noção de que, quando cuidamos da Terra, cuidamos de nós mesmos, e vice-versa. Estamos nos dando conta de que é preciso mudar a maneira como tratamos o planeta Terra, as plantas, os animais e nós mesmos. Andamos sujando nosso próprio ninho, gerando doenças e desastres. O planeta está se rebelando com furacões mais fortes, mais terremotos, tsunamis e incêndios. Estamos começando a enxergar que cada um de nós deve assumir responsabilidade pela diminuição individual e coletiva de nosso impacto ambiental. Quando vivemos de acordo com os Princípios Eternos, não temos desculpa para servir ao nosso ego. Fazemos o que é certo por nós e pelos outros, independentemente dos sacrifícios.

Na verdade, não temos de nos sacrificar tanto quanto pensamos para salvarmos o planeta. Esquecemos que muitas pessoas fazendo pequenas mudanças pode ter um efeito enorme. Ao elevarmos nossa consciência, nos concentramos no nosso poder de apoiar a Terra e ajudar os outros.

Dos Superpoderes ao Poder Supremo

As pessoas frequentemente se perguntam se a China tomará o lugar dos Estados Unidos como superpotência, ou se a Rússia poderia se tornar uma grande potência novamente. A única superpotência verdadeira é a energia divina. Quanto mais nos alinharmos com a Divindade, mais nos daremos conta de que não precisamos dominar outros países ou pressioná-los para que vivam como nós. Existe espaço para a diversidade. Teremos que trabalhar em conjunto com outros países para aliviar a ameaça real: as pessoas que desejam o poder para si ou para seu pequeno grupo, usando a arma do terrorismo.

Sempre senti que o mundo subestima o quanto a Rússia será uma ameaça a outros países no futuro. Ficamos tão concentrados no Oriente Médio que nem pensamos nos líderes da Rússia que têm um nível muito baixo de consciência e são capazes de comportamento altamente destrutivo. O Oriente Médio continuará a se debater com questões de poder, terra e religião. De acordo com arqueólogos, a vida humana e a civilização tiveram início nessa região do mundo. Nossos maiores desafios — terrorismo, problemas energéticos e de combustíveis, desavenças religiosas, tribalismo e aquecimento global — atraem nossa atenção para o Oriente Médio. Devemos examinar o carma negativo gerado naquele lugar, o qual remonta às origens da ganância humana, egoísmo e crueldade — comportamentos que desenvolvemos depois de assumirmos a forma humana. As três religiões derivadas de Abraão — judaísmo, cristianismo e islamismo — começaram ali, e permitimos que se tornassem dogmáticas e a favor de divisões em vez de seguirem os ensinamentos espirituais como manda o figurino. Examinando como chegamos a este ponto, podemos começar a resolver nosso carma global e encontrar soluções para os problemas globais.

Apesar de muitos temerem a possibilidade de uma guerra nuclear, lançada por uma nação trapaceira ou pelo uso de armas que chegaram às mãos dos terroristas, não acredito que veremos destruição causada por armas nucleares. A humanidade enfrentou a possibilidade de perecer pelo fogo quando descobriu a bomba atômica, a qual, como eu disse, foi resultado da energia guerreira de Plutão sobre nós. A descoberta de Éris, o décimo planeta, com sua energia harmoniosa, nos protegerá de um holocausto nuclear. Seremos capazes de inventar tecnologias preventivas ou evitar tais desastres, ou ao menos de minimizar seu dano.

Se milhares de pessoas forem morrer em desastres naturais, será a água a causadora, seja por ondas gigantes, furacões ou mudanças meteorológicas provocadas pelo aquecimento global e/ou por movimentos nos polos magnéticos da Terra. Não sinto que enfrentaremos grandes destruições, no entanto, a despeito das previsões de juízo final.

As Possibilidades que não Consideramos

Apesar de ansiarmos por novas tecnologias, melhor saúde, maior qualidade de vida e o fim do sofrimento humano, também seremos capazes de responder a alguns dos grandes mistérios da vida e da morte, ao nos encaminharmos para o futuro. A descoberta do DNA e seu código foi um dos grandes avanços do último século, mas será pequena em comparação a tudo que viremos a saber sobre nascimento, vida e morte.

Ao vivermos mais longamente, reconheceremos como fazê-lo de maneira mais eficiente e sustentável, em harmonia com o próximo e com a Terra. Sabemos que se a população se torna mais saudável e educada, a taxa de natalidade diminui. As pessoas não terão mais os filhos por necessidade de garantir a própria sobrevivência. Alguns escolherão ter filhos, e outros, não, mas nossas escolhas serão baseadas no amor, não no medo.

Posso enxergar isso no ano 4823: estaremos vivendo num mundo de vegetação exuberante, árvores e flores imensas, e lagos — não oceanos ou continentes. A temperatura será constantemente agradável. Seremos mais leves que agora, muito altos, vestiremos roupas metálicas e viveremos em casas com aparência de vidro. Não haverá tecnologia — não haverá celular nem computador. Criaturas de outros planetas viverão em nosso mundo conosco, e nós viveremos no deles. Nossas vidas serão muito longas porque não teremos doenças; teremos desmistificado o conceito de morte e seremos capazes de viver pacificamente, sem medo, movendo-nos facilmente pelo Universo em velocidades inimagináveis, sem fronteiras ou muros, guerras ou conflitos.

* * *

Elevando nossa consciência, já transformamos dramaticamente a experiência humana ao longo dos anos. Nossa consciência nos permitiu saltos quânticos na tecnologia e na nossa imaginação. No futuro, usaremos o livre-arbítrio para viver de maneira bastante diferente, transformando a natureza de nossos corpos, a maneira como nos comunicamos e nossa relação com o meio ambiente. Abraçaremos o que George Bernard Shaw disse uma vez: "Você vê coisas e diz por que, mas eu sonho com coisas que nunca foram e digo por que não."

Essas mudanças já estão ocorrendo. Podemos olhar à frente com euforia, mas mesmo assim, devemos olhar para nós mesmos hoje e perguntar o que podemos fazer para adentrarmos o futuro. As oportunidades estão diante de nós, espero que você as aproveite e faça o melhor delas ao se alinhar com os Princípios Eternos e sua promessa de fazer de sua vida uma experiência mais alegre e abundante.

markgraph

Rua Aguiar Moreira, 386 - Bonsucesso
Tel.: (21) 3868-5802 Fax: (21) 2270-9656
e-mail: markgraph@domain.com.br
Rio de Janeiro - RJ